校企合作大数据与会计专业精品教材

企业财务会计

主审　陈伟军

主编　胡小波　黄　佳　林　丽

内容提要

本书全面系统地介绍了企业财务会计的基础知识及实践应用。全书共10个项目，内容涵盖企业财务会计认知，货币资金和交易性金融资产的核算，应收及预付款项的核算，存货的核算，固定资产和无形资产的核算，长期股权投资和投资性房地产的核算，负债的核算，所有者权益的核算，收入、费用和利润的核算，财务报表的编制。

本书采用任务工单式的编写理念，内容系统、体例多样、案例丰富、通俗易懂、实用性强，可作为高职院校财经商贸类相关专业学生的教材，也可供广大会计从业人员参考使用。

图书在版编目（CIP）数据

企业财务会计 / 胡小波，黄佳，林丽主编. -- 上海：上海交通大学出版社，2024.8
ISBN 978-7-313-29944-4

Ⅰ. ①企… Ⅱ. ①胡… ②黄… ③林… Ⅲ. ①企业管理－财务会计－高等职业教育－教材 Ⅳ. ①F275.2

中国国家版本馆CIP数据核字(2023)第230192号

企业财务会计

QIYE CAIWU KUAIJI

主　　编：胡小波　黄　佳　林　丽

出版发行：上海交通大学出版社　　地　　址：上海市番禺路951号

邮政编码：200030　　电　　话：021-64071208

印　　制：三河市祥达印刷包装有限公司　　经　　销：全国新华书店

开　　本：787 mm×1092 mm　1/16　　印　　张：20.25

字　　数：505千字

版　　次：2024年8月第1版　　印　　次：2024年8月第1次印刷

书　　号：ISBN 978-7-313-29944-4　　电子书号：ISBN 978-7-89424-481-9

定　　价：59.80元

PREFACE

前言

随着市场经济的深入发展，企业面临的经济环境日趋复杂。为了适应不断变化的经济环境，企业对会计人才的要求也相应提高。对于现代企业而言，会计人才必须具备基本的专业知识和应对复杂会计问题的能力，为企业提供及时、透明、可靠的财务会计信息，助力决策者作出明智的决策。企业财务会计课程能够帮助学生掌握会计核算及财务报表编制的方法，为学生未来顺利融入职场奠定坚实的基础。

为了满足学校对高质量企业财务会计教材的需求，编者广泛听取了企业专家的建议，结合职业教育特点和职教改革要求，精心策划和编写了本书。

整体而言，本书具有以下特点。

1 春风化雨，立德树人

党的二十大报告指出："育人的根本在于立德。"本书有机融入党的二十大精神，设置了"素养之窗"特色模块，以文化人、以德育人，引导学生自觉践行社会主义核心价值观，弘扬中华民族的传统美德，培养学生"坚持诚信，守法奉公""坚持准则，守责敬业""坚持学习，守正创新"的会计职业道德，使学生形成正确的价值追求和行为规范，促进学生实现专业知识、实践能力、综合素养"三位一体"融合发展。

2 校企合作，职业引领

本书紧贴企业会计岗位的需求，遵循"必需、够用、兼顾发展"的原则，在内容上着重介绍会计六要素确认、计量的基本原则和企业财务会计核算的基本程序与处理方法，逐一讲解、由浅入深，突出业务技能和实践能力的培养，帮助学生掌握会计核算和报表编制的基本技能，满足学生就业与发展的需要。

3 内容新颖，时效性强

本书紧跟我国会计改革和税法改革步伐，严格依据最新的企业会计准则和相关财会税法法规，结合最新案例，全面、系统地介绍了企业财务会计核算的相关理论和方法，确保教材内容的时效性。

4 全新理念，工单驱动

本书采用任务工单式理念进行编写，以"任务工单"为载体贯穿整个教学过程，实现当下提倡的翻转课堂的教学模式。每个任务工单的任务准备环节均以微课的形式引导学生预习，激发学生的学习兴趣，并设置了难度适宜的"任务实施"模块，引导学生"在做中学，在学中做”，从而增强学生的自信心和主动性，达到提高教学质量和学生学习效果的目的。

此外，本书根据需要设置了多种特色小栏目，包括“提示”“知识拓展”“课堂讨论”“指点迷津”等，以丰富课堂教学，活跃课堂气氛，帮助学生加深对知识的理解，拓宽学生的知识面。

5 数字资源，丰富多彩

本书数字资源丰富，学生可以借助手机或其他移动设备扫描二维码观看相关内容的微课视频，以便更好地理解和掌握本书内容。此外，本书还配有课件、教案、习题答案等配套教学资源，学生可以登录文旌综合教育平台“文旌课堂”查看和下载。如果学生在学习过程中有什么疑问，也可登录该网站寻求帮助。

此外，本书还提供了在线题库，支持“教学作业，一键发布”，教师只需通过微信或“文旌课堂”App 扫描扉页二维码，即可迅速选题、一键发布、智能批改，查看学生的作业分析报告，提高教学效率，提升教学体验。学生可在线完成作业，并巩固所学知识，提高学习效率。

本书由陈伟军担任主审，胡小波、黄佳、林丽担任主编，吴幼霞、王天予、付昕、万智玉、周红玲、钟国强担任副主编。

特别说明：

本书在编写过程中，参考了大量的资料。这些引用的资料大部分已获原作者授权，但由于部分资料来自网络，我们未能确认出处，也暂时无法联系到原作者。对此，我们深表歉意，并欢迎原作者随时与我们联系，我们将按规定支付稿酬。

由于编者水平有限，书中存在的疏漏或不当之处，敬请广大读者批评指正。

本书配套资源下载网址和联系方式

网址：https://www.wenjingketang.com

电话：400-117-9835

邮箱：book@wenjingketang.com

片 头

CONTENTS 目录

项目一

企业财务会计认知

项目导读

企业财务会计是以货币为主要计量单位，采用专门的方法和程序，对企业的经济活动进行完整、连续、系统地反映和监督，以提供对决策有用的信息、提高企业经济效益和反映企业管理层受托责任履行情况为主要目的的经济管理活动。企业会计人员需要掌握会计核算内容及方法，了解我国现行的企业会计准则体系，以便进行规范性的会计操作。

知识目标

- 了解财务会计报告目标，掌握会计信息质量要求、会计要素及其确认、会计要素计量属性。
- 了解企业会计准则体系。

技能目标

- 具有按照会计信息质量要求披露会计信息的能力。
- 具有正确确认和计量会计要素的能力。
- 具有按照企业会计准则等相关规定进行会计处理的能力。

素养目标

- 树立诚信意识，提升职业素养。

任务一　认识企业财务会计

任务导入

小张是一名会计学专业的学生，为了更好地理解和运用自己的专业知识，积累实践经验，在业余时间进入甲公司实习，从事财务会计的工作。财务会计工作要求会计人员具备会计核算的能力，及时提供合法、真实、准确、完整的会计信息，以便财务会计报告使用者作出合理的经济决策。

小张初步了解了这些信息后，认为自己还应加强企业财务会计基础知识的学习，特别是资产、负债、所有者权益、收入、费用及利润等会计要素的确认方法，从而真实、准确、及时、完整地反映企业会计信息。因此，小张积极学习企业财务会计的相关知识，希望尽快提高自身专业知识和会计操作技能，为将来职业发展打好基础。

本任务的知识和技能要求如表 1-1 所示。

表 1-1　知识和技能要求

类　型	具体内容	学习程度		
		了解	掌握	应用
知识要求	财务会计报告目标	●		
	会计信息质量要求		●	
	会计要素及其确认		●	
	会计要素计量属性		●	
技能要求	理解会计要素的内容、特征及确认条件			●

班级____________ 姓名____________ 学号____________

任务工单

（一）任务描述

以小组为单位，讨论会计要素的内容、特征及确认条件。

（二）任务分工

全班学生以 3～5 人为一组进行分组，每组设组长 1 名，小组讨论任务分工并将分工情况填写至表 1-2 中。

表 1-2 小组成员及分工情况

小组成员	姓　名	学　号	任务分工
组长			
组员			

（三）任务准备

请各组长组织组员观看“企业财务会计基础知识”视频，收集和整理相关资料，讨论并回答下列问题。

企业财务会计基础知识

（1）什么是企业财务会计？

（2）会计基本假设是什么？

（3）会计核算基础是什么？

班级__________ 姓名__________ 学号__________

（四）任务实施

以小组为单位，讨论会计要素的内容、特征及确认条件，并将讨论的结果填写至表 1-3 中。

表 1-3 会计要素的内容、特征及确认条件

内 容	特 征	确认条件

（五）任务评价

各组派代表展示任务实施成果，并配合指导老师完成表 1-4 所示的任务评价。

表 1-4 任务评价

<table>
<tr><th rowspan="2">评价项目</th><th rowspan="2">评价内容</th><th colspan="4">评价分数</th></tr>
<tr><th>分值</th><th>自评</th><th>组评</th><th>师评</th></tr>
<tr><td rowspan="3">职业素养（40%）</td><td>考勤、仪容仪表</td><td>10 分</td><td></td><td></td><td></td></tr>
<tr><td>责任意识、纪律意识</td><td>10 分</td><td></td><td></td><td></td></tr>
<tr><td>团队合作与交流</td><td>20 分</td><td></td><td></td><td></td></tr>
<tr><td rowspan="3">专业能力（60%）</td><td>任务准备的完成度</td><td>20 分</td><td></td><td></td><td></td></tr>
<tr><td>任务实施的完成度</td><td>20 分</td><td></td><td></td><td></td></tr>
<tr><td>任务实施成果的展示效果</td><td>20 分</td><td></td><td></td><td></td></tr>
<tr><td rowspan="2">合计</td><td>综合分数______自评（25%）+组评（25%）+师评（50%）</td><td>100 分</td><td></td><td></td><td></td></tr>
<tr><td>综合等级______</td><td colspan="4">指导老师签字__________</td></tr>
<tr><td>综合评价</td><td colspan="5"></td></tr>
</table>

一、财务会计报告目标

财务会计报告又称财务报告，是财务会计确认和计量的最终结果，是实现财务会计目标的载体。我国《企业会计准则——基本准则》规定，财务会计报告的目标是向财务会计报告使用者提供与企业财务状况、经营成果和现金流量等有关的会计信息，反映企业管理层受托责任履行情况，有助于财务会计报告使用者作出经济决策。这一规定兼顾了受托责任观和决策有用观，企业编制财务会计报告应当实现两者的有机统一，以满足我国市场经济发展的需要。

（一）受托责任观

现代企业制度下，企业所有权和经营权分离，企业管理层受企业财产所有者之托，获得对企业财产的经营权和处置权。同时企业管理层负有受托责任，须定期向委托者报告责任履行情况。

（二）决策有用观

财务会计报告应当向会计信息使用者提供对决策有用的信息。财务会计报告通过提供企业财务状况、经营成果和现金流量等相关信息，帮助投资者、债权人及其他会计信息使用者作出合理的投资、信贷及其他经济决策。

二、会计信息质量要求

会计信息质量要求是对企业财务会计报告中所提供会计信息质量的基本要求，主要包括可靠性、相关性、可理解性、可比性、实质重于形式、重要性、谨慎性和及时性等。

（一）可靠性

可靠性要求企业应当以实际发生的交易或者事项为依据进行会计确认、计量和报告，如实反映符合确认和计量要求的各项会计要素及其他相关信息，保证会计信息真实可靠、内容完整。

（二）相关性

相关性要求企业提供的会计信息应当与财务会计报告使用者的经济决策需要相关，有助于财务会计报告使用者对企业过去、现在或者未来的情况作出评价或者预测。

（三）可理解性

可理解性要求企业提供的会计信息应当清晰明了，便于财务会计报告使用者理解和使用。

（四）可比性

可比性要求企业提供的会计信息应当具有可比性。可比性主要包括两层含义：① 同一企业不同时期发生的相同或者相似的交易或者事项，应当采用一致的会计政策，不得随意变更，确需变更的，应当在附注中说明；② 不同企业发生的相同或者相似的交易或者事项，应当采用规定的会计政策，确保会计信息口径一致、相互可比。

（五）实质重于形式

实质重于形式要求企业应当按照交易或者事项的经济实质进行会计确认、计量和报告，不应仅以交易或者事项的法律形式为依据。在多数情况下，企业发生的交易或者事项的经济实质和法律形式是一致的，但在某些特定情况下，也会出现不一致。例如，商品已经售出，但企业为确保到期收回货款而暂时保留商品的法定所有权时，该权利通常不会对客户取得该商品的控制权构成障碍，在满足收入确认的其他条件时，企业即可确认相应的收入。

（六）重要性

重要性要求企业提供的会计信息应当反映与企业财务状况、经营成果和现金流量等有关的所有重要交易或者事项。企业应根据其所处环境和实际情况，从项目的性质和金额大小两方面判断会计信息是否重要。若省略或错报某一会计信息会影响财务会计报告使用者的决策判断，则该会计信息具有重要性。

（七）谨慎性

谨慎性要求企业对交易或者事项进行会计确认、计量和报告应当保持应有的谨慎，不应高估资产或者收益、低估负债或者费用。

（八）及时性

及时性要求企业对于已经发生的交易或者事项，应当及时进行会计确认、计量和报告，不得提前或者延后。企业应及时收集、处理、传递会计信息，避免误导财务会计报告使用者作出不当决策。

素养之窗

会计人员职业道德规范要求会计人员要“坚持诚信，守法奉公”“坚持准则，守责敬业”“坚持学习，守正创新”。规范提出的“三坚三守”，强调了会计人员“坚”和“守”的职业特性和价值追求。当代大学生应以诚立身，知法守法，树立诚信意识，提升职业素养。

三、会计要素及其确认

企业应当按照交易或者事项的经济特征确定会计要素。会计要素包括资产、负债、所有者权益、收入、费用和利润。其中，资产、负债和所有者权益要素侧重于反映企业的财务状况；收入、费用和利润要素侧重于反映企业的经营成果。

（一）反映企业财务状况的会计要素

1. 资产

资产是指企业过去的交易或者事项形成的、由企业拥有或者控制的、预期会给企业带来经济利益的资源。

提　示

企业过去的交易或者事项包括购买、生产、建造行为或其他交易或者事项。预期在未来发生的交易或者事项不形成资产。由企业拥有或者控制，是指企业享有某项资源的所有权，或者虽然不享有某项资源的所有权，但该资源能被企业所控制。预期会给企业带来经济利益，是指直接或者间接导致现金和现金等价物流入企业的潜力。

将一项资源确认为资产，不仅需要符合资产的定义，还应同时满足以下两个条件：① 与该资源有关的经济利益很可能流入企业；② 该资源的成本或者价值能够可靠地计量。

例如，某公司 20×3 年 4 月购入一套生产设备，设备已安装完毕达到预定可使用状态，应于 4 月设备安装完毕达到预定可使用状态时将其确认为资产。

2. 负债

负债是指企业过去的交易或者事项形成的、预期会导致经济利益流出企业的现时义务。将一项义务确认为负债，不仅需要符合负债的定义，还应同时满足以下两个条件：① 与该义务有关的经济利益很可能流出企业；② 未来流出的经济利益的金额能够可靠地计量。

例如，某公司 20×3 年 4 月 1 日从银行取得 500 万元的短期借款，应于取得短期借款时将其确认为负债。

提　示

现时义务是指企业在现行条件下已承担的义务。未来发生的交易或者事项形成的义务，不属于现时义务，不应当确认为负债。

3. 所有者权益

所有者权益是指企业资产扣除负债后由所有者享有的剩余权益。公司的所有者权益又称为股东权益。所有者权益的来源包括所有者投入的资本、直接计入所有者权益的利得和损失、留存收益等。

提 示

直接计入所有者权益的利得和损失，是指不应计入当期损益、会导致所有者权益发生增减变动的、与所有者投入资本或者向所有者分配利润无关的利得或者损失。

利得是指由企业非日常活动所形成的、会导致所有者权益增加的、与所有者投入资本无关的经济利益的流入。

损失是指由企业非日常活动所发生的、会导致所有者权益减少的、与向所有者分配利润无关的经济利益的流出。

所有者权益的确认主要取决于资产和负债的确认。投资者为企业投入资源，在该项资源可以确认为资产时，就相应地符合了所有者权益的确认条件。

例如，某公司 20×3 年 1 月收到投资者投入的资本金 100 万元，应于收到资本金时将其确认为所有者权益。

（二）反映企业经营成果的会计要素

1．收入

收入是指企业在日常活动中形成的、会导致所有者权益增加的、与所有者投入资本无关的经济利益的总流入。企业应当在履行了合同中的履约义务，即在客户取得相关商品控制权时确认收入。取得相关商品控制权是指能够主导该商品的使用并从中获得几乎全部的经济利益。

例如，某公司 20×3 年 4 月出售一批原材料，客户收到该批原材料，并将其验收入库，且客户支付原材料价款 5 万元，则该公司应于客户取得该批原材料控制权时点确认收入。

2．费用

费用是指企业在日常活动中发生的、会导致所有者权益减少的、与向所有者分配利润无关的经济利益的总流出。费用的确认，不仅需要符合费用的定义，还应同时满足以下三个条件：① 与费用相关的经济利益很可能流出企业；② 经济利益流出企业会导致企业资产的减少或者负债的增加；③ 经济利益的流出额能够可靠地计量。

例如，某公司 20×3 年 3 月发生并支付了 10 万元广告宣传费，应于发生广告费时将其确认为费用。

3．利润

利润是指企业在一定会计期间的经营成果。利润包括收入减去费用后的净额、直接计入当期利润的利得和损失等。利润的确认主要取决于收入和费用、利得和损失的确认。

四、会计要素计量属性

我国《企业会计准则——基本准则》规定，企业在将符合确认条件的会计要素登记入账并列报于财务报表及其附注时，应当按照规定的会计计量属性进行计量，确定其金额。会计

计量属性反映的是会计要素金额的确定基础，主要包括历史成本、重置成本、可变现净值、现值和公允价值等。

（一）历史成本

历史成本是指取得或者制造某项财产物资时所实际支付的现金或者现金等价物的金额，是取得时点的实际成本。在历史成本计量下，资产按照购置时支付的现金或者现金等价物的金额，或者按照购置资产时所付出的对价的公允价值计量；负债按照因承担现时义务而实际收到的款项或者资产的金额，或者承担现时义务的合同金额，或者按照日常活动中为偿还负债预期需要支付的现金或者现金等价物的金额计量。

企业在对会计要素计量时，一般应当采用历史成本。例如，某公司购买一台不需要安装即可投入使用的设备，用银行存款支付设备价款 5 万元，假设不考虑其他因素的影响，对该设备按历史成本计价，计量金额为 5 万元。

（二）重置成本

重置成本又称现行成本，是指按照当前市场条件，重新取得同样一项资产所需支付的现金或者现金等价物的金额。在重置成本计量下，资产按照现在购买相同或者相似资产所需支付的现金或者现金等价物的金额计量，负债按照现在偿付该项债务所需支付的现金或者现金等价物的金额计量。

固定资产盘盈时，一般采用重置成本计量。例如，某公司 20×3 年 4 月盘盈了一台电脑，现在市场上购买同样一台电脑需要 1 万元，对该电脑按重置成本计价，计量金额为 1 万元。

（三）可变现净值

可变现净值是指在正常生产经营过程中，以预计售价减去进一步加工成本和销售所必需的预计税金、费用后的净值。在可变现净值计量下，资产按照其正常对外销售所能收到现金或者现金等价物的金额扣减该资产至完工时估计将要发生的成本、估计的销售费用及相关税费后的金额计量。

存货期末计价时，一般按照成本与可变现净值孰低计量。例如，某公司生产了一批产品，成本为 60 万元，预计市场售价为 50 万元、销售费用为 5 万元，假设不考虑其他因素的影响，对该批产品应按可变现净值计价，计量金额为 45 万元（50−5=45 万元）。

（四）现值

现值是指对未来现金流量以恰当的折现率进行折现后的价值，是在计量时考虑了货币时间价值的一种计量属性。在现值计量下，资产按照预计从其持续使用和最终处置中所产生的未来净现金流入量的折现金额计量，负债按照预计期限内需要偿还的未来净现金流出量的折现金额计量。

分期付款取得固定资产时，固定资产的成本以购买价款的现值为基础确定。例如，某公司分期付款购入一条生产线，总价款为 600 万元，分别在未来三年每年年末支付 200 万元，折现率为 10%，对该生产线按现值计价，计量金额为 497.37 万元［200÷（1+10%）+200÷（1+10%）^{2}+200÷（1+10%）^{3}=497.37 万元］。

（五）公允价值

公允价值是指市场参与者在计量日发生的有序交易中，出售一项资产所能收到或者转移一项负债所需支付的价格。在公允价值计量下，资产和负债按照市场参与者在计量日发生的有序交易中，出售资产所能收到或者转移负债所需支付的价格计量。

交易性金融资产取得时，一般采用公允价值计量。例如，某公司购买了一项交易性金融资产，取得时支付的价款为 1 000 万元，假设不考虑其他因素的影响，对该股票按公允价值计量，计量金额为 1 000 万元。

提　示

企业在对会计要素进行计量时，一般应当采用历史成本。采用重置成本、可变现净值、现值和公允价值计量的，应当保证所确定的会计要素金额能够取得并可靠计量。当前，我国在企业会计准则体系建设中正适度、谨慎地引入公允价值计量这一属性。

任务拓展　判断甲公司会计要素的确认是否规范

判断甲公司会计要素的确认是否规范，并将判断的结果及原因填写至表 1-5 中。

表 1-5　甲公司会计要素确认的规范性

甲公司会计要素的确认	是否规范
预计下个月购入的一批产品，当月确认为资产	
收到投资者投入的 400 万元资金，确认为所有者权益	
到银行办理转账支付的手续费，确认为费用	

1-1 任务拓展参考答案

任务二　认识企业会计准则体系

任务导入

企业会计准则是为了规范企业会计确认、计量和报告行为，保证会计信息质量而制定的。我国现行企业会计准则体系由基本准则、具体准则、应用指南和解释等组成。在实务中，会计人员在进行会计核算时必须遵循企业会计准则的规定。于是，小张认真学习企业会计准则，以提高自身的操作规范和职业素养。

本任务的知识和技能要求如表 1-6 所示。

表 1-6　知识和技能要求

类　型	具体内容	学习程度		
		了解	掌握	应用
知识要求	基本准则	●		
	具体准则	●		
	应用指南	●		
	解释	●		
技能要求	理解我国企业会计准则体系的构成			●

班级__________ 姓名__________ 学号__________

任务工单 »

（一）任务描述

以小组为单位，讨论我国企业会计准则体系的构成。

（二）任务分工

全班学生以3～5人为一组进行分组，每组设组长1名，小组讨论任务分工并将分工情况填写至表1-7中。

表1-7　小组成员及分工情况

小组成员	姓　名	学　号	任务分工
组长			
组员			

（三）任务准备

请各组长组织组员观看“企业会计准则相关知识”视频，收集和整理相关资料，讨论并回答下列问题。

企业会计准则相关知识

（1）什么是企业会计准则？

（2）我国现行企业会计准则体系是由什么内容构成的？

（3）基本准则在企业会计准则体系中发挥着什么作用？

班级__________ 姓名__________ 学号__________

（四）任务实施

以小组为单位，讨论企业会计准则体系的构成，并将讨论的结果填写至表 1-8 中。

表 1-8 企业会计准则体系的构成

项目	具体说明

（五）任务评价

各组派代表展示任务实施成果，并配合指导老师完成表 1-9 所示的任务评价。

表 1-9 任务评价

评价项目	评价内容	评价分数			
		分值	自评	组评	师评
职业素养（40%）	考勤、仪容仪表	10 分			
	责任意识、纪律意识	10 分			
	团队合作与交流	20 分			
专业能力（60%）	任务准备的完成度	20 分			
	任务实施的完成度	20 分			
	任务实施成果的展示效果	20 分			
合计	综合分数______自评（25%）+组评（25%）+师评（50%）	100 分			
	综合等级______	指导老师签字______			
综合评价					

一、基本准则

我国基本准则主要规范了以下内容：① 财务会计报告目标；② 会计基本假设；③ 会计基础；④ 会计信息质量要求；⑤ 会计要素分类及其确认与计量原则；⑥ 财务会计报告。

基本准则在企业会计准则体系中发挥着非常重要的作用，主要表现为两个方面：① 统驭具体准则的制定，在企业会计准则体系的建设中，各项具体准则都应按照基本准则进行制定和完善，以确保各项具体准则的内在一致性；② 为会计实务中出现的、具体准则尚未规范的新问题提供会计处理的依据。

二、具体准则

具体准则是根据基本准则的指导，对企业各项资产、负债、所有者权益、收入、费用、利润及相关交易事项的确认、计量和报告进行规范的会计准则。

三、应用指南

应用指南是对具体准则相关条款的细化和有关重难点问题提供的操作性指南，以利于贯彻落实会计准则并指导实务操作。

四、解释

解释是对具体准则实施过程中出现的问题、具体准则条款规定不清楚或者尚未规定的问题作出的补充说明。

知识拓展

《小企业会计准则》

《小企业会计准则》于 2011 年 10 月 18 日由中华人民共和国财政部发布，自 2013 年 1 月 1 日起在所有适用的小企业范围内施行。该准则适用于在中华人民共和国境内依法设立的、符合《中小企业划型标准规定》所规定的小型企业标准的企业，针对小企业与大企业规模、业务特点及管理等方面的不同，对会计核算进行了适当简化。

任务拓展　判断甲公司会计处理是否规范

判断甲公司会计处理是否规范，并将判断的结果及原因填写至表 1-10 中。

表 1-10　甲公司会计处理的规范性

甲公司会计处理	是否规范
为了粉饰公司业绩，吸引投资，甲公司的财务会计报告虚增了利润 1 000 万元	
按照权责发生制确认当期收入和利润	
20×3 年 4 月购入一批原材料，6 月入账	

1-2 任务拓展参考答案

项目实训

（一）实训要求

判断甲公司的会计处理是否规范，掌握会计要素的确认和计量方法。

（二）实训内容

判断甲公司会计处理是否规范，并将判断的结果及原因填写至表 1-11 中。

表 1-11　甲公司会计处理的规范性

甲公司会计处理	是否规范
将筹建期间发生的开办费确认为资产	
将受托加工的物资确认为资产	
将出售无形资产取得的净收益确认为收入	
每个月对固定资产按不同的方法计提折旧	

项目考核

（一）单项选择题

（1）下列选项中，不属于我国会计信息质量要求的是（　　）。

A．实质重于形式　　B．持续经营

C．可理解性　　D．相关性

（2）甲公司于20×3年1月购入一批材料，3月入账，该事项违背了（　　）的会计信息质量要求。

A．可靠性　　B．相关性

C．及时性　　D．重要性

（3）（　　）是指企业过去的交易或者事项形成的、预期会导致经济利益流出企业的现时义务。

A．资产　　B．负债

C．所有者权益　　D．费用

（4）在（　　）计量下，资产按照现在购买相同或者相似资产所需支付的现金或者现金等价物的金额计量。

A．历史成本　　B．重置成本

C．公允价值　　D．现值

（二）多项选择题

（1）凡是符合资产定义的资源，在同时满足（　　）条件时，能够确认为资产。

A．与该资源有关的经济利益很可能流入企业

B．该资源的成本或者价值能够可靠地计量

C．未来流出的经济利益的金额能够可靠地计量

D．与该义务有关的经济利益很可能流出企业

（2）会计要素计量属性有（　　）。

A．历史成本　　B．货币计量

C．可变现净值　　D．公允价值

（3）企业会计准则体系包括（　　）。

A．基本准则　　B．具体准则

C．应用指南　　D．解释

（4）根据企业会计准则，企业的会计分期可划分为（　　）。

A．年度　　B．季度　　C．月份　　D．旬

（三）判断题

（1）财务会计报告应当向会计信息使用者提供决策有用的信息。（　）

（2）企业在对会计要素进行计量时，一般应当采用公允价值计量。（　）

（3）所有者投入企业的资本形成企业收入。（　）

（4）企业为减少本年度亏损而调减计提资产减值准备的金额，体现了会计核算的谨慎性原则。（　）

（四）思考题

（1）会计信息应当具备哪些质量要求？

（2）会计要素包括什么？会计要素计量属性有哪些？

项目二

货币资金和交易性金融资产的核算

项目导读

货币资金和交易性金融资产均为企业的金融资产，货币资金是企业拥有的处于货币状态的资产，其普遍接受性和流动性较强。交易性金融资产是企业在二级市场购买的用于近期出售以赚取差价的股票、债券、基金等证券。企业会计人员需要掌握货币资金和交易性金融资产的核算内容及核算方法，以便提高企业金融资产管理能力，提高资金使用效率，避免资金闲置。

知识目标

- 了解库存现金、银行存款和其他货币资金的核算内容，掌握库存现金、银行存款和其他货币资金的核算方法。
- 了解交易性金融资产的科目设置，掌握交易性金融资产的初始计量、后续计量和处置的核算方法。

技能目标

- 具有核算货币资金的能力。
- 具有核算交易性金融资产的能力。

素养目标

- 树立廉洁意识、提升职业素养。

任务一 核算货币资金

任务导入

在企业经营过程中，货币资金起着极其重要的作用。货币资金按其用途和存放地点不同，可以分为库存现金、银行存款和其他货币资金。货币资金具有很强的流动性，可以用来购买商品或劳务、偿还债务。在实习工作中，小张亟待弄清货币资金的核算内容和核算方法，以便更快更好地开展工作。

本任务的知识和技能要求如表 2-1 所示。

表 2-1 知识和技能要求

类 型	具体内容	学习程度		
		了解	掌握	应用
知识要求	库存现金的核算内容	●		
	库存现金的核算方法		●	
	银行存款的核算内容	●		
	银行存款的核算方法		●	
	其他货币资金的核算内容	●		
	其他货币资金的核算方法		●	
技能要求	编制甲公司货币资金相关的会计分录			●

班级____________ 姓名____________ 学号____________

任务工单

（一）任务描述

以小组为单位，编制甲公司货币资金相关的会计分录。

（二）任务分工

全班学生以3～5人为一组进行分组，每组设组长1名，小组讨论任务分工并将分工情况填写至表2-2中。

表2-2 小组成员及分工情况

小组成员	姓 名	学 号	任务分工
组长			
组员			

（三）任务准备

请各组长组织组员观看“货币资金基础知识”视频，收集和整理相关资料，讨论并回答下列问题。

货币资金基础知识

（1）什么是库存现金？“库存现金”科目是如何设置的？

（2）什么是银行存款？“银行存款”科目是如何设置的？

（3）什么是其他货币资金？“其他货币资金”科目是如何设置的？

班级＿＿＿＿＿＿ 姓名＿＿＿＿＿＿ 学号＿＿＿＿＿＿

（四）任务实施

以小组为单位，根据甲公司20×3年10月发生的以下经济业务编制相关的会计分录。

（1）5日，签发一张现金支票，提取现金1 000元备用。

（2）16日，行政管理部门用现金购置500元办公用品。

（3）22日，向银行申请银行汇票，将50 000元银行存款转作银行汇票存款。

（五）任务评价

各组派代表展示任务实施成果，并配合指导老师完成表2-3所示的任务评价。

表2-3　任务评价

<table>
<tr><th rowspan="2">评价项目</th><th rowspan="2">评价内容</th><th colspan="4">评价分数</th></tr>
<tr><th>分值</th><th>自评</th><th>组评</th><th>师评</th></tr>
<tr><td rowspan="3">职业素养（40%）</td><td>考勤、仪容仪表</td><td>10分</td><td></td><td></td><td></td></tr>
<tr><td>责任意识、纪律意识</td><td>10分</td><td></td><td></td><td></td></tr>
<tr><td>团队合作与交流</td><td>20分</td><td></td><td></td><td></td></tr>
<tr><td rowspan="3">专业能力（60%）</td><td>任务准备的完成度</td><td>20分</td><td></td><td></td><td></td></tr>
<tr><td>任务实施的完成度</td><td>20分</td><td></td><td></td><td></td></tr>
<tr><td>任务实施成果的展示效果</td><td>20分</td><td></td><td></td><td></td></tr>
<tr><td rowspan="2">合计</td><td>综合分数＿＿＿自评（25%）+组评（25%）+师评（50%）</td><td>100分</td><td></td><td></td><td></td></tr>
<tr><td>综合等级＿＿＿</td><td colspan="4">指导老师签字＿＿＿＿＿＿</td></tr>
<tr><td>综合评价</td><td colspan="5"></td></tr>
</table>

一、库存现金的核算

企业应当严格遵守国务院发布的《现金管理暂行条例》，正确进行现金收支核算，监督现金使用的合法性和合理性。

（一）库存现金的管理

1. 库存现金的使用范围

《现金管理暂行条例》规定，企业可以使用现金结算的范围包括：① 职工工资、津贴；② 个人劳务报酬；③ 根据国家规定颁发给个人的科学技术、文化艺术、体育等各种奖金；④ 各种劳保、福利费用以及国家规定的对个人的其他支出；⑤ 向个人收购农副产品和其他物资的价款；⑥ 出差人员必须随身携带的差旅费；⑦ 结算起点以下的零星支出；⑧ 中国人民银行确定需要支付现金的其他支出。

提 示

结算起点为 1 000 元。结算起点的调整，由中国人民银行确定，报国务院备案。

除上述规定中第⑤项和第⑥项外，企业支付给个人的款项，超过使用现金限额的部分，应当以支票或者银行本票等方式支付；确需全额支付现金的，经开户银行审核后，予以支付现金。

课堂讨论

为什么要规定库存现金的使用范围？

2. 库存现金的限额

库存现金的限额是指为了保证企业日常零星开支的需要，允许企业留存库存现金的最高数额。企业的开户银行应当根据实际需要，核定企业 3 天至 5 天的日常零星开支所需的库存现金限额。边远地区和交通不便地区的企业的库存现金限额，可以多于 5 天，但不得超过 15 天的日常零星开支。经核定的库存现金限额，企业必须严格遵守。需要增加或者减少库存现金限额的，企业应当向开户银行提出申请，由开户银行核定。

3. 库存现金收支的规定

企业现金收支应当依照下列规定办理。

（1）企业现金收入应当于当日送存开户银行。当日送存确有困难的，由开户银行确定送存时间。

（2）企业支付现金，可以从本企业库存现金限额中支付或者从开户银行提取，不得从本企业的现金收入中直接支付（即坐支）。因特殊情况需要坐支现金的，应当事先报经开户银行审查批准，由开户银行核定坐支范围和限额。坐支企业应当定期向开户银行报送坐支金额和使用情况。

（3）企业根据库存现金使用范围的规定，从开户银行提取现金，应当写明用途，由本企业财会部门负责人签字盖章，经开户银行审核后，予以支付现金。

（4）因采购地点不固定，交通不便，生产或者市场急需，抢险救灾以及其他特殊情况必须使用现金的，企业应当向开户银行提出申请，由本企业财会部门负责人签字盖章，经开户银行审核后，予以支付现金。

（二）库存现金的账务处理

为了核算库存现金的收入、支出和结存情况，企业应设置“库存现金”科目。该科目借方登记库存现金的增加，贷方登记库存现金的减少，期末余额在借方，反映企业期末实际持有的库存现金的金额。收入现金时，借记“库存现金”科目，贷记有关科目；支出现金时，借记有关科目，贷记“库存现金”科目。

为了加强对库存现金的管理，确保库存现金的真实性，企业应设置库存现金总账和库存现金日记账，对库存现金进行总分类核算和序时、明细核算。库存现金日记账由出纳人员根据审核后的收、付款凭证，按照现金业务发生的先后顺序，逐日逐笔序时登记。每日终了，应结出当日的库存现金收入合计额、支出合计额和余额，并将库存现金日记账余额与实际库存现金金额相核对，做到账实相符；月份终了，应将库存现金日记账余额与库存现金总账余额相核对，做到账账相符。库存现金总账应由不从事出纳工作的会计人员负责登记。

典型案例

例 2-1 20×3 年 10 月 10 日，甲公司行政管理部门的职工张一出差，预借差旅费 1 500 元，款项以现金支付。10 月 15 日，张一出差结束返回公司后，报销差旅费。甲公司应编制的会计分录如下。

（1）10 日，张一预借差旅费 1 500 元时：

借：其他应收款——张一	1 500	
贷：库存现金		1 500

（2）15 日，若张一报销差旅费 1 000 元，则将剩余款 500 元退回财会部门：

借：管理费用——差旅费	1 000	
库存现金	500	
贷：其他应收款——张一		1 500

（3）15 日，若张一报销差旅费 2 000 元，则超出部分以现金支付：

借：管理费用——差旅费	2 000	
贷：库存现金		500
其他应收款——张一		1 500

（三）库存现金的清查

在库存现金核算过程中，企业应当定期和不定期地清查库存现金，确保库存现金账面余

额与实际库存现金金额相符，防止出现库存现金超额、差错、丢失、挪用或“白条顶库”等情况。库存现金的清查一般采用实地盘点法，清查后，由清查人员编制库存现金盘点表，列明库存现金账存、实存和差异的金额，由清查人员和出纳人员共同签章后，及时上报有关负责人。若账实不符，发现库存现金超额留存，企业应及时送存银行；若发现有待查明原因的现金短缺或溢余，应先通过“待处理财产损溢”科目核算，待查明原因，报经批准后，再按实际情况处理；若发现挪用现金或“白条顶库”的情况，应严肃处理，及时纠正。

1. 库存现金短缺

清查时，发现有待查明原因的现金短缺，应按实际短缺的金额，借记“待处理财产损溢——待处理流动资产损溢”科目，贷记“库存现金”科目；查明原因，报经批准后，属于由责任人赔偿的部分，借记“其他应收款”科目，属于无法查明原因的部分，借记“管理费用”科目，贷记“待处理财产损溢——待处理流动资产损溢”科目。

典型案例

例2-2 甲公司在进行现金清查时，发现库存现金短缺300元，后查明，其中100元是由出纳张二工作失职造成的，按规定由其个人赔偿，其余200元无法查明原因。甲公司应编制的会计分录如下。

（1）清查时，发现现金短缺300元：

借：待处理财产损溢——待处理流动资产损溢　　300

　　贷：库存现金　　300

（2）查明原因，报经批准后转出：

借：其他应收款——应收现金短缺款（张二）　　100

　　管理费用——现金短缺　　200

　　贷：待处理财产损溢——待处理流动资产损溢　　300

2. 库存现金溢余

清查时，发现有待查明原因的现金溢余，应按实际溢余的金额，借记“库存现金”科目，贷记“待处理财产损溢——待处理流动资产损溢”科目；查明原因，报经批准后，借记“待处理财产损溢——待处理流动资产损溢”科目，属于应支付给有关人员或单位的部分，贷记“其他应付款”科目，属于无法查明原因的部分，贷记“营业外收入”科目。

典型案例

例2-3 甲公司在进行现金清查时，发现现金溢余500元，后查明，其中200元是少付给职工张一的工资，其余300元无法查明原因。甲公司应编制的会计分录如下。

（1）清查时，发现现金溢余500元：

借：库存现金　　500

　　贷：待处理财产损溢——待处理流动资产损溢　　500

（2）查明原因，报经批准后转出：

借：待处理财产损溢——待处理流动资产损溢　　500

　　贷：其他应付款——应付现金溢余（张一）　　200

　　　　营业外收入——现金溢余　　300

二、银行存款的核算

（一）银行存款的管理

1. 银行开户规定

企业可根据业务需要在银行开立 4 种账户，分别是基本存款账户、一般存款账户、专用存款账户和临时存款账户。① 基本存款账户是企业因办理日常结算和现金收付需要而开立的银行结算账户，一家企业只能在一家银行的一个营业机构开立一个基本存款账户；② 一般存款账户是企业因借款或其他结算需要，在基本存款账户开户银行以外的银行营业机构开立的银行结算账户；③ 专用存款账户是企业按照法律、行政法规和规章，对其特定用途资金（如基本建设资金，更新改造资金，财政预算外资金，粮、棉、油收购资金等）进行专项管理和使用而开立的银行结算账户；④ 临时存款账户是企业因临时需要（如临时采购、异地临时经营活动和注册验资等）且在规定期限内使用而开立的银行结算账户。

2. 银行结算方式及纪律

支付结算是指单位、个人在社会经济活动中使用票据、信用卡和汇兑、托收承付、委托收款等结算方式进行货币给付及其资金清算的行为。其中，票据包括银行汇票、商业汇票、银行本票和支票。

单位和个人办理支付结算，不准签发没有资金保证的票据或远期支票，套取银行信用；不准签发、取得和转让没有真实交易和债权债务的票据，套取银行和他人资金；不准无理拒绝付款，任意占用他人资金；不准违反规定开立和使用账户。

（二）银行存款的账务处理

为了核算银行存款的收入、支出和结存情况，企业应设置“银行存款”科目。该科目借方登记银行存款的增加，贷方登记银行存款的减少，期末余额在借方，反映企业期末实际持有的银行存款的金额。“银行存款”科目可根据开户银行和其他金融机构、存款种类或币种等设置明细科目。企业将款项存入银行或其他金融机构时，借记“银行存款”科目，贷记“库存现金”等科目；提取或支付存款时，借记“库存现金”“应付账款”等科目，贷记“银行存款”科目。

为了加强对银行存款的管理，确保资金安全，企业应设置银行存款总账和银行存款日记账，对银行存款进行总分类核算和序时、明细核算。银行存款日记账由出纳人员根据审核后的收、付款凭证，按照银行存款业务发生的先后顺序，逐日逐笔序时登记，每日终了，应结出当日的银行存款收入合计额、支出合计额和余额，并定期核对。银行存款总账应由不从事

出纳工作的会计人员负责登记。

例 2-4 甲公司为增值税一般纳税人，20×3 年 10 月 15 日，甲公司销售 A 商品，增值税专用发票上注明的价款为 10 000 元、增值税额为 1 300 元，款项已收到并存入银行，甲公司应编制的会计分录如下。

借：银行存款　　11 300
　贷：主营业务收入　　10 000
　　应交税费——应交增值税（销项税额）　　1 300

（三）银行存款的核对

在银行存款核算过程中，企业应指定专人定期（每月至少核对一次）核对银行存款日记账的记录与收、付款凭证的记录，做到账证相符；核对银行存款日记账余额与银行存款总账余额，做到账账相符；核对银行存款日记账余额与银行存款对账单余额，做到账实相符。在实务操作中，企业和银行记账发生错漏或存在未达账项均会导致银行存款日记账余额与银行对账单余额不一致。若记账发生错漏，应及时更正，若存在未达账项，应由出纳人员编制“银行存款余额调节表”进行调节。

未达账项是指企业和银行之间传递结算凭证时，由于时间差导致一方已登记入账、另一方未登记入账的款项。未达账项一般包括 4 种情况：① 企业已收款记账、银行未收款未记账的款项；② 企业已付款记账、银行未付款未记账的款项；③ 银行已收款记账、企业未收款未记账的款项；④ 银行已付款记账、企业未付款未记账的款项。

“银行存款余额调节表”（见表 2-4）是为了核对企业银行存款日记账余额与银行对账单余额而编制的，用来列示及调节未达账项的表格。调节后的存款余额的计算公式为

调节后的存款余额=企业银行存款日记账余额+银行已收、企业未收款−银行已付、企业未付款=银行对账单余额+企业已收、银行未收款−企业已付、银行未付款　　（2-1）

表 2-4 银行存款余额调节表

年　月　日　　　　单位：元

项　目	金　额	项　目	金　额
企业银行存款日记账余额		银行对账单余额	
加：银行已收、企业未收款 减：银行已付、企业未付款		加：企业已收、银行未收款 减：企业已付、银行未付款	
调节后的存款余额		调节后的存款余额	

例 2-5 20×3 年 12 月 31 日，甲公司银行存款日记账余额为 311 000 元，银行对账单余额为 280 000 元，出纳人员逐笔核对后，发现甲公司和银行记账均未发生错漏，但双方存在

以下未达账项。

（1）12 月 27 日，甲公司开出一张票面金额为 10 000 元的转账支票，并已记账，但持票人尚未到银行办理转账手续，银行尚未记账。

（2）12 月 29 日，银行代甲公司支付电费 8 000 元，银行已付款记账，但甲公司尚未收到银行付款通知，尚未记账。

（3）12 月 29 日，甲公司收到一张票面金额为 50 000 元的转账支票，并已记账，但银行尚未办理转账手续，尚未记账。

（4）12 月 31 日，银行支付甲公司存款利息 17 000 元，银行已付款记账，但甲公司尚未收到收款通知，尚未记账。

根据以上未达账项编制的“银行存款余额调节表”如表 2-5 所示。

表 2-5　银行存款余额调节表

20×3 年 12 月 31 日　　单位：元

项　目	金　额	项　目	金　额
企业银行存款日记账余额	311 000	银行对账单余额	280 000
加：银行已收、企业未收款 减：银行已付、企业未付款	17 000 8 000	加：企业已收、银行未收款 减：企业已付、银行未付款	50 000 10 000
调节后的存款余额	320 000	调节后的存款余额	320 000

提　示

银行存款余额调节表只是反映企业银行存款日记账与银行对账单对账情况的工具，而不是原始凭证。企业不能根据银行存款余额调节表中所列示的未达账项调整企业账簿记录。对于银行已收、企业未收款和银行已付、企业未付款，企业必须在收到银行的收、付款通知后，方可进行账务处理。

三、其他货币资金的核算

其他货币资金主要包括银行汇票存款、银行本票存款、信用卡存款、信用证保证金存款、存出投资款和外埠存款等。

课堂讨论

其他货币资金与银行存款和库存现金有哪些异同之处？

为了核算其他货币资金的收入、支出和结存情况，企业应设置“其他货币资金”科目。该科目借方登记其他货币资金的增加，贷方登记其他货币资金的减少，期末余额在借方，反映企业期末实际持有的其他货币资金的金额。“其他货币资金”科目可根据其他货币资金的种类设置明细科目。

（一）银行汇票存款的账务处理

银行汇票存款是指企业为取得银行汇票而按照规定存入银行的款项。

企业填写“银行汇票申请书”，将款项交存银行，取得银行汇票时，借记“其他货币资金——银行汇票”科目，贷记“银行存款”科目；企业用银行汇票支付货款，收到相关发票账单时，借记“材料采购”“原材料”“库存商品”“应交税费——应交增值税（进项税额）”等科目，贷记“其他货币资金——银行汇票”科目；采购完毕收回多余款项时，借记“银行存款”科目，贷记“其他货币资金——银行汇票”科目。

企业在销货过程中收到银行汇票，填写银行进账单，将银行进账单与银行汇票送交银行，根据银行进账单（第一联）及销货发票等，借记“银行存款”科目，贷记“主营业务收入”“应交税费——应交增值税（销项税额）”等科目。

典型案例

例 2-6 20×3 年 10 月 1 日，甲公司向银行申请银行汇票，将 80 000 元银行存款转作银行汇票存款。6 日，甲公司采购一批原材料，使用银行汇票办理结算，取得的增值税专用发票上注明的价款为 60 000 元、增值税额为 7 800 元，当日原材料已验收入库。15 日，甲公司收回多余款项。甲公司应编制的会计分录如下。

（1）1 日，取得银行汇票时：

借：其他货币资金——银行汇票　　80 000
　　贷：银行存款　　80 000

（2）6 日，使用银行汇票结算方式采购原材料，收到相关发票账单时：

借：原材料　　60 000
　　应交税费——应交增值税（进项税额）　　7 800
　　贷：其他货币资金——银行汇票　　67 800

（3）15 日，收回多余款项时：

借：银行存款　　12 200
　　贷：其他货币资金——银行汇票　　12 200

（二）银行本票存款的账务处理

银行本票存款是指企业为取得银行本票而按照规定存入银行的款项。银行本票存款的会计处理与银行汇票存款的会计处理基本相同。

企业填写“银行本票申请书”，将款项交存银行，取得银行本票时，借记“其他货币资金——银行本票”科目，贷记“银行存款”科目；企业用银行本票支付货款，收到相关发票账单时，借记“材料采购”“原材料”“库存商品”“应交税费——应交增值税（进项税额）”等科目，贷记“其他货币资金——银行本票”科目；企业因银行本票超过提示付款期限等原因而要求银行退款时，填写银行进账单，将银行进账单与银行本票送交银行，收到银行盖章退回的银行进账单第一联时，借记“银行存款”科目，贷记“其他货币资金——银行本票”科目。

企业在销货过程中收到银行本票，填写银行进账单，将银行进账单与银行本票送交银行，根据银行进账单（第一联）及销货发票，借记“银行存款”科目，贷记“主营业务收入”“应交税费——应交增值税（销项税额）”等科目。

（三）信用卡存款的账务处理

信用卡存款是指企业为了取得信用卡而存入银行信用卡专户的款项。企业信用卡账户的资金一律从其基本存款账户转账存入，不得交存现金，不得将销货收入的款项存入其账户。企业的持卡人可持信用卡在特约单位购物和消费，但不得用于10万元以上的商品交易、劳务供应款项的结算，不得支取现金。

企业填写“信用卡申请表”，将转账支票和其他资料交存银行时，借记“其他货币资金——信用卡”科目，贷记“银行存款”科目；企业用信用卡购物或支付有关费用，收到开户银行转来的信用卡存款的付款凭证及所附发票账单时，借记“管理费用”等科目，贷记“其他货币资金——信用卡”科目；当企业的持卡人不需要继续使用信用卡时，应主动持信用卡到发卡银行销户，销户时，信用卡余额转入企业基本存款账户，借记“银行存款”科目，贷记“其他货币资金——信用卡”科目。

典型案例

例2-7 20×3年10月1日，甲公司向银行申领信用卡，由其基本存款账户转账存入5 000元。8日，甲公司购买办公用品，使用信用卡办理结算，取得的增值税专用发票上注明的价款为3 000元、增值税额为390元。30日，甲公司去银行办理销户手续，不再使用信用卡结算，该信用卡余额1 610元转回企业基本存款账户。甲公司应编制的会计分录如下。

（1）1日，申领信用卡时：

借：其他货币资金——信用卡　　5 000
　贷：银行存款　　5 000

（2）8日，使用信用卡结算方式购买办公用品，收到相关发票账单时：

借：管理费用——办公费　　3 000
　应交税费——应交增值税（进项税额）　　390
　贷：其他货币资金——信用卡　　3 390

（3）30日，销户时：

借：银行存款　　1 610
　贷：其他货币资金——信用卡　　1 610

（四）信用证保证金存款的账务处理

信用证保证金存款是指采用信用证结算方式的企业为开具信用证而存入银行信用证保证金专户的款项。

企业填写“信用证申请书”，将信用证保证金交存银行时，应根据银行盖章退回的“信用证申请书”回单，借记“其他货币资金——信用证保证金”科目，贷记“银行存款”科目；企业接到开证行通知，根据供货单位信用证结算凭证及所附发票账单，借记“材料采购”“原材料”“库存商品”“应交税费——应交增值税（进项税额）”等科目，贷记“其他货币资金——信用证保证金”科目；将未用完的信用证保证金存款余额转回开户银行时，借记“银行存款”科目，贷记“其他货币资金——信用证保证金”科目。

（五）存出投资款的账务处理

存出投资款是指企业为购买股票、债券、基金等，而根据有关规定存入证券公司指定银行开立的投资款专户的款项。

企业向证券公司划出资金时，应按实际划出的金额，借记“其他货币资金——存出投资款”科目，贷记“银行存款”科目；企业购买股票、债券或基金等有价证券时，按实际发生的金额，借记“交易性金融资产”“债权投资”“其他债权投资”等科目，贷记“其他货币资金——存出投资款”科目。

（六）外埠存款的账务处理

外埠存款是指企业为到外地进行临时或零星采购而汇往采购地银行开立采购专户的款项。外埠存款除采购员差旅费可以支取少量现金外，一律采用转账结算，该账户存款不计利息、只付不收，付完清户。

企业将款项汇往外地开立采购专户时，应根据汇出款项凭证编制付款凭证，借记“其他货币资金——外埠存款”科目，贷记“银行存款”科目；收到采购人员交来的供应单位开具的发票账单时，借记“材料采购”“原材料”“库存商品”“应交税费——应交增值税（进项税额）”等科目，贷记“其他货币资金——外埠存款”科目；采购完毕收回多余款项时，根据银行的收款通知，借记“银行存款”科目，贷记“其他货币资金——外埠存款”科目。

典型案例

例 2-8 20×3 年 10 月 10 日，甲公司派采购人员到外地采购一批原材料，委托当地开户银行将采购款项 50 000 元汇往采购地银行开立采购专户。11 日，采购人员进行材料采购时，使用外埠存款办理结算，取得的增值税专用发票上注明的价款为 40 000 元、增值税额为 5 200 元，当日原材料已验收入库。15 日，甲公司收回多余款项。甲公司应编制的会计分录如下。

（1）10 日，开立临时采购专户时：

借：其他货币资金——外埠存款　　50 000

　　贷：银行存款　　50 000

（2）11 日，使用外埠存款结算方式采购原材料，收到相关发票账单时：

借：原材料　　40 000

　　应交税费——应交增值税（进项税额）　　5 200

　　贷：其他货币资金——外埠存款　　45 200

（3）15 日，收回多余款项时：

借：银行存款　　4 800

　　贷：其他货币资金——外埠存款　　4 800

任务拓展　编制甲公司银行存款余额调节表

20×3 年 4 月 30 日，甲公司银行存款日记账余额为 94 800 元，银行对账单余额为 101 500 元。出纳人员逐笔核对后，发现甲公司和银行记账均未发生错漏，但双方存在以下未达账项。

（1）甲公司委托银行收款 10 000 元，银行已收款记账，但甲公司尚未收到银行收款通知，尚未记账。

（2）银行支付甲公司的借款利息 1 800 元，银行已付款记账，但甲公司尚未收到银行付款通知，尚未记账。

（3）甲公司收到一张票面金额为 3 500 元的转账支票，并已记账，但银行尚未办理转账手续，尚未记账。

（4）甲公司开出一张票面金额为 2 000 元的转账支票，并已记账，但持票人尚未到银行办理转账手续，银行尚未记账。

2-1 任务拓展参考答案

要求：分析甲公司和银行的未达账项，并根据未达账项编制甲公司的银行存款余额调节表。

任务二　核算交易性金融资产

任务导入

企业持有交易性金融资产主要是为了在近期内出售以赚取差价，如企业持有的以短期获利为目的的股票、债券、基金等。正确地核算与管理交易性金融资产，能够提高企业资金的使用效率和收益率。因此，小张认真学习交易性金融资产的相关知识，掌握交易性金融资产的初始计量、后续计量及处置的核算方法，希望为企业管理交易性金融资产建言献策。

本任务的知识和技能要求如表 2-6 所示。

表 2-6　知识和技能要求

类　型	具体内容	学习程度		
		了解	掌握	应用
知识要求	交易性金融资产的科目设置	●		
	交易性金融资产的初始计量		●	
	交易性金融资产的后续计量		●	
	交易性金融资产处置的核算		●	
技能要求	编制甲公司交易性金融资产相关的会计分录			●

班级____________ 姓名____________ 学号____________

任务工单 »

（一）任务描述

以小组为单位，编制甲公司交易性金融资产相关的会计分录。

（二）任务分工

全班学生以 3～5 人为一组进行分组，每组设组长 1 名，小组讨论任务分工并将分工情况填写至表 2-7 中。

表 2-7 小组成员及分工情况

小组成员	姓　名	学　号	任务分工
组长			
组员			

（三）任务准备

请各组长组织组员观看“交易性金融资产基础知识”视频，收集和整理相关资料，讨论并回答下列问题。

交易性金融资产基础知识

（1）什么是金融资产？

（2）金融资产可以分为哪几类？

（3）什么是交易性金融资产？“交易性金融资产”科目是如何设置的？

班级____________　姓名____________　学号____________

（四）任务实施

以小组为单位，根据甲公司20×3年10月发生的以下经济业务编制相关的会计分录。

20×3年10月2日，甲公司从二级市场上购入A公司发行的3年期债券100 000张，每张面值为3元，每张价格为3.5元，另支付交易费用，取得的增值税专用发票上注明的交易费用为1 500元、增值税额为90元，债券利息到期后与本金一起偿付。甲公司将该资产划分为交易性金融资产进行核算。假设不考虑其他因素的影响。

（五）任务评价

各组派代表展示任务实施成果，并配合指导老师完成表2-8所示的任务评价。

表2-8　任务评价

评价项目	评价内容	评价分数			
		分值	自评	组评	师评
职业素养（40%）	考勤、仪容仪表	10分			
	责任意识、纪律意识	10分			
	团队合作与交流	20分			
专业能力（60%）	任务准备的完成度	20分			
	任务实施的完成度	20分			
	任务实施成果的展示效果	20分			
合计	综合分数______自评（25%）+组评（25%）+师评（50%）	100分			
	综合等级______	指导老师签字__________			
综合评价					

一、交易性金融资产的科目设置

为了核算交易性金融资产的取得、持有和出售等情况，企业应设置“交易性金融资产”“应收股利”“应收利息”“公允价值变动损益”“投资收益”等科目。

“交易性金融资产”属于资产类科目。该科目借方登记交易性金融资产的取得成本、资产负债表日其公允价值高于账面余额的差额、出售交易性金融资产时结转的公允价值低于账面余额的变动金额，贷方登记资产负债表日其公允价值低于账面余额的差额、出售交易性金融资产时结转的成本及公允价值高于账面余额的变动金额，期末余额在借方，反映企业期末持有的交易性金融资产的公允价值。“交易性金融资产”科目可根据交易性金融资产的类别和品种分别设置“成本”“公允价值变动”等明细科目。

“应收股利”属于资产类科目，用来核算企业对外投资应收的现金股利或利润。该科目借方登记应收股利或利润的增加，贷方登记应收股利或利润的减少，期末余额一般在借方，反映企业尚未收到的现金股利或利润。“应收股利”科目可根据被投资单位设置明细科目。

“应收利息”属于资产类科目，用来核算企业持有金融资产等应收取的利息。该科目借方登记应收的利息，贷方登记收回的利息和转作坏账的利息，期末余额在借方，反映企业尚未收回的利息。“应收利息”科目可根据应收利息种类设置明细科目。

“公允价值变动损益”属于损益类科目，用来核算企业交易性金融资产等的公允价值变动而形成的应计入当期损益的利得或损失。该科目借方登记资产负债表日，企业持有的交易性金融资产等的公允价值低于账面余额的差额，贷方登记资产负债表日，企业持有的交易性金融资产等的公允价值高于账面余额的差额，期末余额转入“本年利润”科目，结转后该科目无余额。

“投资收益”属于损益类科目，用来核算企业持有交易性金融资产等的期间取得的投资收益和出售交易性金融资产等实现的投资收益或投资损失。该科目借方登记企业取得交易性金融资产等时支付的交易费用，出售交易性金融资产等时发生的投资损失，贷方登记企业持有交易性金融资产等的期间取得的投资收益及出售交易性金融资产等实现的投资收益，期末余额转入“本年利润”科目，结转后该科目无余额。

二、交易性金融资产的初始计量

企业取得交易性金融资产时，应当按该资产取得时的公允价值，借记“交易性金融资产——成本”科目，按发生的相关交易费用，借记“投资收益”科目，发生交易费用取得增值税专用发票的，按其注明的增值税额，借记“应交税费——应交增值税（进项税额）”科目，支付的价款中包含已宣告但尚未发放的现金股利或已到付息期但尚未领取的债券利息，应单独确认为应收项目，借记“应收股利”或“应收利息”科目，按实际支付的金额，贷记“其他货币资金——存出投资款”科目。

提 示

交易费用是指企业购买、发行或处置金融工具支付的手续费、佣金、相关税费及其他必要支出，不包括债券溢价、折价、融资费用、内部管理成本和持有成本等与交易不直接相关的费用。

典型案例

例2-9 20×3 年 3 月 2 日，甲公司从证券市场上购入 A 上市公司股票 100 000 股，支付价款 1 060 000 元，其中包含已宣告但尚未发放的现金股利 60 000 元，另支付交易费用，取得的增值税专用发票上注明的交易费用为 2 500 元、增值税额为 150 元。3 月 5 日，甲公司实际收到已宣告但尚未发放的现金股利 60 000 元。甲公司将该资产划分为交易性金融资产进行核算。假设不考虑其他因素的影响，甲公司应编制的会计分录如下。

（1）2 日，购买 A 上市公司股票时：

借：交易性金融资产——A 上市公司股票——成本　　1 000 000
　　应收股利——A 上市公司股票　　60 000
　　贷：其他货币资金——存出投资款　　1 060 000

（2）2 日，支付相关交易费用时：

借：投资收益——A 上市公司股票　　2 500
　　应交税费——应交增值税（进项税额）　　150
　　贷：其他货币资金——存出投资款　　2 650

（3）5 日，实际收到已宣告但尚未发放的现金股利时：

借：其他货币资金——存出投资款　　60 000
　　贷：应收股利——A 上市公司股票　　60 000

三、交易性金融资产的后续计量

（一）交易性金融资产持有期间的现金股利和债券利息

企业持有交易性金融资产期间对于被投资单位宣告发放的现金股利或已到付息期但尚未领取的债券利息，应确认为应收项目，并计入投资收益，借记“应收股利”或“应收利息”科目，贷记“投资收益”科目；实际收到现金股利或债券利息时，借记“其他货币资金——存出投资款”等科目，贷记“应收股利”或“应收利息”科目。

只有同时符合以下 3 个条件时，才能确认交易性金融资产所取得的股利或利息收入并计入当期损益：① 企业收取股利或利息的权利已经确立（如被投资单位已宣告发放现金股利或债券利息已到付息期）；② 与股利或利息相关的经济利益很可能流入企业；③ 股利或利息的金额能够可靠计量。

提　示

企业持有交易性金融资产期间，收到股票股利时，不进行账务处理，但应进行备查登记，在除权日注明所增加的股份，以反映股份的变化情况。

典型案例

例 2-10　承【例 2-9】，20×3 年 4 月 2 日，A 上市公司宣告将于 4 月 15 日发放每股 0.1 元的现金股利。甲公司应编制的会计分录如下。

（1）2 日，宣告发放现金股利时：

甲公司应确认的现金股利=100 000×0.1=10 000（元）。

借：应收股利——A 上市公司股票　　10 000

　　贷：投资收益——A 上市公司股票　　10 000

（2）15 日，实际收到现金股利时：

借：其他货币资金——存出投资款　　10 000

　　贷：应收股利——A 上市公司股票　　10 000

（二）交易性金融资产的期末计量

资产负债表日，按交易性金融资产的公允价值高于其账面余额的差额，借记“交易性金融资产——公允价值变动”科目，贷记“公允价值变动损益”科目；若交易性金融资产的公允价值低于其账面余额，做相反的会计分录。

典型案例

例 2-11　承【例 2-9】和【例 2-10】，20×3 年 6 月 30 日，甲公司持有的 A 上市公司股票的公允价值为 1 080 000 元。20×3 年 9 月 30 日，甲公司持有的 A 上市公司股票的公允价值为 1 040 000 元。甲公司应编制的会计分录如下。

（1）6 月 30 日，确认 A 上市公司股票公允价值变动时：

借：交易性金融资产——A 上市公司股票——公允价值变动　　80 000

　　贷：公允价值变动损益——A 上市公司股票　　80 000

（2）9 月 30 日，确认 A 上市公司股票公允价值变动时：

借：公允价值变动损益——A 上市公司股票　　40 000

　　贷：交易性金融资产——A 上市公司股票——公允价值变动　　40 000

四、交易性金融资产处置的核算

（一）出售交易性金融资产的核算

出售交易性金融资产时，应按实际收到的金额，借记“其他货币资金——存出投资款”

等科目，按该交易性金融资产的账面余额的成本部分，贷记“交易性金融资产——成本”科目，按该交易性金融资产的账面余额的公允价值变动部分，贷记或借记“交易性金融资产——公允价值变动”科目，按借贷方差额，贷记或借记“投资收益”科目。

典型案例

例 2-12 承【例 2-9】【例 2-10】和【例 2-11】，20×4 年 2 月 10 日，甲公司出售持有的全部 A 上市公司股票，售价为 1 100 000 元。甲公司应编制的会计分录如下。

借：其他货币资金——存出投资款　　1 100 000
　　贷：交易性金融资产——A 上市公司股票——成本　　1 000 000
　　　　　　　　　　　　　　　　　　——公允价值变动　　40 000
　　　　投资收益——A 上市公司股票　　60 000

（二）出售交易性金融资产应交增值税的核算

为了对增值税纳税人转让金融商品发生的增值税应纳税额进行核算，企业应设置“应交税费——转让金融商品应交增值税”科目。金融商品转让按照卖出价扣除买入价（不需要扣除已宣告但尚未发放的现金股利和已到付息期但尚未领取的债券利息）后的余额作为销售额计算增值税，即转让金融商品按盈亏相抵后的余额作为销售额计算增值税。若相抵后出现负差，可结转至下一纳税期与下期转让金融商品的销售额互抵，但年末仍有负差时，说明本年度的金融商品转让损失无法弥补，且本年度的金融资产转让损失不得转入下一会计年度继续抵减转让金融资产的收益。

出售交易性金融资产当月月末，若产生转让收益，按增值税应纳税额，借记“投资收益”等科目，贷记“应交税费——转让金融商品应交增值税”科目；若产生转让损失，则可结转下月抵扣税额，按结转的金额，借记“应交税费——转让金融商品应交增值税”科目，贷记“投资收益”等科目。

年末，若“应交税费——转让金融商品应交增值税”科目有借方余额，应将其转出，借记“投资收益”等科目，贷记“应交税费——转让金融商品应交增值税”科目。

典型案例

例 2-13 承【例 2-9】【例 2-10】【例 2-11】和【例 2-12】，甲公司转让金融商品适用的增值税税率为 6%，计算甲公司出售 A 上市公司股票的应交增值税，并编制相关的会计分录。

甲公司出售 A 上市公司股票应交增值税=（1 100 000−1 060 000）÷（1+6%）×6%
　　　　　　　　　　　　　　　　　　≈2 264.15（元）。

借：投资收益——A 上市公司股票　　2 264.15
　　贷：应交税费——转让金融商品应交增值税　　2 264.15

任务拓展　编制甲公司交易性金融资产相关的会计分录

20×3 年 4 月 5 日，甲公司委托证券公司购入 B 公司发行的公司债券，该债券的面值为 2 800 000 元，支付价款 3 060 000 元，其中包含已到付息期但尚未领取的债券利息 60 000 元，另支付交易费用，取得的增值税专用发票上注明的交易费用为 30 000 元、增值税额为 1 800 元。4 月 15 日，甲公司收到购买价款中包含的已到付息期但尚未领取的债券利息 60 000 元。4 月 30 日，甲公司持有的 B 公司债券的公允价值为 3 300 000 元。5 月 31 日，甲公司持有的 B 公司债券的公允价值为 3 100 000 元。6 月 5 日，甲公司出售持有的全部 B 公司债券，售价为 3 250 000 元。甲公司将该资产划分为交易性金融资产进行核算。

要求：假设不考虑其他因素的影响，编制甲公司交易性金融资产相关的会计分录。

2-2 任务拓展参考答案

素养之窗

“克己奉公、清廉自守”是社会主义廉洁文化的核心价值，是中华优秀传统文化的重要内容。当代大学生应树立正确的价值观和事业观，不为利益所诱惑，爱岗敬业、守法奉公，形成良好的职业素养。

项目实训

（一）实训要求

编制甲公司货币资金相关的会计分录，掌握货币资金的核算方法。

（二）实训内容

20×3 年 10 月，甲公司发生的关于货币资金的部分经济业务如下。

（1）3 日，向银行提取备用金 1 000 元。

（2）10 日，在进行现金清查时，发现现金短缺 200 元，原因待查。

（3）10 日，查明上述现金短缺原因，是由出纳人员工作失职造成的，应由出纳人员赔偿。

（4）11 日，收回应收账款 40 000 元，款项已存入银行。

（5）15 日，向乙公司采购一批原材料，使用转账支票办理结算，取得的增值税专用发票上注明的价款为 20 000 元、增值税额为 2 600 元，当日原材料已验收入库。

（6）15 日，向银行申请银行汇票，将 60 000 元银行存款转作银行汇票存款。

（7）20 日，向丙公司采购一批原材料，使用银行汇票办理结算，取得的增值税专用发票上注明的价款为50 000元、增值税额为6 500元，当日原材料已验收入库。

（8）20日，收回银行汇票多余款项3 500元。

要求：根据上述经济业务编制相关的会计分录。

项目考核

（一）单项选择题

（1）货币资金按其用途和存放地点不同，可以分为（　　）。

A. 交易性金融资产、应收票据、其他货币资金

B. 短期借款、长期借款、银行存款

C. 库存商品、银行存款、存货

D. 库存现金、银行存款、其他货币资金

（2）企业在进行现金清查时，发现有待查明原因的现金溢余，应按实际溢余的金额，贷记（　　）科目。

A. “营业外收入”　　B. “待处理财产损溢”

C. “营业外支出”　　D. “其他货币资金”

（3）在记账正确无误的情况下，（　　）也会导致银行存款日记账余额与银行对账单余额不一致。

A. 存在未达账项　　B. 记账方法不一致

C. 存在坏账损失　　D. 记账依据不一致

（4）企业取得交易性金融资产时，应当按该资产取得时的（　　）作为初始确认金额。

A. 历史成本　　B. 可变现净值

C. 公允价值　　D. 未来现金流量现值

（二）多项选择题

（1）企业可以使用现金结算的范围包括（　　）。

A. 职工工资、津贴

B. 出差人员必须随身携带的差旅费

C. 个人劳务报酬

D. 支付给个人的福利费用

（2）企业可以在银行开立的账户有（　　）。

A. 一般存款账户　　B. 专用存款账户

C. 基本存款账户　　D. 特殊存款账户

（3）企业持有交易性金融资产期间，被投资单位宣告发放现金股利和企业实际收到现金股利时，企业进行会计处理可能涉及的会计科目有（　　）。

A.“投资收益”　　　　B.“交易性金融资产”

C.“应收股利”　　　　D.“其他货币资金——存出投资款”

（4）下列关于交易性金融资产的说法中，正确的有（　　）。

A．取得时，支付的价款中包含已宣告但尚未发放的现金股利或已到付息期但尚未领取的债券利息，应单独确认为应收项目，借记“应收股利”或“应收利息”科目

B．取得时，按发生的相关交易费用，借记“交易性金融资产——成本”科目

C．发生交易费用取得增值税专用发票的，按其注明的增值税额，借记“应交税费——应交增值税（进项税额）”科目

D．交易性金融资产在持有期间实际收到现金股利或债券利息时，借记“其他货币资金——存出投资款”等科目

（三）判断题

（1）企业的开户银行应当根据实际需要，核定企业3天至15天的日常零星开支所需的库存现金限额。（　　）

（2）在任何情况下，企业一律不得从本企业的现金收入中直接支付现金（即坐支）。（　　）

（3）一家企业只能在一家银行的一个营业机构开立一个基本存款账户。（　　）

（4）资产负债表日，按交易性金融资产的公允价值高于其账面余额的差额，借记“交易性金融资产——公允价值变动”科目，贷记“营业外收入”科目。（　　）

（四）实务题

20×3年，F公司发生的关于交易性金融资产的部分经济业务如下。

（1）4月1日，向证券公司划出投资款20 000 000元，款项已通过开户银行转入证券公司指定银行开立的投资款专户。

（2）4月2日，委托证券公司购入C上市公司股票2 000 000股，每股价格为8元，另支付交易费用，取得的增值税专用发票上注明的交易费用为40 000元、增值税额为2 400元。F公司将该资产划分为交易性金融资产进行核算。

（3）4月30日，F公司持有的C上市公司股票的公允价值为15 400 000元。

（4）5月31日，F公司持有的C上市公司股票的公允价值为16 400 000元。

（5）6月10日，出售持有的全部C上市公司股票，售价为17 000 000元。

要求：假设不考虑其他因素的影响，请根据上述经济业务编制相关的会计分录。

项目三

应收及预付款项的核算

项目导读

应收及预付款项是企业资产的重要组成部分。应收及预付款项是指企业在日常生产经营过程中发生的各项债权，包括应收款项和预付款项。应收款项包括应收票据、应收账款和其他应收款等；预付款项是指企业按照合同规定预付的款项，如预付账款等。企业会计人员需要掌握应收及预付款项的核算，以便及时反映和监督应收及预付款项，保证资金的安全和完整，促进企业流动资金的周转。

知识目标

- 了解应收票据和应收账款的核算内容，掌握应收票据和应收账款的核算方法。
- 了解预付账款和其他应收款的核算内容，掌握预付账款、其他应收款和应收款项减值的核算方法。

技能目标

- 具有核算应收及预付款项的能力。

素养目标

- 弘扬工匠精神，提升职业素养。

任务一 核算应收票据和应收账款

任务导入 »

企业在日常经营活动中经常会采用赊销的方式来提高销售业绩，提升企业市场竞争力，这就要求企业会计人员掌握应收票据和应收账款的核算方法，及时登记每笔应收款项，准确反映应收票据和应收账款的形成、收回、支付及增减变化情况。因此，小张积极学习应收票据和应收账款的相关知识，希望可以在企业日常生产经营过程中自主核算应收票据和应收账款，解决会计处理中出现的关于应收票据和应收账款的常见问题。

本任务的知识和技能要求如表 3-1 所示。

表 3-1 知识和技能要求

类 型	具体内容	学习程度		
		了解	掌握	应用
知识要求	应收票据的核算内容	●		
	应收票据的核算方法		●	
	应收账款的核算内容	●		
	应收账款的核算方法		●	
技能要求	编制甲公司应收票据和应收账款相关的会计分录			●

班级____________ 姓名____________ 学号____________

任务工单

（一）任务描述

以小组为单位，编制甲公司应收票据和应收账款相关的会计分录。

（二）任务分工

全班学生以3～5人为一组进行分组，每组设组长1名，小组讨论任务分工并将分工情况填写至表3-2中。

表3-2 小组成员及分工情况

小组成员	姓　名	学　号	任务分工
组长			
组员			

（三）任务准备

请各组长组织组员观看"应收票据和应收账款基础知识"视频，收集和整理相关资料，讨论并回答下列问题。

应收票据和应收账款基础知识

（1）什么是应收票据？"应收票据"科目是如何设置的？

（2）什么是应收账款？"应收账款"科目是如何设置的？

班级__________ 姓名__________ 学号__________

（四）任务实施

以小组为单位，根据甲公司20×3年10月发生的以下经济业务编制相关的会计分录。

（1）1日，向乙公司销售一批产品，开具的增值税专用发票上注明的价款为500 000元、增值税额为65 000元，乙公司收到该批产品，并将其验收入库，甲公司收到一张由乙公司当日签发的用于支付货款的银行承兑汇票，该票据面值为565 000元。

（2）20日，收到上述银行承兑汇票的票款565 000元。

（3）25日，向丙公司赊销一批产品，开具的增值税专用发票上注明的价款为10 000元、增值税额为1 300元，丙公司收到该批产品，并将其验收入库。

（五）任务评价

各组派代表展示任务实施成果，并配合指导老师完成表3-3所示的任务评价。

表3-3 任务评价

评价项目	评价内容	评价分数			
		分值	自评	组评	师评
职业素养（40%）	考勤、仪容仪表	10分			
	责任意识、纪律意识	10分			
	团队合作与交流	20分			
专业能力（60%）	任务准备的完成度	20分			
	任务实施的完成度	20分			
	任务实施成果的展示效果	20分			
合计	综合分数______自评（25%）+组评（25%）+师评（50%）	100分			
	综合等级______	指导老师签字__________			
综合评价					

一、应收票据的核算

（一）应收票据的分类

1. 根据票据承兑人不同分类

承兑是指付款人承诺在商业汇票到期日无条件支付汇票金额的票据行为。根据票据承兑人的不同，商业汇票可分为银行承兑汇票、财务公司承兑汇票和商业承兑汇票。其中，银行承兑汇票是指银行和农村信用合作社承兑的商业汇票；财务公司承兑汇票是指企业集团财务公司承兑的商业汇票；商业承兑汇票是由银行、农村信用合作社、财务公司以外的法人或非法人组织承兑的商业汇票。

2. 根据票据是否带息分类

根据票据是否计息，商业汇票可分为不带息商业汇票和带息商业汇票。不带息商业汇票是指商业汇票到期时，承兑人只按票面金额（面值）向收款人或被背书人支付款项的商业汇票；带息商业汇票是指商业汇票到期时，承兑人必须按票面金额加上应计利息向收款人或被背书人支付款项的商业汇票。

提 示

企业应当设置“应收票据备查簿”，逐笔登记商业汇票的种类、号数、出票日期、票面金额、交易合同号、付款人、承兑人、背书人的姓名或单位名称、到期日、背书转让日、贴现日、贴现率、贴现净额、收款日、收回金额和退票情况等资料。商业汇票到期结清票款或退票后，在备查簿中应予注销。

（二）应收票据的账务处理

为了核算应收票据的取得、利息计提、到期收回和贴现等情况，企业应设置“应收票据”科目。该科目借方登记取得的应收票据的面值和已计提的利息，贷方登记到期收回票款或到期前向银行贴现的应收票据的票面余额，期末余额在借方，反映企业持有的商业汇票的面值和已计提的利息。“应收票据”科目可根据开出、承兑商业汇票的单位设置明细科目。

1. 应收票据的取得

应收票据取得的原因不同，其账务处理也有所区别。企业因销售商品、提供劳务而收到商业汇票时，借记“应收票据”科目，贷记“主营业务收入”“应交税费——应交增值税（销项税额）”等科目；企业因债务人抵偿前欠货款而收到商业汇票时，借记“应收票据”科目，贷记“应收账款”科目。

典型案例

例 3-1 20×3 年 8 月 8 日，甲公司向 B 公司销售一批产品，开具的增值税专用发票上注明的价款为 60 000 元、增值税额为 7 800 元，B 公司收到该批产品，并将其验收入库，甲公司收到一张由B公司承兑的期限为3个月的不带息商业承兑汇票。甲公司应编制的会计分录如下。

借：应收票据——B公司　　67 800
　贷：主营业务收入　　60 000
　　应交税费——应交增值税（销项税额）　　7 800

2. 应收票据的利息计提

带息商业汇票应在会计期末计提利息。计提利息时，借记“应收票据”，科目，贷记“财务费用”科目。应收票据的利息计算公式为

$$应收票据利息=应收票据面值\times利率\times期限 \tag{3-1}$$

其中，利率一般指年利率，可根据计算需要折算成月利率或日利率；期限是指从票据出票日至到期日的间隔时间。票据期限的确定一般有按月计算和按日计算两种方式。

若按月计算票据期限，到期日应为到期月份中与出票日相同的日子。例如，出票日期为1月23日，期限3个月，则到期日为4月23日。月末签发的票据，不论月份大小，统一以月末为到期日。例如，出票日期为1月31日，期限1个月，则到期日为2月28日（闰年为2月29日）。

若按日计算票据期限，到期日应按实际的日历天数计算，出票日和到期日只算其中一天。例如，出票日期为5月20日，期限为60天，5月份剩11天（31−20=11天，5月20日当天未计入），6月份有30天，7月份还需19天（60−11−30=19天），因此，该票据的到期日为7月19日（7月19日当天计算在内）。

典型案例

例3-2 20×3年11月1日，甲公司向C公司销售一批产品，开具的增值税专用发票上注明的价款为50 000元、增值税额为6 500元，C公司收到该批产品，并将其验收入库，甲公司收到一张由C公司承兑的期限为4个月的商业承兑汇票，该票据面值为56 500元，年利率为6%，每月月末计提应收票据的利息。甲公司应编制的会计分录如下。

（1）11月1日，确认销售产品收入时：

借：应收票据——C公司　　56 500
　贷：主营业务收入　　50 000
　　应交税费——应交增值税（销项税额）　　6 500

（2）每月月末（20×3年11月、12月及20×4年1月、2月），计提该商业汇票利息时：

应收票据利息=56 500×6%÷12×1=282.5（元）。

借：应收票据——C公司　　282.5
　贷：财务费用　　282.5

3．应收票据的到期

（1）应收票据到期收回票款。

不带息商业汇票到期值为其票据面值。当不带息商业汇票到期、企业收到票据承兑人按票据到期值兑付的票款时，按实际收到的金额，借记“银行存款”科目，按票面面值，贷记“应收票据”科目。

例3-3 承【例3-1】，20×3年11月8日，甲公司持有的该不带息商业承兑汇票到期，甲公司收到票据面值67 800元，款项已存入银行。甲公司应编制的会计分录如下。

借：银行存款　　67 800

　　贷：应收票据——B公司　　67 800

带息商业汇票到期值为其票据面值加上票据到期应计利息。当带息商业汇票到期、企业收到票据承兑人按票据到期值兑付的票款时，按实际收到的金额，借记“银行存款”科目；按票据面值和已计提的票据利息，贷记“应收票据”科目；按尚未计提的票据利息，贷记“财务费用”科目。

典型案例

例3-4 承【例3-2】，20×4年3月1日，甲公司持有的该带息商业承兑汇票到期，甲公司收到票据面值56 500元和已计提的利息1 130元，款项已存入银行。甲公司应编制的会计分录如下。

借：银行存款　　57 630

　　贷：应收票据——C公司　　57 630

（2）应收票据到期退票。

应收票据到期，承兑人因违约拒付或者无力兑付票款而退票，企业应将应收票据的账面价值转入应收账款，借记“应收账款”科目，贷记“应收票据”科目。企业将应收票据的账面价值转入应收账款核算后，期末不再计提利息，其所包含的利息在应收票据备查簿中登记，待实际收到时，再冲减收到当期的财务费用。

典型案例

例3-5 承【例3-1】，20×4年11月8日，甲公司持有的该不带息商业承兑汇票到期，B公司无力支付票款，票据被银行退回。甲公司应编制的会计分录如下。

借：应收账款——B公司　　67 800

　　贷：应收票据——B公司　　67 800

4．应收票据的贴现

应收票据的贴现是指持票人在商业汇票到期日前，贴付一定利息将票据转让至银行等具有贷款业务资质机构的行为。票据贴现实际上是一种融通资金的行为。在贴现中，银行等具有贷款业务资质机构计算贴现利息的利率统称为贴现率，企业贴付给银行等具有贷款业务资质机构的一定利息统称为贴现利息。应收票据贴现的计算公式为

不带息商业汇票的票据到期值=票据面值 (3-2)

带息商业汇票的票据到期值=票据面值+票据利息 (3-3)

贴现利息=票据到期值×贴现率×贴现期 (3-4)

贴现净额=票据到期值−贴现利息 (3-5)

贴现期是指自贴现日起至商业汇票到期日止的时间间隔。例如，4 月 30 日，企业将 5 月 29 日到期的商业汇票贴现，则贴现期为 29 天。

知识拓展

应收票据的管理

《中华人民共和国票据法》规定，汇票到期被拒绝付款的，持票人可以对背书人、出票人以及汇票的其他债务人行使追索权。因此，无论是银行承兑汇票还是商业承兑汇票，票据贴现或背书后，其所有权相关的信用风险及延期付款风险并没有转移给银行或被背书人。根据信用风险及延期付款风险的大小，可将应收票据分为以下两类，分别进行管理。

（1）信用等级较高的银行承兑汇票。

信用等级较高的银行承兑汇票的信用风险和延期付款风险很小，相关的主要风险为利率风险。票据背书或贴现后，票据相关的利率风险已经转移，因此，可以判断票据所有权上的主要风险和报酬已经转移，相关应收票据可以终止确认。

（2）信用等级不高的银行承兑汇票和商业承兑汇票。

信用等级不高的银行承兑汇票和商业承兑汇票的主要风险为信用风险和延期付款风险。票据背书或贴现不影响追索权，票据相关的信用风险和延期付款风险没有转移，相关应收票据不应终止确认。

持有未到期的信用等级较高的银行承兑汇票向银行申请贴现时，该票据终止确认，按应收票据的票据到期值扣除贴现利息后的净额，借记“银行存款”等科目，按贴现利息，借记“财务费用”科目，按应收票据的到期值，贷记“应收票据”科目。

持有未到期的信用等级不高的银行承兑汇票和商业承兑汇票向银行申请贴现时，该票据不终止确认，按应收票据的票据到期值扣除贴现利息后的净额，借记“银行存款”等科目，按贴现利息，借记“财务费用”科目，按应收票据的到期值，贷记“短期借款”科目。

典型案例

例 3-6 20×3 年 1 月 31 日，甲公司收到一张由丙公司当日签发的用于抵偿前欠贷款的期限为 90 天的商业承兑汇票，该票据的面值为 600 000 元，年利率为 4.5%。20×3 年 4 月

1 日，甲公司因急需资金，将该商业承兑汇票向银行申请贴现，贴现率为 5.2%，贴现收入已存入银行。假设一年按 360 天计算。甲公司应编制的会计分录如下。

票据利息=600 000×4.5%×90÷360=6 750（元）。

票据到期值=600 000+6 750=606 750（元）。

票据到期日为 20×3 年 5 月 1 日（28+31+30+1），贴现期=30+1−1=30（天）。

贴现利息=606 750×5.2%×30÷360=2 629.25（元）。

贴现净额=606 750−2 629.25=604 120.75（元）。

借：银行存款　　　　604 120.75

　　财务费用　　　　2 629.25

　　贷：短期借款　　　　606 750

二、应收账款的核算

应收账款主要包括销售货物或提供劳务而收取的价款、增值税销项税额及代购货方垫付的包装费、运杂费等。

（一）应收账款的计量

应收账款通常按实际发生额计价入账，但在实际计量时，还需要考虑商业折扣和现金折扣等因素。

1. 商业折扣

商业折扣是企业为了鼓励客户多购买商品而给予客户的折扣优惠。商业折扣实际上是对商品报价进行的折扣，通常用百分数表示，如 10%、20%、25%等，扣除商业折扣后的净额才是实际销售价格，即发票上的价款。在存在商业折扣的情况下，应收账款的入账金额应按扣除商业折扣后的实际销售价格确认。例如，甲公司销售 B 产品，产品价目单上注明的产品单价为 100 元，某顾客购买了 500 件 B 产品，公司按规定给予其 10%的商业折扣，此时 B 产品的实际销售单价为 90 元［100×（1−10%）=90 元］，假设不考虑其他因素的影响，应收账款的入账金额为 45 000 元。

2. 现金折扣

现金折扣是指企业在采用赊销方式销售商品或提供劳务时，为了鼓励客户尽早偿还货款而给予客户的折扣优惠。现金折扣条件一般用“折扣/付款期限”的形式来表示。例如，“2/10，1/20，n/30”，其含义是信用期为 30 天，客户在 10 天内付款，享受 2%的现金折扣；在 11～20 天内付款，享受 1%的现金折扣；在 21～30 天内付款，不能享受现金折扣。现金折扣使企业应收账款的实收数额因客户付款的时间不同而不同，即发生了可变对价。合同中存在可变对价的，企业应当按照期望值或最可能发生金额确定可变对价的最佳估计数。

提 示

企业与客户的合同中约定的对价金额可能是固定的，也可能会因折扣、价格折让、返利、退款、奖励积分，激励措施，业绩奖金、索赔等因素而变化。此外，企业有权收取的对价金额，将根据一项或多项或有事项的发生而有所不同的情况，也属于可变对价的情形。

例如，甲公司生产加工一批零件出售给丙公司，合同约定价款为 50 万元，若甲公司不能在合同签订日起 80 天内完成加工，须支付给丙公司 5 万元罚款，罚款从合同价款中扣除，以上款项均为不含增值税价款。则该合同的对价金额由 45 万元的固定价格和 5 万元的可变对价两部分组成。

（二）应收账款的账务处理

为了核算应收账款的发生和结存情况，企业应设置“应收账款”科目。该科目借方登记应收账款的增加，贷方登记应收账款的收回和应收账款中确认的坏账损失。期末余额一般在借方，反映企业尚未收回的应收账款；若期末余额在贷方，一般为企业预收的账款。一般不单独设置“预收账款”科目的企业，预收的款项登记在“应收账款”科目的贷方。应收账款科目可根据客户名称设置明细科目。

1. 不存在折扣时的核算

企业销售商品时，在不存在折扣的情况下，按应收账款的入账金额（应收取的全部金额），借记“应收账款”科目，按实际销售收入，贷记“主营业务收入”科目，按取得的增值税专用发票上注明的增值税额，贷记“应交税费——应交增值税（销项税额）”科目，按企业代垫的运杂费，贷记“银行存款”等科目；收回全部金额时，借记“银行存款”科目，贷记“应收账款”科目。

典型案例

例 3-7 20×3 年 4 月 8 日，甲公司赊销一批产品，开具的增值税专用发票上注明的价款为 10 000 元、增值税额为 1 300 元，以银行存款代客户垫付运杂费 200 元，已办妥委托银行收款手续，客户收到该批产品，并将其验收入库。4 月 10 日，甲公司收到全部款项。甲公司应编制的会计分录如下。

（1）4 月 8 日，确认赊销产品收入时：

借：应收账款　　11 500

　　贷：主营业务收入　　10 000

　　　　应交税费——应交增值税（销项税额）　　1 300

　　　　银行存款　　200

（2）4月10日，收到全部款项时：

借：银行存款　　11 500

　　贷：应收账款　　11 500

2. 存在商业折扣时的核算

企业销售商品时，在存在商业折扣的情况下，应收账款按扣除商业折扣后的实际销售价格入账。

例3-8 甲公司销售A产品，适用的增值税税率为13%，A产品价目单上注明的产品单价为100元（不含增值税），公司销售政策规定，若客户购买1 000件以上（含1 000件），即可享受10%的商业折扣。20×3年4月10日，甲公司赊销给乙公司A产品1 200件，乙公司收到A产品，并将其验收入库。甲公司应编制的会计分录如下。

A产品的实际销售单价=100×（1−10%）=90（元）。

A产品的实际销售价格=1 200×90=108 000（元）。

销售A产品的增值税销项税额=108 000×13%=14 040（元）。

借：应收账款——乙公司　　122 040

　　贷：主营业务收入　　108 000

　　　　应交税费——应交增值税（销项税额）　　14 040

3. 存在现金折扣时的核算

企业销售商品时，在存在现金折扣的情况下，企业应预估收款时间，按应收账款的入账金额（假设不存在现金折扣情况下的应收账款总额扣除估计的最有可能发生的现金折扣后的余额），借记“应收账款”科目，按不含增值税的交易总价扣除估计的现金折扣后的余额，贷记“主营业务收入”科目，按无现金折扣、不含增值税的交易总价计算的增值税额，贷记“应交税费——应交增值税（销项税额）”科目。

如果企业实际收款时间早于估计收款时间，客户因此享受了更多的现金折扣，则按客户实际享受的现金折扣金额与企业估计的现金折扣金额的差额，调减应收账款和主营业务收入，借记“主营业务收入”科目，贷记“应收账款”科目；如果企业实际收款时间晚于估计收款时间，则按企业估计的现金折扣金额与客户实际享受的现金折扣金额的差额，调增应收账款和主营业务收入，借记“应收账款”科目，贷记“主营业务收入”科目。

提示

资产负债表日，企业应当重新估计可变对价金额（现金折扣），如果有新证据证明买方能够取得或无法取得现金折扣，需要调整应收账款和主营业务收入。

任务拓展 编制甲公司应收账款相关的会计分录 »

甲公司向乙公司赊销一批产品，合同约定的付款期为甲公司交付产品后30天内，付款条件为“3/10，2/20，n/30”，现金折扣按含增值税的价款计算。乙公司收到该批产品，并将其验收入库。甲公司开具的增值税专用发票上注明的价款为50 000元、增值税额为6 500元。甲公司依据乙公司以往信用记录及目前运营情况，估计乙公司最有可能在11～20天内结清款项，则乙公司可能享受的现金折扣为1 130元（56 500×2%=1 130元）。

要求：编制甲公司应收账款相关的会计分录（按不同付款期分别编制）。

3-1 任务拓展参考答案

任务二 核算预付账款和其他应收款

任务导入 »

企业在日常经营活动中经常采用预付的方式购进货物或应税劳务，虽然这一付款方式降低了企业之间贸易的不稳定性，但在企业流动资金偏紧的情况下，预付账款会占用企业的流动资金，若所购的货物无法收到且预付款不能及时收回，将影响企业的资金周转，增加企业的经营风险。另外，企业无法回收账款时，也需及时处理当期发生的坏账，避免对企业征信造成影响。因此，小张认真学习预付账款、其他应收款和应收款项减值的相关知识，掌握预付账款和其他应收款的账务处理方法，以便强化企业的资金管理。

本任务的知识和技能要求如表3-4所示。

表3-4 知识和技能要求

类型	具体内容	学习程度		
		了解	掌握	应用
知识要求	预付账款的核算内容	●		
	预付账款的核算方法		●	
	其他应收款的核算内容	●		
	其他应收款的核算方法		●	
	应收款项减值的核算方法		●	
技能要求	编制甲公司预付账款和其他应收款相关的会计分录			●

班级________ 姓名________ 学号________

任务工单

（一）任务描述

以小组为单位，编制甲公司预付账款和其他应收款相关的会计分录。

（二）任务分工

全班学生以3～5人为一组进行分组，每组设组长1名，小组讨论任务分工并将分工情况填写至表3-5中。

表3-5 小组成员及分工情况

小组成员	姓 名	学 号	任务分工
组长			
组员			

（三）任务准备

请各组长组织组员观看“预付账款和其他应收款基础知识”视频，收集和整理相关资料，讨论并回答下列问题。

预付账款和其他应收款基础知识

（1）什么是预付账款？“预付账款”科目是如何设置的？

（2）什么是其他应收款？“其他应收款”科目是如何设置的？

班级＿＿＿＿＿＿　姓名＿＿＿＿＿＿　学号＿＿＿＿＿＿

（四）任务实施

以小组为单位，根据甲公司 20×3 年 10 月发生的以下经济业务编制相关的会计分录。

（1）5 日，向乙公司采购一批原材料，按合同约定，甲公司向乙公司预付价款 10 000 元。

（2）12 日，替总经理垫付医疗费用 5 000 元。

（3）15 日，从总经理工资中扣还垫付的医疗费用 5 000 元。

（五）任务评价

各组派代表展示任务实施成果，并配合指导老师完成表 3-6 所示的任务评价。

表 3-6　任务评价

评价项目	评价内容	评价分数			
		分值	自评	组评	师评
职业素养（40%）	考勤、仪容仪表	10 分			
	责任意识、纪律意识	10 分			
	团队合作与交流	20 分			
专业能力（60%）	任务准备的完成度	20 分			
	任务实施的完成度	20 分			
	任务实施成果的展示效果	20 分			
合计	综合分数＿＿＿自评（25%）+组评（25%）+师评（50%）	100 分			
	综合等级＿＿＿	指导老师签字＿＿＿＿＿＿			
综合评价					

一、预付账款的核算

为了核算预付账款的发生及结存情况，企业应设置“预付账款”科目。该科目借方登记预付的款项及补付的款项，贷方登记收到所购货物时实际结算的货款及退回的多付款项。期末若为借方余额，反映企业实际预付的款项；期末若为贷方余额，反映企业应付或应补付的款项。“预付账款”科目可根据供应单位设置明细科目。预付款项业务不多的企业，可以不设“预付账款”科目，将预付的款项通过“应付账款”科目核算。

课堂讨论

预付账款为什么属于资产？预付账款属于金融资产吗？

企业按合同约定支付预付款项时，按实际支付的金额，借记“预付账款”科目，贷记“银行存款”科目；企业收到所购货物时，根据发票账单上列示的货物金额，借记“原材料”“库存商品”等科目，按取得的增值税专用发票上注明的增值税额，借记“应交税费——应交增值税（进项税额）”科目，按应付的金额，贷记“预付账款”科目；当预付账款小于采购货物所需支付的款项时，应补付款项，借记“预付账款”科目，贷记“银行存款”等科目；当预付账款大于采购货物所需支付的款项时，应收回多余款项，借记“银行存款”等科目，贷记“预付账款”科目。

典型案例

例 3-9　20×3 年 10 月 15 日，甲公司向乙公司采购一批原材料，按合同约定，甲公司向乙公司预付价款 48 000 元。10 月 18 日，甲公司收到该批原材料，并将其验收入库，同时，收到由乙公司开具的增值税专用发票，发票上注明的价款为 80 000 元、增值税额为 10 400 元，甲公司用银行存款补付剩余款项。甲公司应编制的会计分录如下。

（1）15 日，预付款项时：

	借方	贷方
借：预付账款——乙公司	48 000	
贷：银行存款		48 000

（2）18 日，收到所购原材料时：

	借方	贷方
借：原材料	80 000	
应交税费——应交增值税（进项税额）	10 400	
贷：预付账款——乙公司		90 400

（3）18 日，补付剩余款项时：

	借方	贷方
借：预付账款——乙公司	42 400	
贷：银行存款		42 400

课堂讨论

如果甲公司不设“预付账款”科目，直接在“应付账款”科目中核算预付的款项，那么【例 3-9】应如何编写会计分录？

二、其他应收款的核算

其他应收款主要包括：① 应收的各种赔款、罚款；② 应收的出租包装物租金；③ 应向职工收取的各种垫付款项；④ 备用金；⑤ 存出保证金，如租入包装物支付的押金；⑥ 预付账款转入；⑦ 其他各种应收、暂付款项。

为了核算其他应收款的发生和结存情况，企业应设置“其他应收款”科目。该科目借方登记其他应收款的增加，贷方登记其他应收款的收回，期末余额在借方，反映企业尚未收回的其他应收款项。“其他应收款”科目可根据应收单位、个人或者项目等设置明细科目。

企业发生各种其他应收款项时，借记“其他应收款”科目，贷记有关科目；收回各种其他应收款项时，借记“库存现金”“银行存款”等科目，贷记“其他应收款”科目。

典型案例

例 3-10 20×3 年 1 月 1 日，甲公司设立后勤部门定额备用金，由李强负责管理。核定的定额备用金为 1 000 元。根据下述经济业务，编制相关的会计分录。

（1）1 月 1 日，财会部门开出支票向后勤部门拨付备用金 1 000 元。

借：其他应收款——备用金（后勤部门） 1 000

　　贷：银行存款 1 000

（2）2 月 25 日，李强报销后勤部门发生的相关费用 860 元，财会部门以现金补足备用金。

借：管理费用——办公费 860

　　贷：库存现金 860

（3）5 月 20 日，后勤部不再需要备用金，将备用金 1 000 元退回公司财会部门。

借：库存现金 1 000

　　贷：其他应收款——备用金（后勤部门） 1 000

提　示

实行定额备用金制度，报销时不冲减其他应收款，而应该用现金补足定额。

三、应收款项减值的核算

企业的各项应收款项，可能会因债务人拒付、破产、死亡等信用缺失原因而部分或全部无法收回。这类无法收回的应收款项通常称为坏账。企业因坏账而遭受的损失称为坏账损

失。应收款项减值的核算方法包括直接转销法和备抵法两种。根据我国企业会计准则的规定，应收款项减值的核算应采用备抵法。根据我国《小企业会计准则》的规定，应收款项减值的核算应采用直接转销法。

（一）备抵法

备抵法是采用一定的方法按期确定预期信用损失，并将其计入当期损益，作为坏账准备，待坏账损失实际发生时，冲销已计提的坏账准备和相应的应收款项的一种方法。采用这种方法，需要对预期信用损失进行复杂的评估和判断，履行预期信用损失的确定程序。

1. 预期信用损失的概念

预期信用损失是指以发生违约的风险（违约的概率）为权重的金融工具信用损失的加权平均值。其中，信用损失是指企业根据合同应收的现金流量与预期能收到的现金流量之间的差额的现值。由于预期信用损失考虑付款的金额和时间分布，即使企业能够全额收回合同约定的金额，但如果收款时间晚于合同规定的时间，也会产生信用损失。

2. 预期信用损失的确定方法

出于简化会计处理、兼顾现行实务的考虑，企业对于《企业会计准则第 14 号——收入》所规定的、不含重大融资成分（包括根据该准则不考虑不超过一年的合同中融资成分的情况）的应收款项，应当始终按照整个存续期内预期信用损失的金额计量其损失准备（企业对这种简化处理没有选择权）。企业对于包含重大融资成分的应收款项，可以作出会计政策选择，按照三阶段模型或相当于整个存续期内预期信用损失的金额计量损失准备。

知识拓展

金融工具减值的三阶段

对于购买或源生时未发生信用减值的金融工具，可将其发生信用减值的过程分为三个阶段，对于不同阶段的金融工具的减值有不同的会计处理方法。

（1）信用风险自初始确认后未显著增加（第一阶段）。

对于处于该阶段的金融工具，企业应当按照未来 12 个月的预期信用损失计量损失准备，并按其账面余额（未扣除减值准备）和实际利率计算利息收入（若该工具为金融资产，下同）。

（2）信用风险自初始确认后已显著增加但尚未发生信用减值（第二阶段）。

对于处于该阶段的金融工具，企业应当按照该工具整个存续期的预期信用损失计量损失准备，并按其账面余额和实际利率计算利息收入。

（3）初始确认后发生信用减值（第三阶段）。

对于处于该阶段的金融工具，企业应当按照该工具整个存续期的预期信用损失计量损失准备，但对利息收入的计算不同于处于前两阶段的金融资产。对于已发生信用减值的金融资产，企业应当按其摊余成本（账面余额减已计提减值准备，即账面价值）和实际利率计算利息收入。

对于购买或源生时已发生信用减值的金融资产，企业应当仅将初始确认后整个存续期内预期信用损失的变动确认为损失准备，并按其摊余成本和经信用调整的实际利率计算利息收入。

应收款项的损失准备可按照整个存续期内预期信用损失的金额计量，例如，企业可参照历史信用损失经验，结合当前状况及对未来经济状况的预测，编制应收账款逾期天数与违约损失率对照表，以此为基础计算预期信用损失。

如果企业的历史经验表明不同细分客户群体发生损失的情况存在显著差异，那么企业应当对客户群体进行恰当的分组，在分组基础上按照整个存续期内预期信用损失的金额计量应收款项的损失准备。企业可用于对资产进行分组的标准可能包括地理区域、产品类型、客户评级、担保物和客户类型（如批发和零售企业）等。

典型案例

例 3-11 戊公司是一家制造业企业，经营地域单一且固定。20×3 年，戊公司应收账款合计为 8 000 000 元，上述应收账款不包含重大融资成分，且始终按照整个存续期内的预期信用损失计量损失准备。戊公司客户群由众多小客户组成，因此，根据代表偿付能力的客户共同风险特征对应收账款进行分类，按照逾期天数与违约损失率确定该应收账款组合的预期信用损失。损失准备计算表如表 3-7 所示。

表 3-7 损失准备计算表

金额单位：元

账 龄	账面余额	违约损失率	按整个存续期内预期信用损失确认的损失准备（账面余额×违约损失率）
未逾期	3 200 000	0.2%	6 400
逾期 1～30 日	2 800 000	1.5%	42 000
逾期 31～60 日	1 000 000	3.5%	35 000
逾期 61～90 日	600 000	6.8%	40 800
逾期＞90 日	400 000	10.4%	41 600
合计	8 000 000		165 800

3. 坏账准备的账务处理

为了核算应收款项坏账准备的计提和转销情况，企业应设置“坏账准备”“信用减值损失”科目。“坏账准备”科目借方登记实际发生的坏账损失金额和冲减的坏账准备金额，贷方登记当期计提的坏账准备和收回已转销的应收账款而恢复的坏账准备，期末余额在贷方，反映企业已计提但尚未转销的坏账准备。

“信用减值损失”科目属于损益类科目，该科目用来核算各项金融工具计提减值准备所形成的预期信用损失。“信用减值损失”科目借方登记当期计提的减值准备金额，贷方登记当期冲减的减值准备金额，期末余额转入本年利润，结转后该科目无余额。

坏账准备的计算公式为

当期应计提的坏账准备=当期按应收款项计算的坏账准备金额-（或“+”）“坏账准备”科目的贷方（或借方）余额　（3-6）

（1）计提坏账准备。

企业计提坏账准备时，按应收款项应减记的金额，借记“信用减值损失”科目，贷记“坏账准备”科目；冲减多计提的坏账准备时，做相反的会计分录。

（2）发生坏账。

企业确实无法收回的应收款项，按管理权限报经批准后作为坏账转销时，应当冲减已计提的坏账准备，按实际发生的坏账金额，借记“坏账准备”科目，贷记“应收账款”“其他应收款”等科目。

（3）收回已确认坏账并转销应收款项。

企业已确认并转销的应收款项又收回的，按实际收到的金额，借记“应收账款”“其他应收款”等科目，贷记“坏账准备”科目；同时，借记“银行存款”科目，贷记“应收账款”“其他应收款”等科目。

典型案例

例 3-12　20×2 年 12 月 31 日，庚公司的应收账款余额为 5 000 000 元，“坏账准备”科目原无余额，根据预期信用损失对该应收账款应计提的坏账准备金额为 1 000 000 元。20×3 年 3 月 5 日，庚公司的客户乙公司由于资金紧张、经营困难，无法偿还庚公司应收账款 500 000 元，庚公司将其确认为坏账。20×3 年 9 月 1 日，乙公司经营状况好转，偿还了庚公司应收账款 500 000 元，庚公司收到款项后将其存入银行。20×3 年 12 月 31 日，庚公司应收账款余额为 4 200 000 元，根据预期信用损失对该应收账款应计提的坏账准备金额为 840 000 元。假设不考虑其他因素的影响，庚公司应编制的会计分录如下。

（1）20×2 年 12 月 31 日，计提坏账准备时：

借：信用减值损失　1 000 000

　贷：坏账准备　1 000 000

（2）20×3 年 3 月 5 日，发生坏账时：

借：坏账准备　500 000

　贷：应收账款——乙公司　500 000

（3）20×3 年 9 月 1 日，收回已确认坏账并转销应收账款时：

借：应收账款——乙公司　500 000

　贷：坏账准备　500 000

借：银行存款　　　　　　　　　　　　　　　　　　500 000

　贷：应收账款——乙公司　　　　　　　　　　　　　　500 000

（4）20×3 年 12 月 31 日，冲减多计提的坏账准备时：

借：坏账准备　　　　　　　　　　　　　　　　　　160 000

　贷：信用减值损失　　　　　　　　　　　　　　　　160 000

提　示

20×3 年 12 月 31 日，庚公司“坏账准备”科目的贷方余额应为 840 000 元，计提坏账准备前，“坏账准备”科目贷方实际余额为 1 000 000 元（1 000 000−500 000+500 000=1 000 000 元），因此，20×3 年年末应冲减的坏账准备金额为 160 000 元（1 000 000−840 000=160 000 元）。

（二）直接转销法

直接转销法是指在实际发生坏账时，将坏账损失计入当期损益，而对可能发生的坏账损失不进行会计处理。小企业应收及预付款项符合下列条件之一的，减除可收回的金额后确认的无法收回的应收及预付款项，作为坏账损失。

（1）债务人依法宣告破产、关闭、解散、被撤销，或者被依法注销、吊销营业执照，其清算财产不足清偿的。

（2）债务人死亡，或者依法被宣告失踪、死亡，其财产或者遗产不足清偿的。

（3）债务人逾期 3 年以上未清偿，且有确凿证据证明已无力清偿债务的。

（4）与债务人达成债务重组协议或法院批准破产重整计划后，无法追偿的。

（5）因自然灾害、战争等不可抗力导致无法收回的。

（6）国务院财政、税务主管部门规定的其他条件。

根据《小企业会计准则》的规定确认应收账款实际发生的坏账损失，应当按可收回的金额，借记“银行存款”等科目，按其账面余额，贷记“应收账款”等科目，按借贷方差额，借记“营业外支出”科目。

任务拓展　编制甲公司应收款项减值相关的会计分录

20×1 年 12 月 31 日，甲公司应收账款借方余额为 800 000 元，“坏账准备”科目原有贷方余额为 3 000 元。20×2 年 12 月 31 日，甲公司应收乙公司的销货款实际发生坏账损失 5 000 元，年末应收账款借方余额为 600 000 元。20×3 年 12 月 31 日，原已转销的乙公司应收账款 5 000 元又收回，年末应收账款余额为 400 000 元。甲公司估计坏账率为 1%。

3-2 任务拓展参考答案

要求：编制甲公司应收款项减值相关的会计分录。

素养之窗

工匠精神是中华民族优秀的文化基因和价值传承，为各行业所必需，应该成为全社会普遍的价值取向。当代大学生应当以务实敬业、细致严谨、终身学习、不断提升职业胜任能力为方向，树立职业敬畏感，秉持职业操守，恪守职业道德。

项目实训

（一）实训要求

编制甲公司应收及预付款项相关的会计分录，掌握应收及预付款项的核算方法。

（二）实训内容

（1）20×3 年 10 月，甲公司发生的关于应收账款的部分经济业务如下。

① 2 日，向丙公司赊销一批产品，开具的增值税专用发票上注明的价款为 100 000 元、增值税额为 13 000 元。

② 2 日，代丙公司垫付包装费 2 000 元。

③ 10 日，收到丙公司支付的货款及代垫包装费 115 000 元。

要求：根据上述经济业务编制相关的会计分录。

（2）甲公司向乙公司赊销 5 000 件产品，适用的增值税税率为 13%，每件产品不含增值税的价格为 12 元。合同约定的付款期为甲公司交付货物后 30 天内，付款条件为“3/10，2/20，n/30”，现金折扣按含增值税的价款计算。甲公司依据乙公司以往信用记录及目前运营情况，估计乙公司最有可能在 11～20 天内结清款项。

要求：分别编制甲公司赊销产品、10 天内收到款项、11～20 天内收到款项、20 天以后收到款项时的会计分录。

（3）20×3 年 10 月，甲公司发生的关于预付账款的部分经济业务如下。

① 1 日，向乙公司采购一批原材料，按合同约定，甲公司向乙公司预付价款 10 000 元，款项已用银行存款支付。

② 16 日，收到该批原材料，并将其验收入库，取得的增值税专用发票上注明的价款为 20 000 元、增值税额为 2 600 元。

③ 16 日，用银行存款补付剩余款项。

要求：根据上述经济业务编制相关的会计分录。

项目考核

（一）单项选择题

（1）企业因销售商品、提供劳务而收到商业汇票时，借记（　　）科目。

A．“应收票据”　　B．“其他应收款”

C．“其他货币资金”　　D．“库存现金”

（2）某公司持有一张20×3年5月26日签发、期限为30天的商业汇票，该商业汇票的到期日为（　　）。

A．6月24日　　B．6月25日

C．6月26日　　D．6月27日

（3）甲公司于5月10日销售一批商品，当天发货，含增值税的销售价格为10 000元，现金折扣条件为“2/10，1/20，n/30”，现金折扣按含增值税的销售价格计算，客户于5月25日付款。则甲公司收到的货款应为（　　）元。

A．10 000　　B．9 900　　C．9 800　　D．9 000

（4）预付款项业务不多的企业，可以不设“预付账款”科目，将预付的款项通过（　　）科目核算。

A．“应付账款”　　B．“预收账款”

C．“其他应收款”　　D．“其他应付款”

（二）多项选择题

（1）下列关于应收票据的说法中，正确的有（　　）。

A．根据票据是否计息，商业汇票可分为不带息商业汇票和带息商业汇票

B．应收票据到期，承兑人因违约拒付或者无力兑付票款而退票，企业应将应收票据的账面价值转入应收账款

C．企业因债务人抵偿前欠货款而收到商业汇票时，借记“应收票据”科目，贷记“应付账款”科目

D．“应收票据”科目期末余额在借方，反映企业持有的商业汇票的面值和已计提的利息

（2）下列选项中，属于应收账款核算内容的有（　　）。

A．销售货物或提供劳务的价款

B．增值税销项税额

C．代购货方垫付的包装费

D．代购货方垫付的运杂费

（3）下列选项中，应记入“坏账准备”科目借方的有（　　）。

A．冲减的坏账准备金额

B．实际发生的坏账损失金额

C．当期计提的坏账准备

D．收回已转销的应收账款而恢复的坏账准备

（4）下列选项中，属于其他应收款核算内容的有（　　）。

A．应收的各种赔款、罚款　　　　B．应收的出租包装物租金

C．备用金　　　　　　　　　　　D．租入包装物支付的押金

（三）判断题

（1）当销货方实际发生现金折扣时，会计处理一定会涉及“财务费用”科目。（　　）

（2）企业租入包装物支付的押金应记入“其他业务成本”科目。（　　）

（3）“坏账准备”科目期末贷方余额反映企业已计提但尚未转销的坏账准备。（　　）

（4）预收账款属于企业的应收款项。（　　）

（四）实务题

（1）20×3 年 5 月 1 日，甲公司收到一张由丁公司当日签发的用于抵偿前欠货款的期限为 4 个月的不带息商业承兑汇票，该票据面值为 1 000 000 元。20×3 年 6 月 1 日，甲公司因急需资金，将该商业承兑汇票向银行申请贴现，贴现率为 5%，贴现收入已存入银行。

要求：计算票据到期值、贴现期、贴现利息和贴现净额，并编制相关的会计分录。

（2）20×3 年 10 月，甲公司发生的关于应收账款的部分经济业务如下。

① 1 日，向丁公司赊销一批产品，开具的增值税专用发票上注明的价款为 30 000 元、增值税额为 3 900 元，以银行存款代垫运杂费 1 100 元。

② 8 日，收到丁公司支付的货款及代垫运杂费 35 000 元。

要求：根据上述经济业务编制相关的会计分录。

（3）U 公司为增值税一般纳税人，发生的部分经济业务如下。

① 20×2 年 12 月 31 日，U 公司的应收账款余额为 5 000 000 元，“坏账准备”科目原无余额，根据预期信用损失对该应收账款应计提的坏账准备金额为 150 000 元。

② 20×3 年 2 月 10 日，U 公司的客户由于资金紧张，无法偿还 U 公司应收账款 60 000 元，U 公司将其确认为坏账。

③ 20×3 年 9 月 10 日，U 公司收回已确认为坏账的应收账款 50 000 元，并将其存入银行。

④ 20×3 年 12 月 31 日，U 公司应收账款余额为 4 500 000 元，根据预期信用损失对该应收账款应计提的坏账准备金额为 135 000 元。

要求：假设不考虑其他因素的影响，根据上述经济业务编制相关的会计分录。

项目四

存货的核算

项目导读

存货是指企业在日常活动中持有以备出售的产成品或商品、处在生产过程中的在产品、在生产过程或提供劳务过程中耗用的材料和物料等。存货的核算是会计核算的一项重要内容，准确核算存货的购入成本，反映和监督存货的收发、领用和保管等情况，能够加强对存货的管理，及时、有效地提供会计信息，合理地控制存货成本，提高企业资金的使用效率，确保企业生产经营活动的顺利开展。

知识目标

- 掌握存货收入及发出的计量方法，以及原材料、周转材料、委托加工物资和库存商品的核算方法。
- 了解存货减值和存货清查的核算内容，掌握存货减值和存货清查的核算方法。

技能目标

- 具有核算存货收入和发出的能力。
- 具有核算存货减值和清查的能力。

素养目标

- 弘扬守正创新精神，锻造适应新形势新要求的能力素质。

任务一 核算存货的收入及发出

任务导入

在存货的日常核算中，企业可采用实际成本法或计划成本法进行核算，在实际成本核算方式下，发出存货可选择的计量方法有个别计价法、先进先出法、月末一次加权平均法、移动加权平均法等，选择不同的计量方法将会影响企业的成本和利润。因此，为了准确反映存货的增减变动和结存情况，企业需要采用适当的计量方法对存货的收入及发出进行核算。于是，小张积极学习存货收入及发出的相关知识，以便掌握存货的计量方法和核算方法，提升企业的存货管理水平。

本任务的知识和技能要求如表 4-1 所示。

表 4-1 知识和技能要求

类 型	具体内容	学习程度		
		了解	掌握	应用
知识要求	存货收入及发出的计量方法		●	
	原材料的核算方法		●	
	周转材料的核算方法		●	
	委托加工物资的核算方法		●	
	库存商品的核算方法		●	
技能要求	编制甲公司存货相关的会计分录			●

班级＿＿＿＿＿＿　　姓名＿＿＿＿＿＿　　学号＿＿＿＿＿＿

任务工单

（一）任务描述

以小组为单位，编制甲公司存货相关的会计分录。

（二）任务分工

全班学生以3～5人为一组进行分组，每组设组长1名，小组讨论任务分工并将分工情况填写至表4-2中。

表4-2　小组成员及分工情况

小组成员	姓　名	学　号	任务分工
组长			
组员			

（三）任务准备

请各组长组织组员观看“存货基础知识”视频，收集和整理相关资料，讨论并回答下列问题。

存货基础知识

（1）什么是存货？

（2）存货主要包括什么？

（3）“原材料”科目是如何设置的？

班级__________ 姓名__________ 学号__________

（四）任务实施

以小组为单位，根据甲公司 20×3 年 10 月发生的以下经济业务编制相关的会计分录。

（1）20 日，采购一批 M 材料，取得的增值税专用发票上注明的价款为 500 000 元、增值税额为 65 000 元，款项已用银行存款支付，材料已验收入库。甲公司采用实际成本法进行 M 材料的日常核算。

（2）25 日，采购一批 N 材料，取得的增值税专用发票上注明的价款为 20 000 元、增值税额为 2 600 元，保险费为 1 000 元，款项已用银行存款支付，材料尚未到达。甲公司采用实际成本法进行 N 材料的日常核算。

（3）30 日，N 材料到达且验收入库。

（五）任务评价

各组派代表展示任务实施成果，并配合指导老师完成表 4-3 所示的任务评价。

表 4-3 任务评价

评价项目	评价内容	评价分数			
		分值	自评	组评	师评
职业素养（40%）	考勤、仪容仪表	10 分			
	责任意识、纪律意识	10 分			
	团队合作与交流	20 分			
专业能力（60%）	任务准备的完成度	20 分			
	任务实施的完成度	20 分			
	任务实施成果的展示效果	20 分			
合计	综合分数______自评（25%）+组评（25%）+师评（50%）	100 分			
	综合等级______	指导老师签字__________			
综合评价					

一、存货收入及发出的计量

（一）存货收入的计量

企业取得存货应当按照成本进行初始计量。存货成本包括采购成本、加工成本和其他成本。

1．存货的采购成本

企业的外购存货主要包括原材料和商品。存货的采购成本包括购买价款、相关税费、运输费、装卸费、保险费及其他可归属于存货采购成本的费用。

（1）购买价款是指企业购入的材料或商品的发票账单上列明的价款，但不包括按照规定可以抵扣的增值税进项税额。

（2）相关税费是指企业购买存货发生的进口关税、消费税、资源税和不能抵扣的增值税进项税额及相应的教育费附加等税费。

（3）其他可归属于存货采购成本的费用是指采购成本中除上述各项以外的可归属于存货采购的费用，如在存货采购过程中发生的仓储费、包装费、运输途中的合理损耗、入库前的挑选整理费用等。

提　示

商品流通企业在采购商品过程中发生的运输费、装卸费、保险费及其他可归属于存货采购成本的费用等进货费用，应计入所购商品成本。实务中，企业也可以先将进货费用进行归集，期末再按照所购商品的存、销情况进行分摊。其中，已售商品的进货费用，计入当期主营业务成本；未售商品的进货费用，计入期末存货成本。商品流通企业采购商品进货费用较小时，也可在发生时直接计入当期销售费用。

根据《小企业会计准则》的规定，小企业（批发业、零售业）在购买商品过程中发生的费用（包括运输费、装卸费、包装费、保险费、运输途中的合理损耗和入库前的挑选整理费用等），记入“销售费用”科目核算。

2．存货的加工成本

企业通过进一步加工取得的存货，主要包括产成品、在产品、半成品、委托加工物资等，其成本由采购成本和加工成本构成。

存货的加工成本包括直接人工及按照一定方法分配的制造费用。

（1）直接人工是指企业在生产产品过程中发生的直接从事产品生产人员的职工薪酬。

（2）制造费用是指企业为生产产品和提供劳务而发生的各项间接费用，包括企业生产部门管理人员的职工薪酬、折旧费、办公费、水电费、机物料消耗、劳动保护费、车间固定资产的修理费用、季节性和修理期间的停工损失等。

直接人工及制造费用是企业在加工存货的过程中发生的追加费用，两者都需要按照受益对象进行归集。如果能够直接计入有关的成本核算对象，则应直接计入；否则，应按照一定的方法分配计入有关成本核算对象。

3．存货的其他成本

存货的其他成本是指除采购成本、加工成本以外的，使存货达到目前场所和状态所发生的其他支出。例如，为特定客户设计产品所发生的、可直接认定的产品设计费应计入存货的成本，但是企业设计产品发生的设计费通常应计入当期损益。

4．不计入存货成本的费用

（1）非正常消耗的直接材料、直接人工和制造费用。

（2）仓储费用（不包括在生产过程中为达到下一个生产阶段所必需的费用）。

（3）不能归属于使存货达到目前场所和状态的其他支出。

（二）存货发出的计量

企业应当根据各类存货的实物流转方式、企业管理的要求和存货的性质等实际情况，合理地选择发出存货成本的计算方法，以合理确定当期发出存货的成本。对于性质和用途相同的存货，应当采用相同的成本计算方法确定发出存货的成本。

实务中，企业发出存货的核算方法有实际成本法和计划成本法两种。实际成本法是指存货的收入、发出和结存均按实际成本计价。计划成本法是指存货的收入、发出和结存均按预先制订的计划成本计价，同时另设“材料成本差异”或“产品成本差异”科目，用来核算实际成本与计划成本之间的差额，会计期末将发出和结存存货的计划成本调整为实际成本。

在实际成本核算方式下，企业可以采用的发出存货的计价方法有个别计价法、先进先出法、月末一次加权平均法和移动加权平均法。计价方法一经确定，不得随意变更，确需变更的，应在财务报表附注中予以说明。

提　示

根据《小企业会计准则》的规定，小企业应当采用先进先出法、加权平均法或者个别计价法确定发出存货的实际成本。

1．个别计价法

个别计价法是假设存货具体项目的实物流转与成本流转相一致，按照各种存货逐一辨认各批发出存货和期末存货所属的购进批别或生产批别，分别按其购入或生产时所确定的单位成本计算各批发出存货和期末存货成本的一种方法。在这种方法下，把每一种存货的实际成本作为计算发出存货成本和期末存货成本的基础。

个别计价法的成本计算准确，符合实际情况，但在存货收发频繁的情况下，其发出成本分辨的工作量较大。因此，这种方法通常适用于一般不能替代使用的存货、为特定项目专门购入或制造的存货及提供的劳务，如珠宝、名画等贵重物品。

典型案例

例 4-1 甲公司20×3年10月A商品购销明细账如表4-4所示。

表 4-4 A 商品购销明细账

金额单位：元

20×3年		摘要	收入			发出			结存		
月	日		数量/件	单价	金额	数量/件	单价	金额	数量/件	单价	金额
10	01	期初余额							200	10	2 000
10	05	购入	100	13	1 300				300		
10	10	销售				150			150		
10	12	购入	200	18	3 600				350		
10	18	销售				200			150		
10	23	购入	300	21	6 300				450		
10	28	销售				200			250		
10	31	本期合计	600		11 200	550			250		

假设甲公司采用个别计价法核算存货成本，经过具体辨认，10月10日发出的150件存货中，100件为期初结存存货，50件为10月5日购入存货；10月18日发出的200件存货中，100件为期初结存存货，100件为10月12日购入存货；10月28日发出的200件存货中，100件为10月12日购入存货，100件为10月23日购入存货。甲公司20×3年10月A商品购销明细账（个别计价法）如表4-5所示。

表 4-5 A 商品购销明细账（个别计价法）

金额单位：元

20×3年		摘要	收入			发出			结存		
月	日		数量/件	单价	金额	数量/件	单价	金额	数量/件	单价	金额
10	01	期初余额							200	10	2 000
10	05	购入	100	13	1 300				200 100	10 13	2 000 1 300
10	10	销售				100 50	10 13	1 000 650	100 50	10 13	1 000 650
10	12	购入	200	18	3 600				100 50 200	10 13 18	1 000 650 3 600
10	18	销售				100 100	10 18	1 000 1 800	50 100	13 18	650 1 800

（续表）

20×3年		摘 要	收 入			发 出			结 存		
月	日		数量/件	单价	金额	数量/件	单价	金额	数量/件	单价	金额
10	23	购入	300	21	6 300				50 100 300	13 18 21	650 1 800 6 300
10	28	销售				100 100	18 21	1 800 2 100	50 200	13 21	650 4 200
10	31	本期合计	600		11 200	550		8 350	50 200	13 21	650 4 200

从表 4-5 中的资料可知，20×3 年 10 月 A 商品的本月发出成本及本月月末结存成本计算如下。

A 商品的本月发出成本=（100×10+50×13）+（100×10+100×18）+（100×18+100×21）=8 350（元）。

A 商品的本月月末结存成本=50×13+200×21=4 850（元）。

或，A 商品的本月月末结存成本=月初结存成本+本月收入成本−本月发出成本=2 000+（100×13+200×18+300×21）−8 350=2 000+11 200−8 350=4 850（元）。

2．先进先出法

先进先出法是指以先购入的存货应先发出（用于销售或耗用）这样一种存货实物流动假设为前提，对发出存货进行计价的一种方法。在这种方法下，先购入的存货成本在后购入的存货成本之前转出，据此确定发出存货和期末存货的成本。具体方法是，收入存货时，逐笔登记收入存货的数量、单价和金额；发出存货时，按照先进先出的原则逐笔登记存货的发出和结存金额。

先进先出法可以随时结转存货发出成本，但较烦琐。如果存货收发业务较多，且存货单价不稳定时，其工作量较大。在物价持续上升时，期末存货成本接近市价，而发出成本偏低，会高估企业当期利润；反之，会低估企业当期利润。

典型案例

例 4-2　承【例 4-1】，假设甲公司采用先进先出法核算存货成本，甲公司 20×3 年 10 月 A 商品购销明细账（先进先出法）如表 4-6 所示。

表 4-6　A 商品购销明细账（先进先出法）

金额单位：元

20×3年		摘 要	收 入			发 出			结 存		
月	日		数量/件	单价	金额	数量/件	单价	金额	数量/件	单价	金额
10	01	期初余额							200	10	2 000

（续表）

20×3 年		摘　要	收　入			发　出			结　存		
月	日		数量/件	单价	金额	数量/件	单价	金额	数量/件	单价	金额
10	05	购入	100	13	1 300				200 100	10 13	2 000 1 300
10	10	销售				150	10	1 500	50 100	10 13	500 1 300
10	12	购入	200	18	3 600				50 100 200	10 13 18	500 1 300 3 600
10	18	销售				50 100 50	10 13 18	500 1 300 900	150	18	2 700
10	23	购入	300	21	6 300				150 300	18 21	2 700 6 300
10	28	销售				150 50	18 21	2 700 1 050	250	21	5 250
10	31	本期合计	600		11 200	550		7 950	250	21	5 250

从表 4-6 中的资料可知，20×3 年 10 月 A 商品的本月发出成本及本月月末结存成本计算如下。

A 商品的本月发出成本=150×10+（50×10+100×13+50×18）+（150×18+50×21）=7 950（元）。

A 商品的本月月末结存成本=250×21=5 250（元）。

或，A 商品的本月月末结存成本=2 000+（100×13+200×18+300×21）−7 950=5 250（元）。

3．月末一次加权平均法

月末一次加权平均法是指以月初结存存货的成本与本月全部进货成本的合计额，除以月初结存存货的数量与本月全部进货数量的合计数，计算出存货的加权平均单位成本，以此为基础计算本月发出存货的成本和期末结存存货的成本的一种方法。月末一次加权平均法的计算公式为

$$存货单位成本=\frac{\begin{matrix}月初结存\\存货的成本\end{matrix}+\sum\left(\begin{matrix}本月各批进货的\\实际单位成本\end{matrix}\times\begin{matrix}本月各批\\进货的数量\end{matrix}\right)}{月初结存存货的数量+本月各批进货数量之和} \tag{4-1}$$

$$本月发出存货的成本=本月发出存货的数量\times存货单位成本 \tag{4-2}$$

$$本月月末结存存货的成本=月末结存存货的数量\times存货单位成本 \tag{4-3}$$

采用月末一次加权平均法核算存货成本，只在月末一次计算加权平均单价，计算方法较简单，在物价上涨或下跌时，分摊了存货成本。但是，这种方法只有在期末才能计算出加权平均单价，从而确定发出存货和结存存货的成本，平时无法从账上反映发出存货和结存存货的单价及金额，不利于存货成本的日常管理与控制。

典型案例

例4-3 承【例4-1】，假设甲公司采用月末一次加权平均法核算存货成本，20×3年10月甲公司A商品的本月发出成本及本月月末结存成本计算如下。

A商品的平均单位成本=（200×10+100×13+200×18+300×21）÷（200+100+200+300）=16.5（元）。

A商品的本月发出成本=550×16.5=9 075（元）。

A商品的本月月末结存成本=250×16.5=4 125（元）。

或，A商品的本月月末结存成本=2 000+（100×13+200×18+300×21）−9 075=4 125（元）。

则甲公司20×3年10月A商品购销明细账（月末一次加权平均法）如表4-7所示。

表4-7 A商品购销明细账（月末一次加权平均法）

金额单位：元

20×3年		摘 要	收 入			发 出			结 存		
月	日		数量/件	单价	金额	数量/件	单价	金额	数量/件	单价	金额
10	01	期初余额							200	10	2 000
10	05	购入	100	13	1 300				300		3 300
10	10	销售				150			150		
10	12	购入	200	18	3 600				350		6 900
10	18	销售				200			150		
10	23	购入	300	21	6 300				450		13 200
10	28	销售				200			250		
10	31	本期合计	600		11 200	550	16.5	9 075	250	16.5	4 125

4. 移动加权平均法

移动加权平均法是指以原有结存存货的成本与本次进货的成本的合计额，除以原有结存存货的数量与本次进货的数量的合计数，据以计算存货加权平均单位成本，作为在下次进货前计算各次发出存货成本依据的一种方法。移动加权平均法的计算公式为

$$\text{存货加权平均单位成本}=\frac{\text{原有结存存货的成本}+\text{本次进货的成本}}{\text{原有结存存货的数量}+\text{本次进货的数量}} \quad (4\text{-}4)$$

本次发出存货的成本=本次发出存货的数量×本次发货前存货的加权平均单位成本（4-5）

本月月末结存存货的成本=月末结存存货的数量×本月月末存货加权平均单位成本 （4-6）

采用移动加权平均法核算存货成本，能够使企业管理层及时了解存货的结存情况，计算的平均单位成本及发出和结存的存货成本比较客观。但由于这种方法每次收货都要计算一次平均单位成本，计算工作量较大，对收发货较频繁的企业不太适用。

典型案例

例 4-4 承【例 4-1】，假设甲公司采用移动加权平均法核算存货成本，20×3 年 10 月甲公司 A 商品的加权平均单位成本、本月发出成本及本月月末结存成本计算如下。

10 月 5 日购入 A 商品后的加权平均单位成本=（200×10+100×13）÷（200+100）=11（元）。

10 月 12 日购入 A 商品后的加权平均单位成本=（150×11+200×18）÷（150+200）=15（元）。

10 月 23 日购入 A 商品后的加权平均单位成本=（150×15+300×21）÷（150+300）=19（元）。

10 月 10 日发出 A 商品的成本=150×11=1 650（元）。

10 月 18 日发出 A 商品的成本=200×15=3 000（元）。

10 月 28 日发出 A 商品的成本=200×19=3 800（元）。

A 商品的本月月末结存成本=250×19=4 750（元）。

或，A 商品的本月月末结存成本=2 000+（100×13+200×18+300×21）−150×11+200×15+200×19）=4 750（元）。

则甲公司 20×3 年 10 月 A 商品购销明细账（移动加权平均法）如表 4-8 所示。

表 4-8 A 商品购销明细账（移动加权平均法）

金额单位：元

20×3 年		摘 要	收 入			发 出			结 存		
月	日		数量/件	单价	金额	数量/件	单价	金额	数量/件	单价	金额
10	01	期初余额							200	10	2 000
10	05	购入	100	13	1 300				300	11	3 300
10	10	销售				150	11	1 650	150	11	1 650
10	12	购入	200	18	3 600				350	15	5 250
10	18	销售				200	15	3 000	150	15	2 250
10	23	购入	300	21	6 300				450	19	8 550
10	28	销售				200	19	3 800	250	19	4 750
10	31	本期合计	600		11 200	550		8 450	250	19	4 750

课堂讨论

存货计价方法的选择对财务报表有何影响？

二、原材料的核算

原材料是指企业在生产过程中经加工改变其形态或性质并构成产品主要实体的各种原料及主要材料、辅助材料、外购半成品（外购件）、修理用备件（备品备件）、包装材料和燃料等。

原材料的日常收入、发出及结存可以采用实际成本法核算，也可以采用计划成本法核算。实际成本法通常适用于材料收发业务较少，监督管理要求不高的企业。计划成本法通常适用于材料收发业务较多，监督管理复杂且要求较高，计划成本资料较为健全、准确的企业。

（一）原材料采用实际成本核算

1. 原材料的科目设置

企业采用实际成本法核算原材料的增减变动和结存情况时，应设置“原材料”“在途物资”“应付账款”等科目。

采用实际成本法核算原材料时，“原材料”科目用来核算企业库存各种材料的实际成本。该科目借方登记入库材料的实际成本，贷方登记发出材料的实际成本，期末余额在借方，反映企业库存材料的实际成本。“原材料”科目可根据材料的保管地点（仓库）、材料的类别、品种和规格等设置明细科目。

“在途物资”科目用来核算企业采用实际成本（进价）进行材料、商品等物资的日常核算、价款已付尚未验收入库的各种物资（在途物资）的实际采购成本。该科目借方登记购入的在途物资的实际成本，贷方登记验收入库的在途物资的实际成本，期末余额在借方，反映企业在途物资的实际采购成本。“在途物资”科目可根据供应单位和物资品种等设置明细科目。

“应付账款”科目用来核算企业因购买材料、商品或接受劳务等经营活动应支付的款项。该科目贷方登记因购买材料、商品或接受劳务等经营活动尚未支付的款项，借方登记支付的应付款项，期末余额一般在贷方，反映企业尚未支付的应付账款。“应付账款”科目可根据债权人设置明细科目。

2. 原材料的取得

企业采用实际成本法核算外购材料时，由于采购地点不同、结算方式不同，材料入库和货款支付在时间上不一定完全同步。因此，其账务处理也有所不同。

（1）材料已验收入库，货款已经支付或已开出、承兑商业汇票。

材料已验收入库，货款已经支付或已开出、承兑商业汇票的采购业务，应通过“原材料”科目核算。按发票账单等结算凭证上应计入材料成本的金额，借记“原材料”科目，按取得的增值税专用发票上注明的增值税额，借记“应交税费——应交增值税（进项税额）”科目，按实际支付或应支付的金额，贷记“银行存款”“应付票据”等科目。

典型案例

例 4-5　20×3 年 10 月 1 日，甲公司采购一批 M 材料，取得的增值税专用发票上注明的价款为 100 000 元、增值税额为 13 000 元，款项已用银行存款支付，该批材料已验收入库。甲公司采用实际成本法进行原材料的日常核算，应编制的会计分录如下。

借：原材料——M 材料　　100 000
　　应交税费——应交增值税（进项税额）　　13 000
　　贷：银行存款　　113 000

（2）材料尚未到达或尚未验收入库，货款已经支付或已开出、承兑商业汇票。

材料尚未到达或尚未验收入库，货款已经支付或已开出、承兑商业汇票的采购业务，应通过“在途物资”科目核算。按发票账单等结算凭证上应计入材料成本的金额，借记“在途物资”科目，按取得的增值税专用发票上注明的增值税额，借记“应交税费——应交增值税（进项税额）”科目，按实际支付或应支付的金额，贷记“银行存款”“应付票据”等科目；材料到达且验收入库时，借记“原材料”科目，贷记“在途物资”科目。

典型案例

例 4-6　20×3 年 10 月 5 日，甲公司采购一批 N 材料，取得的增值税专用发票上注明的价款为 50 000 元、增值税额为 6 500 元，款项已用银行存款支付，该批材料尚未到达。10 月 15 日，该批材料到达且验收入库。甲公司采用实际成本法进行原材料的日常核算，应编制的会计分录如下。

（1）5 日，支付货款时：

借：在途物资——N 材料　　50 000
　　应交税费——应交增值税（进项税额）　　6 500
　　贷：银行存款　　56 500

（2）15 日，该批材料到达且验收入库时：

借：原材料——N 材料　　50 000
　　贷：在途物资——N 材料　　50 000

（3）材料已验收入库，货款尚未支付。

材料已验收入库，货款尚未支付的采购业务，一般短时间内（同一月内）发票账单即可到达，因此，为了简化核算手续，企业在材料入库时暂不进行账务处理，在收到发票账单、支付货款时再按实际成本进行账务处理。月末应注意区分以下两种情况。

月末，材料已验收入库，发票账单等结算凭证已到，货款尚未支付的采购业务，按发票账单上应计入材料成本的金额，借记“原材料”科目，按取得的增值税专用发票上注明的增值税额，借记“应交税费——应交增值税（进项税额）”科目，按实际应支付的金额，贷记“应付账款”科目；实际支付货款时，借记“应付账款”科目，贷记“银行存款”等科目。

月末，材料已验收入库，发票账单等结算凭证未到，货款尚未支付的采购业务，原材料的实际成本难以确定，应先按照原材料的暂估价值入账，借记“原材料”科目，贷记“应付账款——暂估应付账款”科目；在下月月初，用红字冲销原暂估入账金额，以便实际付款或开出、承兑商业汇票后，按正常程序，借记“原材料”“应交税费——应交增值税（进项税额）”科目，贷记“银行存款”“应付票据”等科目。

典型案例

例 4-7 20×3 年 10 月 20 日，甲公司采购一批 L 材料，该批材料已验收入库，10 月 31 日，甲公司尚未收到该批材料的发票账单等结算凭证，无法确定该批材料的实际成本，该批材料的暂估价值为 35 000 元。11 月 6 日，甲公司收到该批材料的发票账单，增值税专用发票上注明的价款为 30 000 元、增值税额为 3 900 元，款项已用银行存款支付。甲公司采用实际成本法进行原材料的日常核算，应编制的会计分录如下。

（1）10 月 31 日，暂估入账时：

借：原材料——L 材料　　35 000

　　贷：应付账款——暂估应付账款　　35 000

（2）11 月 1 日，用红字冲销原暂估入账金额时：

借：原材料——L 材料　　$\boxed{35\ 000}$①

　　贷：应付账款——暂估应付账款　　$\boxed{35\ 000}$

（3）11 月 6 日，收到发票账单，支付货款时：

借：原材料——L 材料　　30 000

　　应交税费——应交增值税（进项税额）　　3 900

　　贷：银行存款　　33 900

3．原材料的发出

企业采用实际成本法核算发出原材料的成本，主要有以下几种情形：① 生产经营管理领用原材料，按领用原材料的用途和实际成本，借记“生产成本”“制造费用”“管理费用”“销售费用”等科目，贷记“原材料”科目；② 出售原材料结转成本，按出售原材料的实际成本，借记“其他业务成本”科目，贷记“原材料”科目；③ 发出委托外单位加工的原材料，按发出委托加工原材料的实际成本，借记“委托加工物资”科目，贷记“原材料”科目。

典型案例

例 4-8 20×3 年 11 月，甲公司发料凭证汇总表如表 4-9 所示。

① 带□数字（如$\boxed{35\ 000}$）表示红字，全书同。

表 4-9 发料凭证汇总表

单位：元

科目	原材料				合计
	原料及主要材料	辅助材料	修理用备件	其他材料	
生产成本	80 000	1 000			81 000
制造费用		1 500	3 000	800	5 300
管理费用	500	200			700
销售费用	200	100			300
合计	80 700	2 800	3 000	800	87 300

根据表 4-9 中的资料，甲公司应编制的会计分录如下。

借：生产成本　81 000
　　制造费用　5 300
　　管理费用　700
　　销售费用　300
　　贷：原材料　87 300

（二）原材料采用计划成本核算

1. 原材料的科目设置

企业采用计划成本法核算原材料的增减变动和结存情况时，应设置“原材料”“材料采购”“材料成本差异”等科目。

采用计划成本法核算原材料时，“原材料”科目用来核算企业库存各种材料的计划成本。该科目借方登记入库材料的计划成本，贷方登记发出材料的计划成本，期末余额在借方，反映企业库存材料的计划成本。

“材料采购”科目用来核算采购材料的实际成本。该科目借方登记采购材料的实际成本，贷方登记入库材料的计划成本。借方金额大于贷方金额表示超支，其差额从“材料采购”科目的贷方转入“材料成本差异”科目的借方；贷方金额大于借方金额表示节约，其差额从“材料采购”科目的借方转入“材料成本差异”科目的贷方。期末余额在借方，反映企业在途材料的实际采购成本。“材料采购”科目可根据材料类别设置明细科目。

“材料成本差异”科目用来核算材料实际成本与计划成本之间的差异。该科目借方登记超支差异及发出材料应负担的节约差异，贷方登记节约差异及发出材料应负担的超支差异。若期末余额在借方，反映企业库存材料的实际成本大于计划成本的差异（超支差异）；若期末余额在贷方，反映企业库存材料的实际成本小于计划成本的差异（节约差异）。“材料成本差异”科目可根据材料类别设置明细科目。

提　示

小企业可在“原材料”“周转材料”等科目下设置“成本差异”明细科目进行材料成本差异的核算。

2. 原材料的取得

企业外购材料时，按材料的实际成本，借记“材料采购”科目，按取得的增值税专用发票上注明的增值税额，借记“应交税费——应交增值税（进项税额）”科目，按实际支付或应支付的金额，贷记“银行存款”“应付票据”等科目；材料到达且验收入库时，按材料的计划成本，借记“原材料”科目，贷记“材料采购”科目；月末，结转材料成本差异，若实际成本大于计划成本，借记“材料成本差异”科目，贷记“材料采购”科目；若实际成本小于计划成本，做相反的会计分录。

企业采用计划成本法核算外购材料时，同样由于采购地点不同、结算方式不同，材料入库和货款支付在时间上不一定完全同步，也存在采用实际成本法核算取得原材料的几种情况，在此不再赘述。

典型案例

例 4-9 20×3 年 12 月 8 日，甲公司采购一批 M 材料，该批材料已验收入库，发票账单已收到，取得的增值税专用发票上注明的价款为 60 000 元、增值税额为 7 800 元，款项已用银行存款支付。该批材料的计划成本为 58 000 元。甲公司采用计划成本法进行原材料的日常核算，应编制的会计分录如下。

（1）付款时：

借：材料采购——M 材料	60 000	
应交税费——应交增值税（进项税额）	7 800	
贷：银行存款		67 800

（2）材料到达且验收入库时：

借：原材料——M 材料	58 000	
贷：材料采购——M 材料		58 000

（3）结转材料成本差异时：

借：材料成本差异——M 材料	2 000	
贷：材料采购——M 材料		2 000

3. 原材料的发出

（1）结转发出材料的计划成本。

企业采用计划成本法核算发出原材料的成本，主要有以下几种情形：① 生产经营管理领用原材料，按领用原材料的用途和计划成本，借记“生产成本”“制造费用”“管理费用”“销售费用”等科目，贷记“原材料”科目；② 出售原材料结转成本，按出售原材料的计

划成本，借记“其他业务成本”科目，贷记“原材料”科目；③ 发出委托外单位加工的原材料，按发出委托加工原材料的计划成本，借记“委托加工物资”科目，贷记“原材料”科目。

典型案例

例 4-10　20×3 年 12 月，甲公司 M 材料的消耗情况（计划成本）为：基本生产车间领用 43 000 元，辅助生产车间领用 5 000 元，车间管理部门领用 6 000 元，行政管理部门领用 4 000 元。甲公司采用计划成本法进行原材料的日常核算，应编制的会计分录如下。

借：生产成本——基本生产成本　　43 000
　　生产成本——辅助生产成本　　5 000
　　制造费用　　6 000
　　管理费用　　4 000
　　贷：原材料——M 材料　　58 000

（2）结转发出材料应负担的成本差异。

月份终了，结转材料成本差异，将发出材料的成本由计划成本调整为实际成本。调整时，按实际成本大于计划成本的差额，借记“生产成本”“制造费用”“管理费用”“销售费用”“其他业务成本”“委托加工物资”等科目，贷记“材料成本差异”科目；按实际成本小于计划成本的差额，做相反的会计分录。

提　示

> 发出材料应负担的成本差异应当按期（月）分摊，不得在季末或年末一次计算。

发出材料应负担的成本差异的计算方法有两种：① 按本月的成本差异率计算；② 按期初的成本差异率计算。计算方法一经选择，不得随意变更。

按当月材料成本差异率计算发出材料应负担的成本差异的公式为

$$\text{本月材料成本差异率}=\frac{\text{月初结存材料的成本差异}+\text{本月验收入库材料的成本差异}}{\text{月初结存材料的计划成本}+\text{本月验收入库材料的计划成本}}\times 100\% \tag{4-7}$$

$$\text{本月发出材料应负担的成本差异}=\text{本月发出材料的计划成本}\times\text{本月材料成本差异率} \tag{4-8}$$

如果企业的材料成本差异率各期之间是比较均衡的，也可以采用期初材料成本差异率分摊本期的材料成本差异。按期初材料成本差异率计算发出材料应负担的成本差异的公式为

$$\text{期初材料成本差异率}=\frac{\text{期初结存材料的成本差异}}{\text{期初结存材料的计划成本}}\times 100\% \tag{4-9}$$

$$\text{发出材料应负担的成本差异}=\text{发出材料的计划成本}\times\text{期初材料成本差异率} \tag{4-10}$$

典型案例

例 4-11 承【例 4-9】和【例 4-10】，20×3 年 12 月，甲公司月初结存 M 材料的计划成本为 30 000 元，成本差异为节约 240 元，当月入库 M 材料的计划成本为 58 000 元，成本差异为超支 2 000 元。月末，结转发出材料的成本差异，甲公司应编制的会计分录如下。

本月材料成本差异率=（−240+2 000）÷（30 000+58 000）×100%=2%。

借：生产成本——基本生产成本　　860（43 000×2%）
　　生产成本——辅助生产成本　　100（5 000×2%）
　　制造费用　　120（6 000×2%）
　　管理费用　　80（4 000×2%）
　贷：材料成本差异——M 材料　　1 160

三、周转材料的核算

周转材料是指企业能够多次使用、逐渐转移其价值但仍保持原有形态、不确认为固定资产的材料。周转材料包括包装物和低值易耗品等。

包装物是指为了包装商品而储备的各种包装容器，如桶、箱、瓶、坛和袋等。包装物按用途可以分为：① 生产过程中用于包装产品作为产品组成部分的包装物；② 随同商品出售不单独计价的包装物；③ 随同商品出售单独计价的包装物；④ 出租或出借给购买单位使用的包装物。为了核算包装物的增减变动及价值损耗、结存等情况，企业应设置“周转材料——包装物”科目。该科目借方登记包装物的增加，贷方登记包装物的减少，期末余额在借方，反映企业期末结存的包装物的金额。

低值易耗品是指不能作为固定资产核算的各种用具、物品，如工具、管理用具、玻璃器皿，以及在经营过程中周转使用的包装容器等。低值易耗品按用途可以分为一般工具、专用工具、替换设备、管理用具、劳动保护用品和其他用具等。为了核算低值易耗品的增减变动及价值损耗、结存等情况，企业应设置“周转材料——低值易耗品”科目。该科目借方登记低值易耗品的增加，贷方登记低值易耗品的减少，期末余额在借方，反映企业期末结存的低值易耗品的金额。

（一）周转材料的取得

企业购入、自制、委托外单位加工完成并已验收入库的周转材料的核算与原材料取得的核算类似，在此不再赘述。

（二）周转材料的摊销

周转材料的摊销是指将周转材料价值在其使用期间内进行合理、系统的分摊。周转材料的摊销方法一般有一次摊销法、分次摊销法两种。其中，分次摊销法包含五五摊销法（摊销次数为两次）。

1. 一次摊销法

一次摊销法是指在领用周转材料时，将其全部成本一次摊入当期成本费用的一种方法。采用一次摊销法核算周转材料的具体账务处理如下。

（1）领用周转材料时，按其账面价值，借记“制造费用”“管理费用”“销售费用”“其他业务成本”等科目，贷记“周转材料”科目。

（2）周转材料报废时，按其报废的残料价值，借记“原材料”等科目，贷记“制造费用”“管理费用”“销售费用”“其他业务成本”等科目。

2. 分次摊销法

分次摊销法是指在领用周转材料时，根据周转材料的取得成本和预计使用期限，将其全部成本分期（次）摊入相关成本费用的一种方法。“周转材料——包装物（或低值易耗品）”科目应设置“在库”“在用”“摊销”等明细科目。采用分次摊销法核算周转材料的具体账务处理如下。

（1）领用周转材料时，按其账面价值，借记“周转材料——包装物（或低值易耗品）——在用”科目，贷记“周转材料——包装物（或低值易耗品）——在库”科目。

（2）摊销时，按周转材料的应摊销额，借记“制造费用”“管理费用”“销售费用”“其他业务成本”等科目，贷记“周转材料——包装物（或低值易耗品）——摊销”科目。

（3）周转材料报废时，应补提摊销额，借记“制造费用”“管理费用”“销售费用”“其他业务成本”等科目，贷记“周转材料——包装物（或低值易耗品）——摊销”科目，同时，按其报废的残料价值，借记“原材料”等科目，贷记“制造费用”“管理费用”“销售费用”“其他业务成本”等科目。

（4）转销全部已提摊销额时，借记“周转材料——包装物（或低值易耗品）——摊销”科目，贷记“周转材料——包装物（或低值易耗品）——在用”科目。

提 示

若周转材料采用计划成本法核算，摊销时，须结转相应的材料成本差异。

典型案例

例4-12 20×3 年 10 月，甲公司基本生产车间领用一批专用工具，该批专用工具的实际成本为 3 000 元，不符合固定资产的定义。甲公司对该批专用工具采用分次摊销法进行摊销，估计使用次数为 3 次。甲公司采用实际成本法进行低值易耗品的日常核算，应编制的会计分录如下。

（1）领用低值易耗品时：

借：周转材料——低值易耗品——在用（专用工具）　　3 000

　　贷：周转材料——低值易耗品——在库（专用工具）　　3 000

（2）第一次摊销时：

借：制造费用　　1 000

　　贷：周转材料——低值易耗品——摊销（专用工具）　　1 000

（3）第二次摊销时：

借：制造费用　　1 000

　　贷：周转材料——低值易耗品——摊销（专用工具）　　1 000

（4）第三次摊销时：

借：制造费用　　1 000

　　贷：周转材料——低值易耗品——摊销（专用工具）　　1 000

（5）转销全部已提摊销额时：

借：周转材料——低值易耗品——摊销（专用工具）　　3 000

　　贷：周转材料——低值易耗品——在用（专用工具）　　3 000

（三）包装物的发出

1. 生产领用包装物

生产领用包装物时，采用实际成本核算的，按领用包装物的实际成本，借记“生产成本”科目，贷记“周转材料——包装物”科目；采用计划成本核算的，按领用包装物的实际成本，借记“生产成本”科目，按领用包装物的计划成本，贷记“周转材料——包装物”科目，按借贷方差额，借记或贷记“材料成本差异”科目。

典型案例

例 4-13　20×3 年 10 月，甲公司基本生产车间生产领用包装物的计划成本为 5 000 元，材料成本差异率为−3%。甲公司采用计划成本法进行包装物的日常核算，应编制的会计分录如下。

生产领用包装物的实际成本=5 000×（1−3%）=4 850（元）。

借：生产成本——基本生产成本——包装物　　4 850

　　材料成本差异——包装物　　150

　　贷：周转材料——包装物　　5 000

2. 随同商品出售包装物

随同商品出售包装物时，包装物有单独计价和不单独计价两种方式。

（1）随同商品出售不单独计价的包装物，采用实际成本核算的，应于包装物发出时，按包装物的实际成本，借记“销售费用”科目，贷记“周转材料——包装物”科目；采用计划成本核算的，应于包装物发出时，按包装物的实际成本，借记“销售费用”科目，按包装物的计划成本，贷记“周转材料——包装物”科目，按借贷方差额，借记或贷记“材料成本差异”科目。

典型案例

例 4-14 20×3 年 10 月，甲公司出售商品领用不单独计价包装物的计划成本为 8 000 元，材料成本差异率为 2%。甲公司采用计划成本法进行包装物的日常核算，应编制的会计分录如下。

出售商品领用不单独计价包装物的实际成本=8 000×（1+2%）=8 160（元）。

借：销售费用——包装物　　8 160

　贷：周转材料——包装物　　8 000

　　材料成本差异——包装物　　160

（2）随同商品出售单独计价的包装物，按出售包装物实际取得的金额，借记“银行存款”等科目，按包装物的销售收入，贷记“其他业务收入”科目，按开具的增值税专用发票上注明的增值税额，贷记“应交税费——应交增值税（销项税额）”科目。同时，结转所出售包装物的成本，采用实际成本核算的，按包装物的实际成本，借记“其他业务成本”科目，贷记“周转材料——包装物”科目；采用计划成本核算的，按包装物的实际成本，借记“其他业务成本”科目，按包装物的计划成本，贷记“周转材料——包装物”科目，按借贷方差额，借记或贷记“材料成本差异”科目。

典型案例

例 4-15 20×3 年 10 月，甲公司销售商品领用单独计价包装物的计划成本为 10 000 元，材料成本差异率为 2%，甲公司开具的增值税专用发票上注明的价款为 12 000 元、增值税额为 1 560 元，款项已收到并存入银行。甲公司采用计划成本法进行包装物的日常核算，应编制的会计分录如下。

（1）确认出售单独计价的包装物收入时：

借：银行存款　　13 560

　贷：其他业务收入——周转材料——包装物　　12 000

　　应交税费——应交增值税（销项税额）　　1 560

（2）结转所出售单独计价包装物的成本时：

出售单独计价包装物的实际成本=10 000×（1+2%）=10 200（元）。

借：其他业务成本——周转材料——包装物　　10 200

　贷：周转材料——包装物　　10 000

　　材料成本差异——包装物　　200

3. 出租或出借包装物

有时企业因销售产品，将包装物出租或出借给客户暂时使用，并与客户约定一定时间内收回包装物。企业出租或出借包装物的具体账务处理如下。

（1）企业发出出租或出借包装物时，采用实际成本核算的，按发出包装物的实际成本，借记“周转材料——包装物——出租（或出借）”科目，贷记“周转材料——包装物——在库”科目；采用计划成本核算的，按发出包装物的实际成本，借记“周转材料——包装物——出租（或出借）”科目，按发出包装物的计划成本，贷记“周转材料——包装物——在库”科目，按借贷方差额，借记或贷记“材料成本差异”科目。

（2）企业收取出租或出借包装物押金时，按约定收取的包装物押金，借记“库存现金”“银行存款”等科目，贷记“其他应付款——存入保证金”科目；退还押金时，做相反的会计分录。

（3）出租包装物是企业（专门经营包装物租赁的企业除外）的一项其他业务活动，为短期租赁和低价值租赁业务，出租期间企业收取包装物租金时，借记“库存现金”“银行存款”“其他应收款”等科目，贷记“其他业务收入”“应交税费——应交增值税（销项税额）”科目。

（4）企业出租或出借包装物发生摊销费用时，按出租的包装物应摊销的费用，借记“其他业务成本”科目，贷记“周转材料——包装物——摊销”科目；按出借的包装物应摊销的费用，借记“销售费用”科目，贷记“周转材料——包装物——摊销”科目。

（5）企业出租或出借包装物发生维修费用时，按出租的包装物应负担的修理费用，借记“其他业务成本”科目，贷记“库存现金”“银行存款”“原材料”“应付职工薪酬”等科目；按出借的包装物应负担的修理费用，借记“销售费用”科目，贷记“库存现金”“银行存款”“原材料”“应付职工薪酬”等科目。

四、委托加工物资的核算

委托加工物资是指企业委托外单位加工的各种材料、商品等物资。企业发出委托外单位加工的物资，虽然物资已经离开本企业，但其所有权尚未转移，仍属于企业的存货。经过加工，材料或商品实物形态、性能和用途将发生变化，而且在加工过程中要消耗原材料，发生各种费用支出，也使其价值相应增加。企业委托外单位加工物资的成本包括加工中实际耗用物资的成本、支付的加工费用及应负担的运杂费、支付的税费等。

为了核算委托加工物资的增减变动及结存情况，企业应设置“委托加工物资”科目。该科目借方登记委托加工物资的实际成本，贷方登记加工完成验收入库的物资的实际成本和剩余物资的实际成本，期末余额在借方，反映企业尚未完工的委托加工物资的实际成本。“委托加工物资”科目可根据加工合同、受托加工单位及加工物资的品种等设置明细科目。

（一）委托加工物资的发出

发出委托加工物资时，采用实际成本法核算的，按委托加工物资的实际成本，借记“委托加工物资”科目，贷记“原材料”“库存商品”等科目；采用计划成本法或售价金额法核算的，按委托加工物资的实际成本，借记“委托加工物资”科目，按委托加工物资的计划成本或售价，贷记“原材料”“库存商品”等科目，按借贷方差额结转材料成本差异或商品进

销差价，贷记或借记“材料成本差异”科目，或借记“商品进销差价”科目。

（二）支付加工费和税费等

（1）加工费的核算。企业委托外单位加工支付的加工费构成委托加工物资的成本，支付加工费时，借记“委托加工物资”科目，贷记“银行存款”“应付账款”等科目。

（2）涉及增值税的核算。受托加工企业提供加工劳务需要交纳增值税，委托企业对于应负担的增值税，分以下两种情况进行核算：① 凡是将加工后的物资用于应交增值税项目，并取得增值税专用发票的一般纳税人，可将这部分增值税作为进项税额扣除，不计入委托加工物资的成本，借记“应交税费——应交增值税（进项税额）”科目，贷记“银行存款”等科目；② 凡是将加工后的物资用于非增值税应税项目或免征增值税项目，以及未取得增值税专用发票的一般纳税人及小规模纳税人，应将这部分增值税计入委托加工物资的成本，借记“委托加工物资”科目，贷记“银行存款”等科目。

（3）涉及消费税的核算。委托加工的应税消费品，由受托方向委托方交货时代收代缴消费税。委托企业对于应负担的消费税，分以下两种情况进行核算：① 委托加工后的应税消费品，收回后直接对外销售的，应将受托方代收代缴的消费税计入委托加工物资的成本，借记“委托加工物资”科目，贷记“银行存款”等科目；② 委托加工后的应税消费品，收回后用于连续生产应税消费品的，按规定准予扣除的，按受托方代收代缴的消费税，借记“应交税费——应交消费税”科目，贷记“银行存款”等科目。

知识拓展

委托加工环节应税消费品应纳税额的计算

委托加工的应税消费品，按照受托方的同类消费品销售价格计算纳税；如果当月同类消费品各期销售价格高低不同，应按销售数量加权平均计算（销售价格明显偏低又无正常理由的和无销售价格的不得列入加权平均计算）纳税；如果当月无销售或者当月未完结，应按照同类消费品上月或最近月份的销售价格计算纳税。

如果没有同类消费品销售价格的，应按组成计税价格计算纳税。组成计税价格的计算方法有以下两种。

（1）实行从价定率办法计算纳税的组成计税价格，其计算公式为

组成计税价格=（材料成本+加工费）÷（1−比例税率）　　（4-11）

（2）实行复合计税办法计算纳税的组成计税价格，其计算公式为

组成计税价格=（材料成本+加工费+委托加工数量×定额税率）÷（1−比例税率）　　（4-12）

（三）委托加工物资的收回

加工完毕收回物资时，采用实际成本法核算的，按加工收回物资的实际成本和剩余物资

的实际成本，借记“原材料”“库存商品”等科目，贷记“委托加工物资”科目；采用计划成本法或售价金额法核算的，按加工收回物资的计划成本或售价，借记“原材料”“库存商品”等科目，按加工收回物资的实际成本，贷记“委托加工物资”科目，按借贷方差额，借记或贷记“材料成本差异”科目，或贷记“商品进销差价”科目。

典型案例

例 4-16 20×3 年 10 月 20 日，甲公司委托丙公司加工一批材料（属于应税消费品），适用的增值税税率为 13%，消费税税率为 10%（实行从价定率办法计算纳税的组成计税价格），发出原材料的实际成本为 100 000 元，支付加工费，取得的增值税专用发票上注明的加工费为 8 000 元、增值税额为 1 040 元，材料加工完成验收入库，款项已用银行存款支付。甲公司采用实际成本法进行委托加工物资的日常核算。根据委托加工物资收回后的不同用途，甲公司应编制的会计分录对比表如表 4-10 所示。

消费税组成计税价格=（100 000+8 000）÷（1−10%）=120 000（元）。

受托方代收代缴的消费税=120 000×10%=12 000（元）。

表 4-10　会计分录对比表

不同情况	收回后直接对外销售	收回后用于连续生产应税消费品
① 发出委托加工物资	借：委托加工物资　100 000 　贷：原材料　100 000	同左
② 支付加工费及税额	借：委托加工物资　20 000 　应交税费——应交增值税（进项税额）　1 040 　贷：银行存款　21 040	借：委托加工物资　8 000 　应交税费——应交增值税（进项税额）　1 040 　——应交消费税　12 000 　贷：银行存款　21 040
③ 收回委托加工物资	借：原材料　120 000 　贷：委托加工物资　120 000	借：原材料　108 000 　贷：委托加工物资　108 000

五、库存商品的核算

库存商品是指企业完成全部生产过程并已验收入库、合乎标准规格和技术条件，可以按照合同规定的条件送交订货单位，或可以作为商品对外销售的产品，以及外购或委托加工完成验收入库用于销售的各种商品。库存商品具体包括库存产成品、外购商品、存放在门市部准备出售的商品、发出展览的商品、寄存在外的商品、接受来料加工制造的代制品和为外单位加工修理的代修品等。

提　示

已完成销售手续但购买单位在月末未提取的产品，不应作为企业的库存商品，而应作为代管商品处理，单独设置“代管商品”备查簿进行登记。

为了核算库存商品的增减变动及结存情况，企业应设置“库存商品”科目。该科目借方登记验收入库的库存商品的成本，贷方登记发出的库存商品的成本，期末余额在借方，反映企业库存商品的实际成本或计划成本。“库存商品”科目可根据库存商品的种类、品种和规格设置明细科目。

（一）制造企业库存商品的核算

1. 库存商品的收入

制造企业生产的产成品一般应按实际成本核算，产成品的入库和出库平时只记数量不记金额，期（月）末计算入库产成品的实际成本。生产完成后验收入库的产成品，按其实际成本，借记“库存商品”等科目，贷记“生产成本”等科目。

产成品种类较多的，也可按计划成本进行核算，其实际成本与计划成本的差异，可以单独设置“产品成本差异”科目，比照“材料成本差异”科目核算。

例 4-17　20×3 年 11 月 10 日，甲公司 C 产品完工，且 C 产品验收入库，实际成本为 30 000 元。

（1）若甲公司采用实际成本法进行库存商品的日常核算，应编制的会计分录如下。

借：库存商品——C 产品　　30 000

　贷：生产成本——基本生产成本——C 产品　　30 000

（2）若甲公司采用计划成本法进行库存商品的日常核算，C 产品的计划成本为 30 500 元，甲公司应编制的会计分录如下。

借：库存商品——C 产品　　30 500

　贷：生产成本——基本生产成本——C 产品　　30 000

　　产品成本差异——C 产品　　500

2. 库存商品的发出

制造企业销售产成品按规定确认收入的同时，应计算、结转与收入相关的产成品成本，产成品成本的计算与结转，通常在期（月）末进行。采用实际成本法进行库存商品发出的核算时，应按本期（月）产成品销售成本总额，借记“主营业务成本”科目，贷记“库存商品”科目。采用计划成本法进行库存商品发出的核算时，还应结转产品成本差异，将发出产成品的计划成本调整为实际成本。

例 4-18　20×3 年 11 月，甲公司销售 O 产品 500 个，实际销售成本为 50 000 元。

（1）若甲公司采用实际成本法进行库存商品的日常核算，应编制的会计分录如下。

借：主营业务成本——O 产品　　50 000

　贷：库存商品——O 产品　　50 000

（2）若甲公司采用计划成本法进行库存商品的日常核算，所售O产品的计划成本为55 000元，甲公司应编制的会计分录如下。

借：主营业务成本——O产品　　50 000
　　产品成本差异——O产品　　5 000
　贷：库存商品——O产品　　55 000

（二）商品流通企业库存商品的核算

商品流通企业的库存商品，通常采用毛利率法或售价金额法进行日常核算。

1. 毛利率法

毛利率法是指根据本期销售净额乘以上期实际（或本期计划）毛利率匡算本期销售毛利，并据以计算发出存货和期末存货成本的一种方法。这种方法适用于批发企业。毛利率法的计算公式为

$$\text{毛利率}=\text{销售毛利}\div\text{销售净额}\times 100\% \tag{4-13}$$

$$\text{销售净额}=\text{商品销售收入}-\text{销售退回与折让} \tag{4-14}$$

$$\text{销售毛利}=\text{销售净额}\times\text{毛利率} \tag{4-15}$$

$$\text{销售成本}=\text{销售净额}-\text{销售毛利} \tag{4-16}$$

$$\text{期末存货成本}=\text{期初存货成本}+\text{本期购货成本}-\text{本期销售成本} \tag{4-17}$$

2. 售价金额法

售价金额法是指平时商品的购入、加工收回、销售均按售价记账，售价与进价的差额通过“商品进销差价”科目核算，期末计算商品进销差价率和本期销售商品应分摊的商品进销差价，据以调整本期销售成本的一种方法。这种方法适用于零售企业（如百货公司、超市等）。售价金额法的计算公式为

$$\text{商品进销差价率}=\frac{\text{期初库存商品的进销差价}+\text{本期购入商品的进销差价}}{\text{期初库存商品的售价}+\text{本期购入商品的售价}}\times 100\% \tag{4-18}$$

$$\text{本期销售商品应分摊的商品进销差价}=\text{本期商品的销售收入}\times\text{商品进销差价率} \tag{4-19}$$

$$\text{本期销售商品的成本}=\text{本期商品的销售收入}-\text{本期销售商品应分摊的商品进销差价} \tag{4-20}$$

$$\text{期末结存商品的成本}=\text{期初库存商品的进价成本}+\text{本期购入商品的进价成本}-\text{本期销售商品的成本} \tag{4-21}$$

商品流通企业采用售价金额法核算购入商品，商品验收入库时，按验收入库商品的售价，借记“库存商品”科目，按商品的进价，贷记“银行存款”“在途物资”“委托加工物资”等科目，按商品售价与进价之间的差额，贷记“商品进销差价”科目。

商品流通企业对外销售发出商品时，按售价结转销售成本，借记“主营业务成本”科目，贷记“库存商品”科目。期（月）末分摊已销商品的进销差价，借记“商品进销差价”科目，贷记“主营业务成本”科目。

任务拓展　编制戊商场库存商品相关的会计分录

4-1 任务拓展参考答案

戊商场为增值税一般纳税人。20×3 年 12 月，戊商场月初库存商品的进价成本总额为 860 000 元，售价总额为 1 000 000 元；本月购进商品的进价成本总额为 500 000，取得的增值税专用发票上注明的增值税额为 65 000 元，售价总额为 600 000 元；本月实现销售收入共计 900 000 元，开具的增值税专用发票上注明的增值税额为 117 000 元。月末，计算本月销售商品应分摊的商品进销差价。戊商场采用售价金额法进行库存商品的日常核算。

要求：编制戊商场库存商品相关的会计分录。

任务二　核算存货的减值和清查

任务导入

存货形式多样，且其市场价格复杂多变。如果企业存货的可变现净值低于其成本，存货仍以历史成本计量，就会虚增资产，导致会计信息失真，误导投资者，因此，在资产负债表日，存货应当按照成本与可变现净值孰低计量。

存货的清查是企业财产清查的重要内容之一。通过对企业的存货进行清查，可以反映存货的盘盈、盘亏和毁损的情况，企业应及时查明产生各种情况的原因并明确经济责任，以便加强存货的收发、保管工作，做到账账相符、账实相符。

因此，小张积极学习存货减值和存货清查的相关知识，以便掌握存货减值和存货清查的核算方法。

本任务的知识和技能要求如表 4-11 所示。

表 4-11　知识和技能要求

类　型	具体内容	学习程度		
		了解	掌握	应用
知识要求	存货减值的核算内容	●		
	存货减值的核算方法		●	
	存货清查的核算内容	●		
	存货清查的核算方法		●	
技能要求	编制甲公司存货减值相关的会计分录			●

班级____________ 姓名____________ 学号____________

任务工单 »

（一）任务描述

以小组为单位，编制甲公司存货减值相关的会计分录。

（二）任务分工

全班学生以3～5人为一组进行分组，每组设组长1名，小组讨论任务分工并将分工情况填写至表4-12中。

表4-12 小组成员及分工情况

小组成员	姓 名	学 号	任务分工
组长			
组员			

（三）任务准备

请各组长组织组员观看“存货减值基础知识”视频，收集和整理相关资料，讨论并回答下列问题。

存货减值基础知识

（1）期末存货的核算方法是什么？

（2）存货的减值迹象有哪些？

（3）可变现净值为零的存货有哪些？

班级＿＿＿＿＿＿　姓名＿＿＿＿＿＿　学号＿＿＿＿＿＿

（四）任务实施

以小组为单位，根据甲公司 20×3 年存货减值的情况编制相关的会计分录。

（1）11 月 30 日，S 材料的账面余额（成本）为 60 000 元，由于市场价格下跌，预计 S 材料的可变现净值为 56 000 元。计提存货跌价准备前，“存货跌价准备”科目无余额。

（2）12 月 31 日，S 材料的市场价格上涨，材料价值恢复 3 000 元。

（五）任务评价

各组派代表展示任务实施成果，并配合指导老师完成表 4-13 所示的任务评价。

表 4-13　任务评价

评价项目	评价内容	评价分数			
		分值	自评	组评	师评
职业素养（40%）	考勤、仪容仪表	10 分			
	责任意识、纪律意识	10 分			
	团队合作与交流	20 分			
专业能力（60%）	任务准备的完成度	20 分			
	任务实施的完成度	20 分			
	任务实施成果的展示效果	20 分			
合计	综合分数＿＿＿自评（25%）+组评（25%）+师评（50%）	100 分			
	综合等级＿＿＿	指导老师签字＿＿＿＿＿			
综合评价					

一、存货减值的核算

资产负债表日，存货应当按照成本与可变现净值孰低计量。存货与可变现净值孰低法是指对期末存货按照成本与可变现净值两者之中较低者进行计价的方法。即当存货成本低于可变现净值时，期末存货按照成本计价；当存货成本高于可变现净值时，应当计提存货跌价准备，计入当期损益。

成本是指期末存货的实际成本，若企业采用计划成本法或售价金额法进行存货的日常核算，则成本应为经调整后的实际成本。

可变现净值是指在日常活动中，存货的估计售价减去至完工时估计将要发生的成本、估计的销售费用及相关税费后的金额。可变现净值的特征表现为存货的预计未来净现金流量，而不是存货的售价或合同价。

提　示

根据《小企业会计准则》的规定，小企业的资产应当按照成本计量，不计提资产减值准备。

（一）存货可变现净值的确定

企业确定存货的可变现净值，应当以取得的确凿证据为基础，并考虑持有存货的目的、资产负债表日后事项的影响等因素。

（1）产成品、商品和用于出售的材料等直接用于出售的存货，在正常生产经营过程中，应以该存货的估计售价减去估计的销售费用和相关税费后的金额，确定其可变现净值。

（2）为生产而持有的材料等，用其生产的产成品的可变现净值高于成本的，该材料仍然应当按照成本计量；材料价格的下降表明产成品的可变现净值低于成本的，该材料应当按照可变现净值计量。

（3）为执行销售合同或者劳务合同而持有的存货，其可变现净值应当以合同价格为基础计算。

提　示

企业持有的同一项存货的数量多于销售合同或劳务合同订购数量的，应分别确定其可变现净值，并与其相对应的成本进行比较，分别确定存货跌价准备的计提或转回的金额。超出合同部分的存货的可变现净值，应当以一般销售价格为基础计算。

（二）存货跌价准备的账务处理

为了核算存货跌价准备的计提、转回和转销情况，企业应设置“存货跌价准备”科目。该科目贷方登记计提的存货跌价准备金额，借方登记实际发生的存货跌价损失金额和转回的存货跌价准备金额，期末余额一般在贷方，反映企业已计提但尚未转销的存货跌价准备。

当存货成本高于其可变现净值时，按存货可变现净值低于账面价值的差额，借记“资产减值损失”科目，贷记“存货跌价准备”科目；转回已计提的存货跌价准备金额时，按企业会计准则允许恢复增加的金额，借记“存货跌价准备”科目，贷记“资产减值损失”科目。

提 示

以前减记存货价值的影响因素已经消失的，减记的金额应当予以恢复，并在原已计提的存货跌价准备金额内转回，转回的金额计入当期损益。

典型案例

例 4-19 20×3 年 5 月 31 日，甲公司 P 产品的账面余额（成本）为 95 000 元，假设 P 产品以前未计提存货跌价准备。由于市场价格下跌，P 产品的预计可变现净值为 93 000 元；20×3 年 6 月 30 日，由于市场价格持续下跌，P 产品的预计可变现净值为 92 000 元；20×3 年 7 月 31 日，由于市场价格上涨，P 产品的预计可变现净值为 100 000 元。甲公司应编制的会计分录如下。

（1）20×3 年 5 月 31 日，计提 P 产品的存货跌价准备时：

P 产品应计提的存货跌价准备=95 000−93 000=2 000（元）。

借：资产减值损失　　2 000

　　贷：存货跌价准备　　2 000

（2）20×3 年 6 月 30 日，补提 P 产品的存货跌价准备时：

P 产品应补提的存货跌价准备=95 000−92 000−2 000=1 000（元）。

借：资产减值损失　　1 000

　　贷：存货跌价准备　　1 000

（3）20×3 年 7 月 31 日，P 产品的预计可变现净值高于其账面余额（成本），意味着以前造成减记 P 产品价值的影响因素（市场价格下跌）已经消失。P 产品减记的金额应在原已计提的存货跌价准备金额 3 000 元内予以恢复。

借：存货跌价准备　　3 000

　　贷：资产减值损失　　3 000

企业结转存货销售成本时，对于已计提存货跌价准备的，应当一并结转，同时调整销售成本，借记“存货跌价准备”科目，贷记“主营业务成本”“其他业务成本”等科目。

典型案例

例 4-20 20×4 年 1 月 1 日，甲公司销售一批 Q 产品，销售的产品占 Q 产品总库存量的 30%，销售前 Q 产品已计提存货跌价准备 4 000 元。甲公司应编制的会计分录如下。

本次销售的 Q 产品应结转的存货跌价准备=4 000×30%=1 200（元）。

借：存货跌价准备　　　　　　　　　　　　　　　　　　　　　1 200
　　贷：主营业务成本——Q 产品　　　　　　　　　　　　　　　　1 200

二、存货清查的核算

企业在存货的日常收发及保管过程中，因种种原因可能会造成存货实际结存数量与账面结存数量不符。为了确保账实相符，企业应定期或不定期（每年至少一次）进行存货清查。存货清查一般采用实地盘点法，在实地盘点之前，先把各种存货的明细账登记完整，结出当日结存数量和金额，以备核对。盘点后，相关人员应填写存货盘点报告单（如实存账存对比表），如实反映各种存货的实存数与账存数，以及盘盈、盘亏和毁损的数量及金额。对清查中发现的盘盈、盘亏及毁损的存货，应及时查明原因，按照规定程序报批处理，以保证账实相符。

为了核算存货的盘盈、盘亏和毁损情况，企业应设置“待处理财产损溢”科目。该科目借方登记存货的盘亏、毁损金额和盘盈的转销金额，贷方登记存货的盘盈金额和盘亏的转销金额，期末余额转入当期损益，结转后该科目无余额。

（一）存货盘盈的账务处理

存货盘盈是指存货的实存数大于账存数。企业发生存货盘盈时，借记“原材料”“库存商品”等科目，贷记“待处理财产损溢——待处理流动资产损溢”科目。

查明原因，报经批准后，借记“待处理财产损溢——待处理流动资产损溢”科目，贷记“管理费用”科目。

典型案例

例 4-21　20×3 年 12 月 31 日，甲公司在进行存货清查时，盘盈 D 产品 5 件，该产品现行市价为 100 元/件。经查明是收发计量上的差错造成的。甲公司应编制的会计分录如下。

（1）清查时，发现 D 产品盘盈 5 件：

借：库存商品——D 产品　　　　　　　　　　　　　　　　　500
　　贷：待处理财产损溢——待处理流动资产损溢　　　　　　　　500

（2）查明原因，报经批准后转出：

借：待处理财产损溢——待处理流动资产损溢　　　　　　　　500
　　贷：管理费用　　　　　　　　　　　　　　　　　　　　　　500

（二）存货盘亏和毁损的账务处理

存货盘亏是指存货的实存数小于账存数。企业发生存货盘亏及毁损时，借记“待处理财产损溢——待处理流动资产损溢”科目，贷记“原材料”“库存商品”等科目，因非正常损失（因管理不善造成被盗、丢失、霉烂变质的损失）引起的盘亏或毁损存货负担的增值税不能抵扣增值税进项税额，应当予以转出，贷记“应交税费——应交增值税（进项税额转出）”科目。

查明原因，报经批准后，属于残料价值的部分，借记“原材料”等科目，属于由保险公司和过失人赔偿的部分，借记“其他应收款”科目，扣除残料价值和应由保险公司、过失人赔偿后的净损失，属于一般经营损失的部分，借记“管理费用”科目，属于自然灾害等非常原因造成的损失部分，借记“营业外支出”科目，贷记“待处理财产损溢——待处理流动资产损溢”科目。

提示

清查的各种财产损溢情况在期末结账前尚未批准的，在对外提供财务报表时应先按上述处理原则进行处理，并在财务报表附注中作出说明；如果期末结账后批准处理的金额与已处理的金额不一致的，还应作为资产负债表日后事项调整财务报表相关项目的金额。

典型案例

例 4-22 20×3 年 12 月 31 日，甲公司在进行存货清查时，盘亏 M 材料 1 000 元，相关的增值税额为 130 元。经查明是管理员管理不善导致其丢失，管理员张一赔偿 30%损失，保险公司赔偿 50%损失，其余损失由企业自行承担。甲公司应编制的会计分录如下。

（1）清查时，发现存货盘亏 1 000 元：

借：待处理财产损溢——待处理流动资产损溢　　1 130
　　贷：原材料——M 材料　　1 000
　　　　应交税费——应交增值税（进项税额转出）　　130

（2）查明原因，报经批准后转出：

借：其他应收款——张一　　339
　　　　　　　——保险公司　　565
　　管理费用　　226
　　贷：待处理财产损溢——待处理流动资产损溢　　1 130

提示

根据《小企业会计准则》的规定，小企业存货发生毁损，按取得的处置收入、可收回的责任人赔偿和保险赔款，扣除其成本、相关税费后的净额，应当计入营业外支出（盘亏存货发生的损失）或营业外收入（盘盈存货实现的收益）。

任务拓展　编制甲公司存货减值相关的会计分录

20×3 年 12 月 31 日，甲公司 F 产品的账面余额（成本）为 100 000 元，假设 F 产品以前未计提存货跌价准备。由于市场价格下跌，F 产品的预计可变现净值为 95 000 元；20×4 年 3 月 31 日，由于市场价格上涨，F 产品的预计可变现净值为 97 000 元；20×4 年 6 月 30 日，由于市场价格持续上涨，F 产品的预计可变现净值为 120 000 元。

4-2 任务拓展参考答案

要求：编制甲公司存货减值相关的会计分录。

素养之窗

存货是企业流动资产的重要组成部分，对其进行科学的管理，是企业发展壮大的关键。会计人员要不断适应新形势新要求，开拓创新，结合企业自身实际，找到有效管理企业存货的方法，实现提高企业经济效益的目的。

项目实训

（一）实训要求

编制甲公司存货相关的会计分录，掌握存货的核算方法。

（二）实训内容

（1）20×3 年 10 月，甲公司采购一批原材料，原材料价款为 10 000 元，增值税额（可抵扣）为 1 300 元。甲公司采用实际成本法进行原材料的日常核算。

① 材料已验收入库，货款已用银行存款支付。

② 材料尚未到达，货款已用银行存款支付。

10 月 15 日，用银行存款支付货款。

10 月 20 日，材料到达且验收入库。

③ 材料已验收入库，货款尚未支付。

10 月 25 日，材料到达且验收入库，但发票账单等结算凭证未到。

10 月 31 日，发票账单等结算凭证未到，对该批材料暂估 10 500 元入账。

11 月 1 日，用红字冲销上月暂估入账金额。

11 月 5 日，发票账单等结算凭证送达，用银行存款支付货款。

要求：根据上述不同情况，分别编制甲公司原材料相关的会计分录。

（2）20×3 年 12 月 31 日，甲公司 G 产品的账面余额（成本）为 11 000 元，可变现净值为 10 000 元，存货按成本与可变现净值孰低计量。

① 若计提存货跌价准备前，“存货跌价准备”科目无余额。

② 若计提存货跌价准备前，“存货跌价准备”科目已有贷方余额 400 元。

③ 若计提存货跌价准备前，“存货跌价准备”科目已有贷方余额 1 200 元。

要求：根据上述不同情况，分别编制甲公司存货减值相关的会计分录。

项目考核

（一）单项选择题

（1）甲企业采用先进先出法核算存货成本。20×3 年 12 月 1 日，结存 X 材料 2 000 千克，每千克的实际成本为 20 元；12 月 4 日和 12 月 15 日分别购入 X 材料 3 000 千克和 4 000 千克，每千克的实际成本分别为 19 元和 21 元；12 月 10 日和 12 月 27 日分别发出 X 材料 4 000 千克和 3 500 千克。则 X 材料的月末结存成本为（　　）元。

A．28 500　　B．30 166

C．31 500　　D．40 000

（2）资产负债表日，存货应当按照（　　）计量。

A．成本与可变现净值孰高

B．成本与可变现净值孰低

C．成本

D．可变现净值

（3）甲公司采用计划成本法进行原材料的日常核算。月初结存 M 材料的计划成本为 200 万元，材料成本差异为节约 20 万元，当月购入一批 M 材料，实际成本为 135 万元，计划成本为 150 万元，领用 M 材料的计划成本为 180 万元。则当月结存 M 材料的实际成本为（　　）万元。

A．153　　B．180

C．162　　D．150

（4）某企业为增值税小规模纳税人，采用实际成本法进行原材料的日常核算。20×3 年 12 月 9 日，该企业购入材料 1 000 千克，取得的增值税专用发票上注明的价款为 20 000 元、增值税额为 2 600 元。该企业收到材料时，发现材料短缺 10 千克，属于定额内合理损耗，材料入库前发生挑选整理费用 300 元，材料已验收入库。则该企业取得材料的入账价值应为（　　）元。

A．20 000　　B．22 900

C．22 600　　D．20 300

（二）多项选择题

（1）企业的存货通常包括（　　）。

A．原材料　　B．低值易耗品

C．半成品　　D．工程物资

（2）存货成本包括（　　）。

A．购买价款　　B．运输费

C．保险费　　D．装卸费

（3）月末，企业购入一批原材料，原材料已验收入库，发票账单等结算凭证未到，货款尚未支付，应采用（　　）。

A．材料验收入库时入账

B．材料验收入库时先不入账

C．月末，按照原材料暂估价值先入账

D．下月月初，用红字冲销原暂估入账金额

（4）企业发生存货盘亏及毁损时可能涉及的会计科目有（　　）。

A．“管理费用”

B．“待处理财产损溢——待处理流动资产损溢”

C．“其他应付款”

D．“营业外支出”

（三）判断题

（1）已完成销售手续但购买单位在月末未提取的产品，应作为企业的库存商品核算。（　　）

（2）“材料成本差异”科目借方登记节约差异，贷方登记超支差异。（　　）

（3）属于自然灾害等非常原因造成的存货盘亏，计入营业外支出。（　　）

（4）随同商品出售单独计价的包装物，按包装物的销售收入，借记“销售收入”科目。（　　）

（四）实务题

（1）20×3 年 12 月 6 日，甲公司采购一批 Q 材料，实际成本为 210 000 元，增值税额（可抵扣）为 27 300 元，计划成本为 220 000 元，甲公司收到发票账单等结算凭证并支付货款。12 月 10 日，材料到达且验收入库。甲公司采用计划成本法进行原材料的日常核算。

要求：根据上述经济业务编制相关的会计分录。

（2）20×3 年 12 月，甲公司委托乙公司加工用于直接出售的应税消费品，甲公司采用计划成本法进行委托加工物资的日常核算。

① 发出一批 N 材料，计划成本为 68 000 元，材料成本差异为节约 1 000 元。

② 按合同约定，用银行存款支付加工费，取得的增值税专用发票上注明的加工费为5 000元、增值税额为650元，应交纳的消费税为8 000元。

③ 用银行存款支付运杂费，取得的增值税专用发票上注明的运杂费为600元、增值税额为54元。

④ 加工完成后的应税消费品验收入库，计划成本为82 000元。

要求：根据上述经济业务编制相关的会计分录。

（3）20×3年12月5日，甲公司发出10件新的P包装物用于出租，包装物的实际成本为1 200元，按合同约定，收取押金150元，收取租金400元、增值税额52元，款项已存入银行。12月18日，收回5日出租的P包装物8件，退还8件包装物的押金，没收逾期未退还2件包装物的押金。甲公司采用实际成本法进行包装物的日常核算。

要求：假设甲公司采用一次摊销法进行包装物的摊销，根据上述经济业务编制相关的会计分录。

（4）甲公司采用实际成本法进行低值易耗品的日常核算，20×3年12月，该公司发生的关于低值易耗品的经济业务如下。

① 10日，基本生产车间生产领用20件H工具，实际成本为6 000元。

② 16日，基本生产车间报废领用的20件H工具，残料变价收入为1 000元，残料变价收入已存入银行。

要求：假设甲公司采用五五摊销法进行低值易耗品的摊销，根据上述经济业务编制相关的会计分录。

（5）20×3年末，甲公司D产品的账面余额（成本）为300万元，计提存货跌价准备前，“存货跌价准备”科目贷方余额为30万元。目前D产品的预计市场销售价格为320万元，预计销售费用和相关税费为10万元。

要求：根据上述经济业务编制相关的会计分录。

（6）20×3年12月31日，甲公司存货清查情况如下。

① 盘盈M材料100千克，实际成本为2 000元。经查明是收发计量上的差错造成的。

② 盘亏S材料500千克，实际成本为1 000元。经查明是暴雨水浸造成的。

要求：根据上述经济业务编制相关的会计分录。

项目五 固定资产和无形资产的核算

项目导读

固定资产是企业的有形资产，是企业发展的物质基础，因此，企业应加强对固定资产的核算和管理，以便详细了解固定资产的增减变化情况，避免固定资产的重复购置和浪费，提高资金使用效率，降低企业经营风险。企业的生产经营除了需要依托有形资产外，也离不开无形资产，无形资产是企业发展的关键驱动力。因此，企业应加强对无形资产的核算和管理，以便更好地利用无形资产服务于企业，提升企业的核心竞争力，获取长期利润。

知识目标

- 了解固定资产的科目设置，掌握固定资产的初始计量、后续计量、处置和清查的核算方法。
- 了解无形资产的科目设置，掌握无形资产的初始计量、后续计量和处置的核算方法。

技能目标

- 具有核算固定资产的能力。
- 具有核算无形资产的能力。

素养目标

- 弘扬创新精神，树立知识产权保护意识。

任务一 核算固定资产

任务导入 »

固定资产的单位价值高，所占资金比重大，对企业的经营和发展具有重要影响。正确地核算固定资产，有助于企业准确地了解各种固定资产的使用情况，从而提高固定资产的运营效率，防止固定资产的闲置、浪费和毁损，帮助企业优化资源配置，加速资金运转，提高企业的盈利水平。因此，小张积极学习固定资产的相关知识，以便正确地核算固定资产，加强企业固定资产的管理，充分发挥企业固定资产的作用。

本任务的知识和技能要求如表 5-1 所示。

表 5-1 知识和技能要求

类 型	具体内容	学习程度		
		了解	掌握	应用
知识要求	固定资产的科目设置	●		
	固定资产的初始计量		●	
	固定资产的后续计量		●	
	固定资产处置的核算		●	
	固定资产清查的核算		●	
技能要求	编制甲公司固定资产相关的会计分录			●

班级______________ 姓名______________ 学号______________

任务工单

（一）任务描述

以小组为单位，编制甲公司固定资产相关的会计分录。

（二）任务分工

全班学生以3～5人为一组进行分组，每组设组长1名，小组讨论任务分工并将分工情况填写到表5-2中。

表5-2 小组成员及分工情况

小组成员	姓　名	学　号	任务分工
组长			
组员			

（三）任务准备

请各组长组织组员观看“固定资产基础知识”视频，收集和整理相关资料，讨论并回答下列问题。

固定资产基础知识

（1）什么是固定资产？固定资产的特征是什么？

（2）固定资产的分类有哪些？

（3）“固定资产”科目是如何设置的？

班级____________ 姓名____________ 学号____________

（四）任务实施

以小组为单位，根据甲公司20×3年10月发生的以下经济业务编制相关的会计分录。

（1）8日，用银行存款购入一台需要安装的机器设备，取得的增值税专用发票上注明的价款为200 000元、增值税额为26 000元。

（2）8日，用银行存款支付安装费，取得的增值税专用发票上注明的安装费为40 000元、增值税额为3 600元。

（3）10日，设备安装完毕并交付使用。

（五）任务评价

各组派代表展示任务实施成果，并配合指导老师完成表5-3所示的任务评价。

表5-3 任务评价

评价项目	评价内容	评价分数			
		分值	自评	组评	师评
职业素养（40%）	考勤、仪容仪表	10分			
	责任意识、纪律意识	10分			
	团队合作与交流	20分			
专业能力（60%）	任务准备的完成度	20分			
	任务实施的完成度	20分			
	任务实施成果的展示效果	20分			
合计	综合分数______自评（25%）+组评（25%）+师评（50%）	100分			
	综合等级______	指导老师签字__________			
综合评价					

一、固定资产的科目设置

为了反映和监督固定资产的取得、计提折旧和处置等情况，企业应设置“固定资产”“累计折旧”“在建工程”“工程物资”“固定资产清理”等科目。

“固定资产”科目用来核算企业固定资产的原价。该科目借方登记增加的固定资产原价，贷方登记减少的固定资产原价，期末余额在借方，反映企业期末固定资产的账面原价。企业应设置“固定资产登记簿”和“固定资产卡片”，按固定资产的类别和项目设置明细科目。

“累计折旧”科目是“固定资产”的调整科目，用来核算企业固定资产的累计折旧。该科目贷方登记计提的固定资产折旧，借方登记处置固定资产转出的累计折旧，期末余额在贷方，反映企业固定资产的累计折旧额。“累计折旧”科目可根据固定资产的类别和项目设置明细科目。

“在建工程”科目用来核算企业基建、更新改造等在建工程发生的支出。该科目借方登记各项在建工程的实际支出，贷方登记完工工程转出的成本，期末余额在借方，反映企业尚未达到预定可使用状态的在建工程的成本。“在建工程”科目可分别设置“建筑工程”“安装工程”“在安装设备”“待摊支出”及单项工程等明细科目。

“工程物资”科目用来核算企业为在建工程准备的各种物资的成本。该科目借方登记购入工程物资的成本，贷方登记领用工程物资的成本，期末余额在借方，反映企业为在建工程准备的各种物资的成本。“工程物资”科目可分别设置“专用材料”“专用设备”“预付大型设备款”“为生产准备的工具及器具”等明细科目。

“固定资产清理”科目用来核算企业因出售、报废、毁损、对外投资、非货币性资产交换、债务重组等原因转入清理的固定资产价值，以及在清理过程中发生的清理费用和清理收益。该科目借方登记转出的固定资产账面价值、清理过程中应支付的相关税费及其他费用，贷方登记出售固定资产取得的价款、残料价值和变价收入。若期末余额在借方，反映企业尚未清理完毕的固定资产清理净损失；若期末余额在贷方，反映企业尚未清理完毕的固定资产清理净收益。固定资产清理完成，其借方登记转出的清理净收益，贷方登记转出的清理净损失，清理净损益结转后，“固定资产清理”科目无余额。“固定资产清理”科目可根据被清理的固定资产项目设置明细科目。

此外，企业固定资产、在建工程、工程物资发生减值的，还应设置“固定资产减值准备”“在建工程减值准备”“工程物资减值准备”等科目进行核算。

二、固定资产的初始计量

固定资产应当按照成本进行初始计量。企业取得固定资产的方式主要包括外购、自行建造、投资者投入、非货币性资产交换、债务重组、企业合并和租入等，固定资产的取得方式不同，其成本的具体构成内容及确定方法也有所不同。

（一）外购的固定资产

企业外购的固定资产分为不需要安装的固定资产和需要安装的固定资产两种情形。

提 示

企业以一笔款项购入多项没有单独标价的固定资产，应当按照各项固定资产公允价值比例对总成本进行分配，分别确定各项固定资产的成本。

1．购入不需要安装的固定资产

企业购入不需要安装的固定资产，该固定资产的取得成本为企业实际支付的购买价款、包装费、运杂费、保险费、专业人员服务费和相关税费（不含可抵扣的增值税进项税额）等。

购入不需要安装的固定资产时，按应计入固定资产的成本，借记“固定资产”科目，按取得的增值税专用发票上注明的增值税额，借记“应交税费——应交增值税（进项税额）”科目，贷记“银行存款”“应付账款”等科目。

典型案例

例 5-1 20×3 年 12 月 1 日，甲公司购入一台不需要安装即可投入使用的生产设备，取得的增值税专用发票上注明的价款为 50 000 元、增值税额为 6 500 元，发生运输费，取得的增值税专用发票上注明的运输费为 500 元、增值税额为 45 元。以上款项均已用银行存款支付。假设不考虑其他因素的影响，甲公司应编制的会计分录如下。

借：固定资产——生产设备　　50 500
　　应交税费——应交增值税（进项税额）　　6 545
　　贷：银行存款　　57 045

2．购入需要安装的固定资产

企业购入需要安装的固定资产，该固定资产的取得成本是在不需要安装的固定资产的取得成本的基础上加上安装调试成本。购入需要安装的固定资产时，按应计入固定资产的成本，借记“在建工程”科目，按取得的增值税专用发票上注明的增值税额，借记“应交税费——应交增值税（进项税额）”科目，贷记“银行存款”“应付账款”等科目；耗用了本单位材料或人工的，按应承担的成本金额，借记“在建工程”科目，贷记“原材料”“应付职工薪酬”等科目；安装完成达到预定可使用状态时，由在建工程转为固定资产，借记“固定资产”科目，贷记“在建工程”科目。

典型案例

例 5-2 20×3 年 12 月 5 日，甲公司购入一台需要安装的生产设备，取得的增值税专用发票上注明的价款为 80 000 元、增值税额为 10 400 元，发生运输费，取得的增值税专用发

票上注明的运输费为 600 元、增值税额为 54 元。以上款项均已用银行存款支付。安装该生产设备时，领用一批 A 材料，实际成本为 5 000 元，应付本公司安装人员工资 3 000 元。12 月 20 日，该生产设备安装完成达到预定可使用状态。甲公司应编制的会计分录如下。

（1）12 月 5 日，购入一台需要安装的生产设备时：

借：在建工程——生产设备　　80 600
　　应交税费——应交增值税（进项税额）　　10 454
　　贷：银行存款　　91 054

（2）安装过程中，领用本公司原材料、分配本公司安装人员工资时：

借：在建工程——生产设备　　8 000
　　贷：原材料——A 材料　　5 000
　　　　应付职工薪酬　　3 000

（3）12 月 20 日，该生产设备安装完成达到预定可使用状态时：

借：固定资产——生产设备　　88 600
　　贷：在建工程——生产设备　　88 600

提 示

小规模纳税人外购固定资产发生的增值税进项税额应计入固定资产成本，不通过“应交税费——应交增值税（进项税额）”科目核算。

（二）自行建造的固定资产

企业自行建造的固定资产的成本为建造该项资产达到预定可使用状态前所发生的必要支出，包括工程物资成本、人工成本、缴纳的相关税费、应予以资本化的借款费用及应分摊的间接费用等。自行建造的固定资产分为自营建造的固定资产和出包建造的固定资产两种情形。

1. 自营建造的固定资产

自营建造固定资产是指企业自行组织工程物资采购、自行组织施工人员从事工程施工来获取固定资产。自营建造固定资产购入工程物资时，按取得的增值税专用发票上注明的价款，借记“工程物资”科目，按取得的增值税专用发票上注明的增值税额，借记“应交税费——应交增值税（进项税额）”科目，按实际支付或应付的金额，贷记“银行存款”“应付账款”等科目；领用工程物资时，借记“在建工程”科目，贷记“工程物资”科目；领用本企业原材料或库存商品时，借记“在建工程”科目，贷记“原材料”“库存商品”科目；发生其他费用（如分配工程人员薪酬等）时，借记“在建工程”，贷记“银行存款”“应付职工薪酬”等科目；工程完工达到预定可使用状态时，由在建工程转为固定资产，借记“固定资产”科目，贷记“在建工程”科目。

典型案例

例 5-3　甲公司自营建造一间仓库，20×3 年 6 月 5 日，用银行存款购入用于建造该仓库的工程物资，取得的增值税专用发票上注明的价款为 200 000 元、增值税额为 26 000 元。自营建造工程领用购入的全部工程物资；领用本公司一批原材料，原材料的实际成本为 30 000 元；发生工程人员薪酬 50 000 元；支付安装费，取得的增值税专用发票上注明的安装费为 10 000 元、增值税额为 900 元，款项已用银行存款支付。6 月 30 日，工程完工达到预定可使用状态。甲公司应编制的会计分录如下。

（1）购入工程物资时：

借：工程物资　　200 000
　　应交税费——应交增值税（进项税额）　　26 000
　　贷：银行存款　　226 000

（2）在建工程领用全部工程物资时：

借：在建工程——房屋建筑物　　200 000
　　贷：工程物资　　200 000

（3）在建工程领用本公司原材料时：

借：在建工程——房屋建筑物　　30 000
　　贷：原材料　　30 000

（4）分配工程人员薪酬时：

借：在建工程——房屋建筑物　　50 000
　　贷：应付职工薪酬　　50 000

（5）支付安装费时：

借：在建工程——房屋建筑物　　10 000
　　应交税费——应交增值税（进项税额）　　900
　　贷：银行存款　　10 900

（6）工程完工达到预定可使用状态时：

转入固定资产的成本=200 000+30 000+50 000+10 000=290 000（元）。

借：固定资产——房屋建筑物　　290 000
　　贷：在建工程——房屋建筑物　　290 000

2. 出包建造的固定资产

出包建造固定资产是指企业通过招标方式将工程项目出包给建造承包商（即施工企业），由建造承包商组织工程项目施工。企业采用出包方式进行的固定资产工程，其工程的具体支出由建造承包商核算，在这种方式下，“在建工程”科目主要反映企业与建造承包商办理工程价款结算的情况，企业支付给建造承包商的工程价款作为工程成本，通过“在建工程”科目核算。

企业按合理估计的工程进度和合同规定向建造承包商结算进度款，并由对方开具增值税专用发票，按取得的增值税专用发票上注明的价款，借记“在建工程”科目，按取得的增值税专用发票上注明的增值税额，借记“应交税费——应交增值税（进项税额）”科目，按实际支付的金额，贷记“银行存款”科目；按合同规定补付的工程款，借记“在建工程”“应交税费——应交增值税（进项税额）”科目，贷记“银行存款”科目；工程完工达到预定可使用状态时，由在建工程转为固定资产，借记“固定资产”科目，贷记“在建工程”科目。

典型案例

例 5-4 20×3 年 12 月 1 日，甲公司将仓库的建造工程出包给乙公司，按合理估计的工程进度和合同规定向乙公司结算进度款，取得的由乙公司开具的增值税专用发票上注明的工程款为 150 000 元、增值税额为 13 500 元。12 月 31 日，工程完工达到预定可使用状态。同日，甲公司收到由乙公司开具的有关工程结算单据和增值税专用发票，补付工程款 50 000 元、增值税额 4 500 元。以上款项均已用银行存款支付。甲公司应编制的会计分录如下。

（1）12 月 1 日，按合理估计的工程进度和合同规定向乙公司结算进度款时：

借：在建工程——房屋建筑物　　150 000
　　应交税费——应交增值税（进项税额）　　13 500
　　贷：银行存款　　163 500

（2）12 月 31 日，补付工程款时：

借：在建工程——房屋建筑物　　50 000
　　应交税费——应交增值税（进项税额）　　4 500
　　贷：银行存款　　54 500

（3）12 月 31 日，工程完工达到预定可使用状态时：

借：固定资产——房屋建筑物　　200 000
　　贷：在建工程——房屋建筑物　　200 000

三、固定资产的后续计量

（一）固定资产的折旧

折旧是指在固定资产使用寿命内，按照确定的方法对应计折旧额进行系统分摊。应计折旧额是指应当计提折旧的固定资产的原价扣除其预计净残值后的金额，如果已对固定资产计提减值准备，还应当扣除已计提的固定资产减值准备累计金额。

企业应当根据固定资产的性质和使用情况，合理确定固定资产的使用寿命和预计净残值。固定资产的使用寿命、预计净残值一经确定，不得随意变更。

1. 固定资产的折旧范围

企业应当对所有固定资产计提折旧。但是，已提足折旧仍继续使用的固定资产和单独计价入账的土地除外。

提 示

（1）固定资产应当按月计提折旧，并根据用途计入相关资产的成本或者当期损益。固定资产应自达到预定可使用状态时开始计提折旧，终止确认时或划分为持有待售非流动资产时停止计提折旧。为了简化核算，当月增加的固定资产，当月不计提折旧，从下月起计提折旧；当月减少的固定资产，当月仍计提折旧，从下月起不计提折旧。

（2）固定资产提足折旧后，不论能否继续使用，均不再计提折旧；提前报废的固定资产，也不再补提折旧。提足折旧是指已经提足该项固定资产的应计折旧额。

（3）已达到预定可使用状态但尚未办理竣工决算的固定资产，应当按照估计价值确定其成本，并计提折旧；待办理竣工决算后，再按实际成本调整原来的暂估价值，但不需要调整原已计提的折旧额。

2. 影响固定资产折旧的因素

（1）固定资产原价，是指固定资产的成本。

（2）固定资产的使用寿命，是指企业使用固定资产的预计期间，或者该项固定资产所能生产产品或提供劳务的数量。企业确定固定资产使用寿命时，应当考虑下列因素：① 该项资产预计生产能力或实物产量；② 该项资产预计有形损耗，如设备使用中发生磨损、房屋建筑物受到自然侵蚀等；③ 该项资产预计无形损耗，如因新技术的出现而使现有的资产技术水平相对陈旧、市场需求变化使其所生产的产品过时等；④ 法律或者类似规定对该项资产使用的限制。

（3）预计净残值，是指假定固定资产预计使用寿命已满并处于使用寿命终了时的预期状态，企业目前从该项资产处置中获得的扣除预计处置费用后的金额。

（4）固定资产减值准备，是指固定资产已计提的固定资产减值准备累计金额。

3. 固定资产的折旧方法

企业应当根据与固定资产有关的经济利益的预期消耗方式，合理选择固定资产折旧方法。可选用的固定资产折旧方法包括年限平均法、工作量法、双倍余额递减法和年数总和法等。企业选用不同的固定资产折旧方法，将影响固定资产使用寿命期间内不同时期的折旧费用，因此固定资产的折旧方法一经确定，不得随意变更。如需变更，应当符合《企业会计准则第 4 号——固定资产》的规定，至少于每年年度终了对固定资产的使用寿命、预计净残值和折旧方法进行复核，按复核的结果进行处理。

（1）年限平均法。

年限平均法又称直线法，是指按照固定资产的预计使用寿命平均计提固定资产折旧额的一种方法。采用这种方法计算的每期折旧额均相等。年限平均法的计算公式为

年折旧率=（1−预计净残值率）÷预计使用寿命（年）×100%　　（5-1）

月折旧率=年折旧率÷12　　（5-2）

月折旧额=固定资产原价×月折旧率　　（5-3）

提　示

折旧年度是指以固定资产开始计提折旧的月份为始计算的 1 个年度期间。例如，公司某年 4 月取得某项固定资产，其折旧年度为从当年 5 月至第 2 年 4 月的期间。

典型案例

例 5-5 20×3 年 9 月 10 日，甲公司购入一项不需要安装即可投入使用的固定资产，该固定资产原价为 100 000 元，预计净残值率为 4%，预计使用寿命为 20 年。甲公司采用年限平均法计提折旧，该固定资产的折旧率和折旧额计算如下。

年折旧率=（1−4%）÷20×100%=4.8%。

月折旧率=4.8%÷12=0.4%。

月折旧额=100 000×0.4%=400（元）。

20×3 年应计提的折旧额=400×3=1 200（元）。

（2）工作量法。

工作量法是指根据实际工作量计算每期应计提折旧额的一种方法。其计算公式为

单位工作量折旧额=固定资产原价×（1−预计净残值率）÷预计总工作量　（5-4）

某项固定资产月折旧额=该项固定资产当月工作量×单位工作量折旧额　（5-5）

典型案例

例 5-6 甲公司的一台机器设备原价为 100 000 元，预计生产产品产量为 250 000 个，预计净残值率为 5%，本月生产产品 10 000 个。甲公司采用工作量法计提折旧，该固定资产的折旧额计算如下。

单位工作量折旧额=100 000×（1−5%）÷250 000=0.38（元/个）。

固定资产月折旧额=10 000×0.38=3 800（元）。

（3）双倍余额递减法。

双倍余额递减法是指在不考虑固定资产预计净残值的情况下，根据每期期初固定资产净值（固定资产原价减去累计折旧后的金额）和双倍的直线法折旧率计算固定资产折旧额的一种方法。其计算公式为

年折旧率=2÷预计使用寿命（年）×100%　（5-6）

年折旧额=每个折旧年度年初固定资产净值×年折旧率　（5-7）

月折旧额=年折旧额÷12　（5-8）

由于每年年初固定资产净值没有扣除预计净残值，在应用双倍余额递减法计算折旧额时必须注意不能使固定资产的净值降低到其预计净残值以下，即对于采用双倍余额递减法计提折旧的固定资产，通常在其折旧年限到期前两年内，将固定资产净值扣除预计净残值后的余额平均摊销。

典型案例

例 5-7 甲公司的一项固定资产原价为 100 000 元，预计使用寿命为 5 年，预计净残值为 4 000 元。若甲公司采用双倍余额递减法计提折旧，该固定资产的折旧率和折旧额计算如下。

年折旧率=2÷5×100%=40%。

第 1 年应计提的折旧额=100 000×40%=40 000（元）。

第 2 年应计提的折旧额=（100 000−40 000）×40%=24 000（元）。

第 3 年应计提的折旧额=（100 000−40 000−24 000）×40%=14 400（元）。

第 4 年、第 5 年各自应计提的折旧额=［（100 000−40 000−24 000−14 400）−4 000］÷2=8 800（元）。

（4）年数总和法。

年数总和法是指将固定资产的原价减去预计净残值后的余额，乘以一个以固定资产尚可使用年限为分子、以预计使用寿命逐年数字总和为分母的逐年递减的分数计算每年的折旧额的一种方法。其计算公式为

$$\text{年折旧率}=\text{尚可使用年限}\div\text{预计使用寿命的年数总和}\times 100\% \tag{5-9}$$

或者：

$$\text{年折旧率}=\frac{\text{预计使用寿命}-\text{已使用年限}}{\text{预计使用寿命}\times(\text{预计使用寿命}+1)\div 2}\times 100\% \tag{5-10}$$

$$\text{年折旧额}=（\text{固定资产原价}-\text{预计净残值}）\times\text{年折旧率} \tag{5-11}$$

典型案例

例 5-8 承【例 5-7】，若甲公司采用年数总和法计提折旧，该固定资产折旧计算表如表 5-4 所示。

表 5-4 固定资产折旧计算表

金额单位：元

年 数	尚可使用年限/年	原价−预计净残值	年折旧率	年折旧额	累计折旧
1	5	96 000	5/15	32 000	32 000
2	4	96 000	4/15	25 600	57 600
3	3	96 000	3/15	19 200	76 800
4	2	96 000	2/15	12 800	89 600
5	1	96 000	1/15	6 400	96 000

4. 固定资产使用寿命、预计净残值和折旧方法的复核

企业至少应当于每年年度终了，对固定资产的使用寿命、预计净残值和折旧方法进行复核。使用寿命预计数与原先估计数有差异的，应当调整固定资产使用寿命。预计净残值预计

数与原先估计数有差异的，应当调整预计净残值。与固定资产有关的经济利益预期实现方式有重大改变的，应当改变固定资产折旧方法。固定资产使用寿命、预计净残值和折旧方法的改变应当作为会计估计变更。

5. 固定资产折旧的账务处理

企业计提固定资产折旧时，应按固定资产的用途和受益对象性质计入相关资产的成本或者当期损益。按自行建造固定资产过程中使用的固定资产计提的折旧额，借记“在建工程”科目，按基本生产车间使用的固定资产计提的折旧额，借记“制造费用”科目，按管理部门使用的固定资产计提的折旧额，借记“管理费用”科目，按销售部门使用的固定资产计提的折旧额，借记“销售费用”科目，按经营租出的固定资产计提的折旧额，借记“其他业务成本”科目，按不使用的固定资产计提的折旧额，借记“管理费用”科目，按应计提的折旧总额，贷记“累计折旧”科目。

典型案例

例5-9 20×3年12月，甲公司固定资产计提折旧60 000元，其中，基本生产车间计提固定资产折旧40 000元，行政管理部门计提固定资产折旧10 000元，销售部门计提固定资产折旧10 000元。甲公司应编制的会计分录如下。

借：制造费用	40 000	
管理费用	10 000	
销售费用	10 000	
贷：累计折旧		60 000

（二）固定资产的减值

固定资产的减值是指固定资产的可收回金额低于其账面价值。资产负债表日，企业应当判断固定资产是否存在可能发生减值的迹象。当固定资产存在减值迹象时，应当估计其可收回金额。固定资产的可收回金额低于其账面价值时，表明该固定资产发生了减值，应当将固定资产的账面价值减记至可收回金额，减记的金额确认为资产减值损失，计入当期损益，同时，计提相应的固定资产减值准备，借记“资产减值损失”科目，贷记“固定资产减值准备”科目。固定资产减值损失一经确认，在以后会计期间不得转回。

（三）固定资产的后续支出

固定资产的后续支出，是指固定资产在使用过程中发生的更新改造支出、修理费用等。固定资产的后续支出，满足固定资产确认条件的，应当计入固定资产成本，如有被替换的部分，应同时将被替换部分的账面价值从该固定资产原账面价值中扣除；固定资产的后续支出，不满足固定资产确认条件的，应当在发生时计入当期损益。

1. 资本化的后续支出

固定资产发生可资本化的后续支出时，企业应将固定资产的账面价值转入在建工程，固定资产的原价、已计提的累计折旧和减值准备转销，借记“在建工程”“累计折旧”“固定资产减值准备”等科目，贷记“固定资产”科目，同时，停止计提折旧。发生可资本化的后续支出时，借记“在建工程”科目，发生后续支出取得增值税专用发票的，按增值税专用发票上注明的增值税额，借记“应交税费——应交增值税（进项税额）”科目，按实际支付的金额，贷记“银行存款”等科目。

发生后续支出的固定资产完工并达到预定可使用状态时，由在建工程转为固定资产，借记“固定资产”科目，贷记“在建工程”科目，并按重新确定的固定资产原价、使用寿命、预计净残值和折旧方法计提折旧。

典型案例

例5-10 20×3年12月31日，甲公司将一条自20×1年1月1日起计提折旧的生产线暂停使用，开始对该生产线进行改扩建，以提高其生产能力。该生产线的建造成本为200 000元，采用年限平均法计提折旧，预计净残值率为7%，预计使用寿命为6年。改扩建过程中，用银行存款购买一批工程物资，取得的增值税专用发票上注明的价款为65 000元、增值税额为8 450元，该批工程物资已全部用于改扩建工程；发生有关人员薪酬15 000元。20×4年4月30日，该生产线改扩建完工达到预定可使用状态，预计使用寿命延长至10年，该生产线改扩建后折旧方法和预计净残值不变。甲公司应编制的会计分录如下。

（1）20×3年12月31日，固定资产转入改扩建时：

该生产线的累计折旧额=200 000×（1−7%）÷6×3=93 000（元）。

固定资产的账面价值=200 000−93 000=107 000（元）。

借：在建工程——机器设备　　107 000
　　累计折旧　　93 000
　　贷：固定资产——机器设备　　200 000

（2）20×3年12月31日至20×4年4月30日，发生改扩建支出时：

借：工程物资　　65 000
　　应交税费——应交增值税（进项税额）　　8 450
　　贷：银行存款　　73 450

借：在建工程——机器设备　　80 000
　　贷：工程物资　　65 000
　　　　应付职工薪酬　　15 000

（3）20×4年4月30日，该生产线改扩建完工达到预定可使用状态时：

转入固定资产的成本=107 000+80 000=187 000（元）。

借：固定资产——机器设备　　187 000
　　贷：在建工程——机器设备　　187 000

（4）20×4年5月31日，按重新确认的使用寿命计提折旧：

改扩建后每月应计提的折旧额=187 000×（1−7%）÷（6×12+8）=2 173.875（元）。

借：制造费用　　　　　　　　　　　　　　　　2 173.875

　　贷：累计折旧　　　　　　　　　　　　　　　　2 173.875

2. 费用化的后续支出

一般情况下，固定资产投入使用之后，由于固定资产磨损、各组成部分耐用程度不同，可能导致固定资产的局部损坏。为了维护固定资产的正常运转和使用，充分发挥其使用效能，企业会对固定资产进行必要的维护。与固定资产有关的修理费用等后续支出，不符合资本化条件的，在发生时应当按照受益对象计入当期损益或计入相关资产的成本，并根据不同情况分别处理。

（1）与存货的生产和加工相关的固定资产的后续支出（如日常修理费用），应按照存货成本确定原则进行处理。

（2）行政管理部门、企业专设的销售机构等发生的固定资产日常修理费用，应按照功能分类计入管理费用或销售费用。

例5-11 20×3 年 12 月 12 日，甲公司对行政管理部门使用的设备进行修理，取得的增值税专用发票上注明的修理费为 3 000 元、增值税额为 390 元，款项已用银行存款支付。甲公司应编制的会计分录如下。

借：管理费用　　　　　　　　　　　　　　　　3 000

　　应交税费——应交增值税（进项税额）　　　　390

　　贷：银行存款　　　　　　　　　　　　　　　　3 390

四、固定资产处置的核算

（一）固定资产处置的范围

固定资产处置，即固定资产的终止确认，包括固定资产的出售、报废、毁损、对外投资、非货币性资产交换、债务重组等。固定资产满足下列条件之一的，应当予以终止确认：

（1）该固定资产处于处置状态。

（2）该固定资产预期通过使用或处置不能产生经济利益。

（二）固定资产处置的账务处理

固定资产处置的具体账务处理如下。

1. 固定资产转入清理

企业因出售、报废、毁损、对外投资、非货币性资产交换、债务重组等转出的固定资产，按固定资产的账面价值，借记“固定资产清理”科目，按已计提的累计折旧，借记“累计折旧”科目，按已计提的减值准备，借记“固定资产减值准备”科目，按固定资产的原价，贷记“固定资产”科目。

2. 确认发生的清理费用等

固定资产清理过程中，按支付的清理费用，借记“固定资产清理”科目，按取得的增值税专用发票上注明的增值税额，借记“应交税费——应交增值税（进项税额）”科目，按实际支付的金额，贷记“银行存款”等科目。

3. 确认取得的收入和残料价值等

企业收回出售固定资产的价款、残料价值和变价收入等，应冲减清理支出。按收回出售固定资产的价款和税款，借记“银行存款”科目，按开具的增值税专用发票上注明的价款，贷记“固定资产清理”科目，按开具的增值税专用发票上注明的增值税额，贷记“应交税费——应交增值税（销项税额）”科目；残料入库，按残料价值，借记“原材料”等科目，贷记“固定资产清理”科目。

4. 确认应收责任单位（或个人）赔偿损失等

应由保险公司或过失人赔偿的损失，借记“其他应收款”等科目，贷记“固定资产清理”科目。

5. 结转清理净损益

（1）结转无使用价值的固定资产净损益。

属于生产经营期间正常报废清理发生的净损失，借记“营业外支出——非流动资产处置损失”科目，贷记“固定资产清理”科目；属于生产经营期间因自然灾害等非正常原因发生的净损失，借记“营业外支出——非常损失”科目，贷记“固定资产清理”科目。

属于生产经营期间因正常报废清理、自然灾害等原因发生的净收益，借记“固定资产清理”科目，贷记“营业外收入——非流动资产处置利得”科目。

（2）结转有使用价值的固定资产净损益。

属于出售、对外投资等原因处置固定资产发生的净损失，借记“资产处置损益”科目，贷记“固定资产清理”科目；属于出售、对外投资等原因处置固定资产发生的净收益，借记“固定资产清理”科目，贷记“资产处置损益”科目。

典型案例

例 5-12 甲公司的一台机器设备因暴雨损坏，该机器设备原价为 300 000 元，已计提折旧 45 000 元，未计提减值准备。甲公司处置该固定资产时，发生清理费，取得的增值税专用发票上注明的装卸费为 1 000 元、增值税额为 60 元，残料估计价值为 10 000 元，残料已办理入库，收到保险公司理赔款 200 000 元。以上款项均已用银行存款收付。甲公司应编制的会计分录如下。

（1）固定资产转入清理时：

借：固定资产清理　　255 000
　　累计折旧　　45 000
　　贷：固定资产——机器设备　　300 000

（2）支付清理费用时：

借：固定资产清理　　1 000

　　应交税费——应交增值税（进项税额）　　60

　　贷：银行存款　　1 060

（3）残料入库时：

借：原材料　　10 000

　　贷：固定资产清理　　10 000

（4）收到保险公司理赔款时：

借：其他应收款——保险公司　　200 000

　　贷：固定资产清理　　200 000

借：银行存款　　200 000

　　贷：其他应收款——保险公司　　200 000

（5）结转清理净损益时：

应结转的“固定资产清理”科目借方余额=255 000+1 000−10 000−200 000=46 000（元）。

借：营业外支出——非常损失　　46 000

　　贷：固定资产清理　　46 000

五、固定资产清查的核算

为了确保固定资产的安全和完整，企业应定期或不定期（每年至少一次）进行固定资产清查。对清查中发现的盘盈、盘亏的固定资产，应填制固定资产盘盈、盘亏报告表，及时查明原因，按照规定程序报批处理，以保证账实相符。

（一）固定资产盘盈的账务处理

企业发生固定资产盘盈时，应作为重要的前期差错进行会计处理。企业在财产清查中盘盈的固定资产，在按管理权限报经批准处理前，应先通过“以前年度损益调整”科目核算。盘盈的固定资产，应按重置成本确定其入账价值，借记“固定资产”科目，贷记“以前年度损益调整”科目；按因以前年度损益调整而增加的所得税费用，借记“以前年度损益调整”科目，贷记“应交税费——应交所得税”科目。报经批准后，将“以前年度损益调整”科目余额转入留存收益时，借记“以前年度损益调整”科目，贷记“盈余公积”“利润分配——未分配利润”科目。

典型案例

例5-13 20×4年1月12日，甲公司在进行固定资产清查时，盘盈一台机器设备，该机器设备的重置成本为60 000元。经查明，该机器设备于20×2年12月购入，尚未入账。甲公司按净利润的10%提取法定盈余公积。假设不考虑其他因素的影响，甲公司应编制的会计分录如下。

（1）清查时，发现固定资产盘盈：

借：固定资产——机器设备　　60 000
　　贷：以前年度损益调整　　60 000

（2）将“以前年度损益调整”科目余额转入留存收益时：

借：以前年度损益调整　　60 000
　　贷：盈余公积——法定盈余公积　　6 000
　　　　利润分配——未分配利润　　54 000

（二）固定资产盘亏的账务处理

固定资产盘亏造成的损失，应当计入当期损益。企业发生固定资产盘亏时，按盘亏固定资产的账面价值，借记“待处理财产损溢——待处理固定资产损溢”科目，按已计提的累计折旧，借记“累计折旧”科目，按已计提的减值准备，借记“固定资产减值准备”科目，按固定资产的原价，贷记“固定资产”科目，需要转出增值税的，贷记“应交税费——应交增值税（进项税额转出）”科目。

查明原因，报经批准后，按可收回的保险赔偿或过失人赔偿，借记“其他应收款”科目，按应计入营业外支出的金额，借记“营业外支出——盘亏损失”科目，贷记“待处理财产损溢——待处理固定资产损溢”科目。

典型案例

例 5-14 20×4 年 1 月 12 日，甲公司在进行固定资产清查时，盘亏一台笔记本电脑，该笔记本电脑原价为 10 000 元，已计提折旧 2 000 元，购入时增值税额为 1 300 元。经查明，是管理员管理不善导致其丢失，按规定由管理员赔偿。甲公司应编制的会计分录如下。

（1）清查时，发现固定资产盘亏：

借：待处理财产损溢——待处理固定资产损溢　　8 000
　　累计折旧　　2 000
　　贷：固定资产——电子设备　　10 000

（2）转出不可抵扣的增值税进项税额时：

借：待处理财产损溢——待处理固定资产损溢　　1 040
　　贷：应交税费——应交增值税（进项税额转出）　　1 040

（3）查明原因，报经批准后转出：

借：其他应收款　　9 040
　　贷：待处理财产损溢——待处理固定资产损溢　　9 040

提　示

如果盘盈、盘亏或毁损的固定资产在期末结账前未经批准，在对外提供财务会计报告时应先按相关规定进行处理，并在财务报表附注中作出说明；如果期末结账后批准处理的金额与已处理的金额不一致，应按其差额调整财务报表相关项目的年初数。

任务拓展　编制甲公司固定资产相关的会计分录

20×1 年 12 月 12 日，甲公司购进一台不需要安装即可投入使用的机器设备，取得的增值税专用发票上注明的价款为 6 000 000 元、增值税额为 780 000 元，发生运输费，取得的增值税专用发票上注明的运输费为 50 000 元、增值税额为 4 500 元。该机器设备于当日投入基本生产车间使用，预计使用寿命为 10 年，预计净残值为 50 000 元，甲公司采用年限平均法计提折旧。20×2 年 12 月 31 日，该机器设备发生减值，预计可收回金额为 4 550 000 元，计提减值准备后，该机器设备原预计使用寿命、预计净残值、折旧方法等均保持不变。20×3 年 12 月 31 日，甲公司因该机器设备毁损将其处置，发生清理费用，取得的增值税专用发票上注明的装卸费为 30 000 元、增值税额为 1 800 元，残料变卖出售，甲公司取得的增值税专用发票上注明的价款为 450 000 元、增值税额为 58 500 元，收到保险公司理赔款 320 000 元。以上款项均已用银行存款收付。

要求：假设不考虑其他因素的影响，编制甲公司固定资产相关的会计分录。

5-1 任务拓展参考答案

任务二 核算无形资产

任务导入

无形资产属于企业的非货币性长期资产，能够为企业带来经济利益，增强企业的综合实力。正确地核算无形资产，有助于企业准确地了解各种无形资产的使用情况，从而提高无形资产的使用效率，优化资源配置。因此，小张认真学习无形资产的核算方法，以便正确地核算无形资产，加强企业无形资产的管理，充分发挥企业无形资产的作用。

本任务的知识和技能要求如表 5-5 所示。

表 5-5 知识和技能要求

类 型	具体内容	学习程度		
		了解	掌握	应用
知识要求	无形资产的科目设置	●		
	无形资产的初始计量		●	
	无形资产的后续计量		●	
	无形资产处置的核算		●	
技能要求	编制甲公司无形资产相关的会计分录			●

班级＿＿＿＿＿＿　姓名＿＿＿＿＿＿　学号＿＿＿＿＿＿

任务工单 »

（一）任务描述

以小组为单位，编制甲公司无形资产相关的会计分录。

（二）任务分工

全班学生以 3～5 人为一组进行分组，每组设组长 1 名，小组讨论任务分工并将分工情况填写到表 5-6 中。

表 5-6　小组成员及分工情况

小组成员	姓　名	学　号	任务分工
组长			
组员			

（三）任务准备

请各组长组织组员观看“无形资产基础知识”视频，收集和整理相关资料，讨论并回答下列问题。

无形资产基础知识

（1）什么是无形资产？无形资产的特征是什么？

（2）无形资产的内容包括什么？

（3）“无形资产”科目是如何设置的？

班级____________ 姓名____________ 学号____________

（四）任务实施

以小组为单位，根据甲公司 20×3 年发生的以下经济业务编制相关的会计分录。

（1）1 月 1 日，用银行存款购入一项非专利技术用于产品生产，取得的增值税专用发票上注明的价款为 100 000 元、增值税额为 6 000 元。该非专利技术的预计使用期限为 10 年，预计残值为零。

（2）12 月 31 日，采用直线法按年对该非专利技术进行摊销。

（五）任务评价

各组派代表展示任务实施成果，并配合指导老师完成表 5-7 所示的任务评价。

表 5-7 任务评价

评价项目	评价内容	评价分数			
		分值	自评	组评	师评
职业素养（40%）	考勤、仪容仪表	10 分			
	责任意识、纪律意识	10 分			
	团队合作与交流	20 分			
专业能力（60%）	任务准备的完成度	20 分			
	任务实施的完成度	20 分			
	任务实施成果的展示效果	20 分			
合计	综合分数______自评（25%）+组评（25%）+师评（50%）	100 分			
	综合等级______	指导老师签字__________			
综合评价					

一、无形资产的科目设置

为了核算无形资产的取得、摊销和处置等情况，企业应设置“无形资产”“累计摊销”等科目。

“无形资产”科目用来核算企业持有无形资产的成本。该科目借方登记取得无形资产的成本，贷方登记处置无形资产时转出的账面余额，期末余额在借方，反映企业无形资产的成本。“无形资产”科目可根据无形资产的项目设置明细科目。

“累计摊销”科目用来核算企业对使用寿命有限的无形资产计提的累计摊销，是“无形资产”科目的调整科目。该科目贷方登记无形资产计提的累计摊销，借方登记处置无形资产时转出的累计摊销，期末余额在贷方，反映企业无形资产的累计摊销额。

二、无形资产的初始计量

取得的无形资产应当按照成本进行初始计量。企业取得无形资产的主要方式有外购、自行研究开发等。无形资产取得方式不同，其成本的具体构成内容及确定方法也有所不同。

（一）外购的无形资产

外购无形资产的成本包括购买价款、相关税费及直接归属于使该项资产达到预定用途所发生的其他支出。为引入新产品进行宣传发生的广告费、管理费用及其他间接费用和无形资产已经达到预定用途以后发生的费用不计入无形资产的初始成本。

购买无形资产的价款超过正常信用条件延期支付，实质上具有融资性质的，无形资产的成本以购买价款的现值为基础确定。实际支付的价款与购买价款的现值之间的差额，除根据《企业会计准则第 17 号——借款费用》的规定应予资本化的以外，应当在信用期间内计入当期损益。

外购无形资产，按取得无形资产的成本，借记“无形资产”科目，按取得的增值税专用发票上注明的增值税额，借记“应交税费——应交增值税（进项税额）”科目，按实际支付的价款，贷记“银行存款”等科目。

提　示

取得增值税普通发票的，其进项税额不得抵扣，计入无形资产的成本。

典型案例

例 5-15 20×3 年 1 月 1 日，甲公司从乙公司购入一项专利权，取得的增值税专用发票上注明的价款为 3 000 000 元、增值税额为 180 000 元，款项已用银行存款支付。甲公司应编制的会计分录如下。

借：无形资产——专利权　　　　3 000 000
　应交税费——应交增值税（进项税额）　　180 000
　贷：银行存款　　　　3 180 000

（二）自行研究开发的无形资产

1. 自行研究开发项目支出的类型

企业自行研究开发项目的支出，应当区分研究阶段支出与开发阶段支出。

（1）研究阶段支出。研究是指为获取并理解新的科学或技术知识而进行的独创性的有计划调查。企业自行研究开发项目研究阶段的研究能否在未来形成无形资产具有很大的不确定性，因此，研究阶段的支出，应当于发生时计入当期损益（管理费用）。

（2）开发阶段支出。开发是指在进行商业性生产或使用前，将研究成果或其他知识应用于某项计划或设计，以生产出新的或具有实质性改进的材料、装置、产品等。

开发阶段的支出符合资本化条件的资本化，不符合资本化条件的计入当期损益（管理费用）。企业自行研究开发项目开发阶段的支出，同时满足下列条件的，才能确认为无形资产：① 完成该无形资产以使其能够使用或出售在技术上具有可行性；② 具有完成该无形资产并使用或出售的意图；③ 无形资产产生经济利益的方式，包括能够证明运用该无形资产生产的产品存在市场或无形资产自身存在市场，无形资产将在内部使用的，应当证明其有用性；④ 有足够的技术、财务资源和其他资源支持，以完成该无形资产的开发，并有能力使用或出售该无形资产；⑤ 归属于该无形资产开发阶段的支出能够可靠地计量。

提　示

如果确实无法区分研究阶段的支出和开发阶段的支出，应将其所发生的研发支出全部费用化，计入当期损益。

2. 自行研究开发无形资产的账务处理

为了核算企业进行研究与开发无形资产过程中的各项支出，企业应设置“研发支出”科目。该科目借方登记实际发生的研发支出，贷方登记结转的研发支出，期末余额在借方，反映企业正在进行无形资产研究开发项目满足资本化条件的支出。“研发支出”科目可根据研究开发项目设置“费用化支出”“资本化支出”等明细科目。

自行研究开发无形资产的具体账务处理如下。

（1）企业自行研究开发无形资产发生的研究支出，不满足资本化条件的，借记“研发支出——费用化支出”科目，满足资本化条件的，借记“研发支出——资本化支出”科目，取得增值税专用发票的，按其注明的增值税额，借记“应交税费——应交增值税（进项税额）”科目，贷记“原材料”“银行存款”“应付职工薪酬”等科目。

（2）企业自行研究开发项目达到预定用途形成无形资产的，按“研发支出——资本化支出”科目的余额，借记“无形资产”科目，贷记“研发支出——资本化支出”科目。

（3）期（月）末，将“研发支出——费用化支出”科目归集的金额转入“管理费用”

科目，借记“管理费用”科目，贷记“研发支出——费用化支出”科目。

课堂讨论

企业自创商誉以及内部产生的品牌、报刊名等，可以确认为无形资产吗？

典型案例

例5-16 20×3年1月1日，甲公司开始自行研发某项新产品非专利技术，在研究开发过程中发生材料费500 000元、人员工资100 000元，用银行存款支付其他费用200 000元、增值税额（可抵扣）12 000元，总计812 000元，其中，符合资本化条件的支出为620 000元。20×3年12月31日，该非专利技术达到预定用途形成无形资产，年末结转费用化支出。甲公司应编制的会计分录如下。

（1）研究开发过程中，发生研究开发支出时：

借：研发支出——费用化支出	180 000	
——资本化支出	620 000	
应交税费——应交增值税（进项税额）	12 000	
贷：原材料		500 000
应付职工薪酬		100 000
银行存款		212 000

（2）12月31日，该非专利技术达到预定用途形成无形资产时：

借：管理费用	180 000	
无形资产——非专利技术	620 000	
贷：研发支出——费用化支出		180 000
——资本化支出		620 000

三、无形资产的后续计量

（一）无形资产的摊销

企业应当于取得无形资产时分析判断其使用寿命。无形资产的使用寿命如为有限的，应当估计该使用寿命的年限或者构成使用寿命的产量等类似计量单位数量；无法预见无形资产为企业带来经济利益期限的，应当视为使用寿命不确定的无形资产。

1. 使用寿命有限的无形资产

使用寿命有限的无形资产，其应摊销金额应当在使用寿命内系统合理摊销。企业选择的无形资产摊销方法，应当反映与该无形资产有关的经济利益的预期实现方式。无法可靠确定预期实现方式的，应当采用直线法摊销。企业至少应当于每年年度终了，对使用寿命有限的无形资产的使用寿命及摊销方法进行复核。无形资产的使用寿命及摊销方法与以前估计不同的，应当改变摊销期限和摊销方法。

提 示

企业摊销无形资产，应当自无形资产可供使用时起，至不再作为无形资产确认时止。即当月增加的无形资产，当月开始摊销；当月减少的无形资产，当月不再摊销。

企业计提无形资产摊销时，按企业管理用的无形资产摊销额，借记“管理费用”科目，按出租的无形资产摊销额，借记“其他业务成本”科目，按专门用于生产某种产品或其他资产的无形资产摊销额，借记“生产成本”“制造费用”或“在建工程”等科目，按计提的摊销总额，贷记“累计摊销”科目。

提 示

无形资产的应摊销金额为其成本扣除预计残值后的金额。已计提减值准备的无形资产，还应扣除已计提的无形资产减值准备累计金额。使用寿命有限的无形资产，其残值应当视为零，但下列情况除外：① 有第三方承诺在无形资产使用寿命结束时购买该无形资产；② 可以根据活跃市场得到预计残值信息，并且该市场在无形资产使用寿命结束时很可能存在。

典型案例

例 5-17 承【例 5-15】，甲公司将该专利权用于生产产品，受益年限为 10 年。甲公司采用直线法对该专利权进行摊销。每月摊销时，甲公司应编制的会计分录如下。

每月应计提的专利权摊销额=3 000 000÷10÷12=25 000（元）。

借：制造费用　　　　25 000

　　贷：累计摊销　　　　25 000

2. 使用寿命不确定的无形资产

使用寿命不确定的无形资产不应摊销。企业应当在每个会计期间对使用寿命不确定的无形资产的使用寿命进行复核。如果有证据表明无形资产的使用寿命是有限的，应当估计其使用寿命，并按企业会计准则相关规定进行会计处理。

（二）无形资产的减值

企业应当在资产负债表日判断资产是否存在可能发生减值的迹象。资产存在减值迹象的，应当进行减值测试。因企业合并所形成的商誉和使用寿命不确定的无形资产，无论是否存在减值迹象，每年都应当进行减值测试。

减值测试表明无形资产发生了减值，即无形资产可收回金额低于其账面价值时，企业应当将无形资产的账面价值减记至可收回金额，减记的金额确认为减值损失，计入当期损益，同时计提相应的无形资产减值准备，按无形资产应减记的金额，借记“资产减值损失”科目，贷记“无形资产减值准备”科目。无形资产减值损失一经确认，在以后会计期间不得转回。

提 示

小企业的无形资产不计提资产减值准备，无形资产发生的减值损失，待无形资产处置时一并处理，计入营业外支出。

四、无形资产处置的核算

无形资产的处置主要是指无形资产出售、对外出租、对外捐赠，或是无法为企业带来未来经济利益时，应予终止确认并转销。

（一）无形资产的出售

企业出售无形资产，应当将出售取得的价款扣除相关税费和该无形资产账面价值后的差额计入当期损益。

企业出售无形资产时，按出售无形资产的价款，借记“银行存款”“其他应收款”等科目，按已计提的累计摊销额，借记“累计摊销”科目，按已计提的减值准备，借记“无形资产减值准备”科目，按无形资产账面余额，贷记“无形资产”科目，按开具的增值税专用发票上注明的增值税额，贷记“应交税费——应交增值税（销项税额）”科目，按借贷方差额，贷记或借记“资产处置损益”科目。

典型案例

例 5-18 甲公司将一项专利权转让给丙公司，开具的增值税专用发票上注明的价款为 2 800 000 元、增值税额为 168 000 元，款项已收到并存入银行。该专利权的账面余额为 3 000 000 元，预计残值为零，已计提摊销额 250 000 元，已计提减值准备 10 000 元。甲公司应编制的会计分录如下。

借：银行存款　　2 968 000
　　累计摊销　　250 000
　　无形资产减值准备　　10 000
　　贷：无形资产——专利权　　3 000 000
　　　　应交税费——应交增值税（销项税额）　　168 000
　　　　资产处置损益　　60 000

（二）无形资产的出租

企业出租无形资产，将所拥有的无形资产的使用权让渡给他人，并收取租金，属于与企业日常活动相关的其他经营活动取得的收入，在满足收入确认条件的情况下，应确认相关的收入及成本。

企业出租无形资产取得收入时，借记“银行存款”等科目，贷记“其他业务收入”“应交税费——应交增值税（销项税额）”等科目；摊销出租的无形资产的成本时，借记“其他业务成本”等科目，贷记“累计摊销”等科目；发生与出租无形资产有关的各项费用支出时，借记“其他业务成本”科目，贷记“银行存款”等科目。

典型案例

例 5-19 20×3 年 1 月 1 日，甲公司将自行研发完成的非专利技术出租给丁公司，租期为 4 年，每年年初收取固定租金 200 000 元、增值税额 12 000 元。该非专利技术的成本为 320 000 元。租赁期内甲公司不使用该非专利技术，租赁期满该非专利技术将失去价值。20×3 年 1 月 1 日，甲公司收到当年租金 200 000 元、增值税额 12 000 元，并开具增值税专用发票。甲公司采用直线法按年对该非专利技术进行摊销，应编制的会计分录如下。

（1）20×3 年 1 月 1 日，确认出租非专利技术收入时：

借：银行存款　　212 000
　　贷：其他业务收入　　200 000
　　　　应交税费——应交增值税（销项税额）　　12 000

20×4 年、20×5 年、20×6 年每年年初，确认出租非专利技术收入的会计处理同上。

（2）20×3 年 12 月 31 日，计提非专利技术摊销时：

20×3 年应计提的非专利技术摊销额=320 000÷4=80 000（元）。

借：其他业务成本　　80 000
　　贷：累计摊销　　80 000

20×4 年、20×5 年、20×6 年每年年末，计提非专利技术摊销的会计处理同上。

（三）无形资产的报废

无形资产的报废是指无形资产已被其他新技术所替代或超过法律保护期，预期不能为企业带来经济利益而进行的处置工作。如果无形资产预期不能为企业带来经济利益，企业应将其报废并予以转销，其账面价值转入当期损益。

企业报废无形资产时，按已计提的累计摊销额，借记“累计摊销”科目，按已计提的减值准备，借记“无形资产减值准备”科目，按无形资产的账面余额，贷记“无形资产”科目，按借贷方差额，借记“营业外支出——非流动资产处置损失”科目。

典型案例

例 5-20 甲公司拥有的一项专利权预期不能为企业带来经济利益，将其报废并予以转销，该专利权的账面余额为 360 000 元，已计提累计摊销 300 000 元，已计提减值准备 20 000 元。假设不考虑其他因素的影响，甲公司应编制的会计分录如下。

借：累计摊销　　300 000
　　无形资产减值准备　　20 000
　　营业外支出——非流动资产处置损失　　40 000
　　贷：无形资产——专利权　　360 000

任务拓展　编制甲公司无形资产相关的会计分录

20×1 年 1 月，甲公司自行研究开发一项专利权，在研究开发过程中发生材料费 80 000 元、人员工资 115 000 元，用银行存款支付其他费用 5 000 元、增值税额（可抵扣）300 元，总计 200 300 元，其中，符合资本化条件的支出为 120 000 元。20×1 年 7 月 1 日，开发活动结束，甲公司按法律程序申请取得专利权供行政管理部门使用，采用直线法按年对该专利权进行摊销，月末结转费用化支出。该专利权有效期为 5 年。20×2 年 12 月 31 日，该专利权存在减值的迹象，可收回金额为 60 000 元。20×3 年 1 月 5 日，甲公司将该专利权转让，实际取得价款 58 000 元、增值税额 3 480 元，款项已存入银行。

要求：编制甲公司无形资产相关的会计分录。

5-2 任务拓展参考答案

素养之窗

在知识经济时代，无形资产是企业核心竞争力和持续发展的重要支柱之一。因此，企业应重视无形资产的管理、保护和合理利用，为企业长远发展打下坚实的基础。此外，社会需要优化创新环境和营商环境，加大知识产权保护力度，推动高水平科技发展，促进知识产权转化运用。每一位学子都应该争做自主知识产权的创新者、知识产权制度的拥护者、保护知识产权的践行者。

项目实训

（一）实训要求

编制甲公司固定资产和无形资产相关的会计分录，掌握固定资产和无形资产的核算方法。

（二）实训内容

（1）20×3 年，甲公司自营建造一间厂房，发生的相关经济业务如下。

① 7 月 15 日，购入用于建造厂房的工程物资，取得的增值税专用发票上注明的价款为 300 000 元、增值税额为 39 000 元，款项已用银行存款支付。

② 工程建设期间先后领用工程物资 300 000 元。

③ 7 月 20 日，领用本公司一批原材料，实际成本为 80 000 元。

④ 工程建设期间辅助生产车间为工程提供有关的劳务支出为 25 000 元。

⑤ 工程建设期间发生工程人员职工薪酬 65 000 元。

⑥ 12 月 31 日，工程完工达到预定可使用状态。

要求：根据上述经济业务编制相关的会计分录。

（2）20×3 年，甲公司自行研究开发一项专利权，月末结转费用化支出，发生的相关经济业务如下。

① 1 月，研究阶段发生差旅费 12 000 元，款项已用银行存款支付。

② 2 月，研究阶段发生相关设计费用 180 000 元，取得的增值税专用发票上注明的增值税额为 10 800 元，款项已用银行存款支付。

③ 3 月，开发阶段发生支出 200 000 元，符合资本化条件，取得的增值税专用发票上注明的增值税额为 26 000 元。

④ 4 月，该专利权达到预定用途形成无形资产。

要求：根据上述经济业务编制相关的会计分录。

项目考核

（一）单项选择题

（1）某项固定资产原价为 15 500 元，预计使用寿命为 5 年，预计净残值为 500 元，按双倍余额递减法计提折旧，则第 2 年年末该固定资产的账面价值为（　　）元。

A．5 580　　B．6 320

C．5 900　　D．6 500

（2）20×2 年 12 月 15 日，甲公司自行建造的一条生产线达到预定可使用状态并投入使用，该生产线建造成本为 740 万元，预计使用寿命为 5 年，预计净残值为 20 万元。甲公司按年数总和法计提折旧，则 20×3 年该生产线应计提的折旧额为（　　）万元。

A．240　　B．140

C．120　　D．220

（3）企业自行研究开发无形资产发生的研究支出，借记（　　）科目。

A．“研发支出”　　B．“管理费用”

C．“无形资产”　　D．“销售费用”

（4）如果确实无法区分研究阶段的支出和开发阶段的支出，应将其所发生的研发支出（　　）。

A．全部费用化，计入当期损益

B．全部确认为无形资产

C．按适当比例分配计入当期损益和无形资产

D．由企业自行决定计入当期损益或无形资产

（二）多项选择题

（1）影响固定资产折旧的因素有（　　）。

A．固定资产原价

B．预计净残值

C．固定资产减值准备

D．固定资产的使用寿命

（2）“固定资产清理”科目的贷方登记（　　）。

A．清理过程中应支付的相关税费及其他费用

B．出售固定资产取得的价款

C．取得的残料价值

D．取得的变价收入

（3）企业计提无形资产摊销时可能涉及的会计科目有（　　）。

A．“管理费用”　　B．“财务费用”

C．“制造费用”　　D．“其他业务成本”

（4）下列关于无形资产会计处理的表述中，正确的有（　　）。

A．企业自行开发无形资产发生的研发支出应全部确认为无形资产

B．当月增加的无形资产，当月不摊销

C．企业应当在每个会计期间对使用寿命不确定的无形资产的使用寿命进行复核

D．企业报废无形资产时，借贷方差额记入“营业外支出”科目

（三）判断题

（1）“工程物资”科目用来核算企业基建、更新改造等在建工程发生的支出。（　　）

（2）当月增加的固定资产，当月不计提折旧。（　　）

（3）外购无形资产取得增值税普通发票的，其进项税额可以抵扣，计入应交税费。（　　）

（4）如果无形资产预期不能为企业带来经济利益，企业应将其报废并予以转销，其账面价值转入当期损益。（　　）

（四）实务题

（1）20×3 年，甲公司将本公司 20×1 年 5 月份购置的一台生产设备出售，该生产设备原价为 100 000 元，已计提折旧 20 000 元，未计提减值准备。甲公司出售设备取得的增值税专用发票上注明的价款为 60 000 元、增值税额为 7 800 元，出售过程中发生自行清理费用 2 000 元。以上款项均已用银行存款收付。

要求：根据上述经济业务编制相关的会计分录。

（2）20×1 年 1 月 1 日，甲公司用银行存款购入一项无形资产供行政管理部门使用，取得的增值税专用发票上注明的价款为 9 000 000 元、增值税额为 540 000 元。该无形资产预计使用寿命为 6 年，预计残值为零。20×2 年 12 月 31 日，与该无形资产相关的经济因素发生不利变化，致使其发生减值，无形资产的估计可收回金额为 3 750 000 元。计提减值准备后原预计使用寿命不变。20×4 年 12 月 31 日，与该无形资产相关的经济因素继续发生不利变化，致使其继续发生减值，无形资产的估计可收回金额为 1 500 000 元。计提减值准备后原预计使用寿命不变。20×5 年 1 月 5 日，甲公司出售该无形资产，实际取得价款 1 700 000 元、增值税额 102 000 元，款项已存入银行。甲公司采用直线法按年对该无形资产进行摊销。

要求：根据上述经济业务编制相关的会计分录。

项目六

长期股权投资和投资性房地产的核算

项目导读

长期股权投资是指投资方对被投资单位能实施控制或有重大影响的权益性投资，以及对其合营企业的权益性投资。长期股权投资的核算方法包括成本法和权益法。投资性房地产是指为赚取租金或资本增值，或两者兼有而持有的房地产。投资性房地产主要核算的是已出租的土地使用权、已出租的建筑物、持有并准备增值后转让的土地使用权，其核算方法包括以成本计量和以公允价值计量。不同的核算方法将直接影响企业的财务报表，因此，掌握长期股权投资和投资性房地产的核算方法至关重要。

知识目标

- 了解长期股权投资的科目设置，掌握长期股权投资的初始计量、后续计量、减值和处置的核算方法。
- 了解投资性房地产的科目设置，掌握投资性房地产的初始计量、后续计量和处置的核算方法。

技能目标

- 具有核算长期股权投资的能力。
- 具有核算投资性房地产的能力。

素养目标

- 强化风险意识，树立正确的投资理念。

任务一 核算长期股权投资

任务导入

长期股权投资是企业一项收益和风险并存的资产，是企业运用资金的重要方式。正确地核算长期股权投资，有助于企业准确地了解各项长期股权投资的盈利情况及风险状况，从而作出更加明智的投资决策。因此，小张积极学习长期股权投资的相关知识，以便正确地核算长期股权投资，真实、准确、完整地反映企业的投资状况，为企业管理者和投资者提供重要的决策依据。

本任务的知识和技能要求如表 6-1 所示。

表 6-1 知识和技能要求

类 型	具体内容	学习程度		
		了解	掌握	应用
知识要求	长期股权投资的科目设置	●		
	长期股权投资的初始计量		●	
	长期股权投资的后续计量		●	
	长期股权投资减值和处置的核算		●	
技能要求	编制甲公司长期股权投资相关的会计分录			●

班级__________ 姓名__________ 学号__________

任务工单 »

（一）任务描述

以小组为单位，编制甲公司长期股权投资相关的会计分录。

（二）任务分工

全班学生以 3～5 人为一组进行分组，每组设组长 1 名，小组讨论任务分工并将分工情况填写至表 6-2 中。

表 6-2 小组成员及分工情况

小组成员	姓 名	学 号	任务分工
组长			
组员			

（三）任务准备

请各组长组织组员观看“长期股权投资基础知识”视频，收集和整理相关资料，讨论并回答下列问题。

长期股权投资基础知识

（1）什么是长期股权投资？

（2）什么是控制、共同控制、重大影响？

（3）“长期股权投资”科目是如何设置的？

班级____________ 姓名____________ 学号____________

（四）任务实施

以小组为单位，假设不考虑其他因素的影响，根据甲公司 20×3 年发生的以下经济业务编制相关的会计分录。

（1）1 月 2 日，自非关联方买入申公司 60%的股权，购买价款为 20 000 000 元，相关税费为 200 000 元，款项已用银行存款支付，并于当日完成相关手续。当日起，甲公司能够对申公司实施控制，采用成本法核算该项股权投资。甲公司和申公司采用的会计政策及会计期间一致。

（2）2 月 25 日，申公司宣告分派现金股利 4 000 000 元。

（3）3 月 10 日，收到申公司分派的现金股利。

（五）任务评价

各组派代表展示任务实施成果，并配合指导老师完成表 6-3 所示的任务评价。

表 6-3 任务评价

<table>
<tr><th rowspan="2">评价项目</th><th rowspan="2">评价内容</th><th colspan="4">评价分数</th></tr>
<tr><th>分值</th><th>自评</th><th>组评</th><th>师评</th></tr>
<tr><td rowspan="3">职业素养（40%）</td><td>考勤、仪容仪表</td><td>10 分</td><td></td><td></td><td></td></tr>
<tr><td>责任意识、纪律意识</td><td>10 分</td><td></td><td></td><td></td></tr>
<tr><td>团队合作与交流</td><td>20 分</td><td></td><td></td><td></td></tr>
<tr><td rowspan="3">专业能力（60%）</td><td>任务准备的完成度</td><td>20 分</td><td></td><td></td><td></td></tr>
<tr><td>任务实施的完成度</td><td>20 分</td><td></td><td></td><td></td></tr>
<tr><td>任务实施成果的展示效果</td><td>20 分</td><td></td><td></td><td></td></tr>
<tr><td rowspan="2">合计</td><td>综合分数______自评（25%）+组评（25%）+师评（50%）</td><td>100 分</td><td></td><td></td><td></td></tr>
<tr><td>综合等级______</td><td colspan="4">指导老师签字__________</td></tr>
<tr><td>综合评价</td><td colspan="5"></td></tr>
</table>

一、长期股权投资的科目设置

为了核算长期股权投资的取得、持有和处置等情况，企业应设置“长期股权投资”科目。该科目借方登记取得股权时的实际投资成本或享有被投资单位权益的增加金额，贷方登记享有被投资单位权益的减少金额或股权投资处置的成本，期末余额在借方，反映企业持有的长期股权投资的价值。

“长期股权投资”科目可根据被投资单位设置明细科目。采用权益法核算长期股权投资时，“长期股权投资”科目还应当分别设置“投资成本”“损益调整”“其他综合收益”“其他权益变动”等明细科目。

二、长期股权投资的初始计量

长期股权投资可以通过不同的方式取得，除企业合并形成的长期股权投资外，还可通过其他方式取得。长期股权投资取得时，应按初始投资成本入账。

（一）企业合并形成的长期股权投资

企业合并是指将两个或者两个以上单独的企业合并形成一个报告主体的交易或事项。企业合并形成的长期股权投资，分为同一控制下企业合并形成的长期股权投资和非同一控制下企业合并形成的长期股权投资。

1. 同一控制下企业合并形成的长期股权投资

同一控制下企业合并是指参与合并的企业在合并前后均受同一方或相同的多方最终控制，且该控制并非暂时性的。例如，A 公司为 B 公司和 C 公司的母公司，A 公司将其持有的 B 公司的 70%股权转让给 C 公司，股权转让后，C 公司持有 B 公司 70%的股权，但 B 公司和 C 公司仍由 A 公司最终控制。

同一控制下的企业合并，在合并日取得对其他参与合并企业控制权的一方为合并方，参与合并的其他企业为被合并方。合并日是指合并方实际取得对被合并方控制权的日期。

同一控制下企业合并形成的长期股权投资的支付方式不同，其账务处理也有所不同。

（1）合并方以支付现金、转让非现金资产或承担债务方式作为合并对价的，应在合并日按照取得被合并方所有者权益在最终控制方合并财务报表中的账面价值的份额，借记“长期股权投资”科目，按支付的合并对价的账面价值，贷记或借记有关资产、负债科目，按借贷方差额，调整资本公积，若为贷方差额，贷记“资本公积——资本溢价（或股本溢价）”科目；若为借方差额，借记“资本公积——资本溢价（或股本溢价）”科目，资本公积不足冲减的，则依次借记“盈余公积”“利润分配——未分配利润”科目。

提　示

被合并方在合并日的净资产账面价值为负数的，长期股权投资成本按零确定，同时在备查簿中予以登记。

典型案例

例 6-1 甲公司和丁公司为同一母公司最终控制下的两家公司。20×3 年 6 月 30 日，甲公司用银行存款向母公司支付 80 000 000 元，取得丁公司 100%的股权，并于当日完成相关手续。当日起，甲公司能够对丁公司实施控制。合并后丁公司仍维持其独立法人地位持续经营。20×3 年 6 月 30 日，母公司合并报表中丁公司的净资产账面价值为 78 000 000 元。甲公司和丁公司采用的会计政策及会计期间一致，假设不考虑其他因素的影响，甲公司应编制的会计分录如下。

借：长期股权投资——丁公司　　78 000 000
　　资本公积——股本溢价　　2 000 000
　　贷：银行存款　　80 000 000

提　示

被投资单位采用的会计政策及会计期间与投资方不一致的，应当按照投资方的会计政策及会计期间对被投资单位的财务报表进行调整，并据以确认投资收益和其他综合收益等。

（2）合并方以发行权益性证券作为合并对价的，应当在合并日按照取得被合并方所有者权益在最终控制方合并财务报表中的账面价值的份额，借记“长期股权投资”科目，按发行股份的面值总额，贷记“股本”科目，按借贷方差额，调整资本公积，若为贷方差额，贷记“资本公积——股本溢价”科目；若为借方差额，借记“资本公积——股本溢价”科目，资本公积不足冲减的，则依次借记“盈余公积”“利润分配——未分配利润”科目。

典型案例

例 6-2 甲公司和丙公司为同一母公司最终控制下的两家公司。20×3 年 12 月 31 日，甲公司向母公司发行 40 000 000 股普通股（每股面值为 1 元，市场发行价格为 2.58 元），取得丙公司 100%的股权，并于当日完成相关手续。当日起，甲公司能够对丙公司实施控制。合并后丙公司仍维持其独立法人地位持续经营。20×3 年 12 月 31 日，母公司合并报表中丙公司的净资产账面价值为 52 000 000 元。甲公司和丙公司采用的会计政策及会计期间一致，假设不考虑其他因素的影响，甲公司应编制的会计分录如下。

借：长期股权投资——丙公司　　52 000 000
　　贷：股本　　40 000 000
　　　　资本公积——股本溢价　　12 000 000

提　示

企业合并中，合并方为进行企业合并发生的各项直接相关费用，包括为进行企业合并而支付的审计费用、评估费用、法律服务费用等，应当于发生时计入当期损益。

企业合并中，为企业合并发行的债券或承担其他债务支付的手续费、佣金等，应当计入所发行债券及其他债务的初始计量金额。企业合并中发行权益性证券发生的手续费、佣金等费用，应当抵减权益性证券溢价收入，溢价收入不足冲减的，冲减留存收益。

2．非同一控制下企业合并形成的长期股权投资

非同一控制下企业合并是指参与合并的各方在合并前后不受同一方或相同的多方最终控制的情况下进行的合并。非同一控制下的企业合并，在购买日取得对其他参与合并企业控制权的一方为购买方，参与合并的其他企业为被购买方。购买日是指购买方实际取得对被购买方控制权的日期。

非同一控制下企业合并形成的长期股权投资的支付方式不同，其账务处理也有所不同。

（1）购买方以支付现金、转让非现金资产或承担债务方式等作为合并对价的，应在购买日按照购买方付出的资产、发生或承担的负债的公允价值，借记“长期股权投资”科目，按支付的合并对价的账面价值，贷记或借记有关资产、负债科目，按发生的直接相关费用（如资产处置费用），贷记“银行存款”等科目，按借贷方差额，贷记“主营业务收入”“资产处置损益”“投资收益”等科目，或借记“主营业务成本”“资产处置损益”“管理费用”等科目。

例 6-3　甲公司和戊公司为非同一控制下的两家独立公司。20×3 年 7 月 20 日，甲公司以其固定资产投资戊公司，取得戊公司 60%的股权，并于当日完成相关手续。当日起，甲公司能够对戊公司实施控制。该固定资产原价为 600 000 元，已计提折旧 180 000 元，已计提减值准备 50 000 元。20×3 年 7 月 20 日，该固定资产的公允价值为 585 000 元。甲公司和戊公司采用的会计政策及会计期间一致，假设不考虑其他因素的影响，甲公司应编制的会计分录如下。

（1）将固定资产转入固定资产清理时：

借：固定资产清理	370 000	
累计折旧	180 000	
固定资产减值准备	50 000	
贷：固定资产		600 000

（2）取得长期股权投资时：

借：长期股权投资——戊公司	585 000	
贷：固定资产清理		370 000
资产处置损益		215 000

（2）购买方以发行权益性证券作为合并对价的，应在购买日按照发行的权益性证券的公允价值，借记“长期股权投资”科目，按照发行的权益性证券的面值总额，贷记“股本”科目，按借贷方差额，贷记“资本公积——股本溢价”科目。

典型案例

例 6-4 甲公司和癸公司为非同一控制下的两家独立公司。20×3 年 8 月 31 日，甲公司以发行 8 000 000 股普通股（每股面值为 1 元，市场发行价格为 3 元）取得癸公司 60%的股权，并于当日完成相关手续。当日起，甲公司能够对癸公司实施控制。甲公司和癸公司采用的会计政策及会计期间一致，假设不考虑其他因素的影响，甲公司应编制的会计分录如下。

借：长期股权投资——癸公司　　24 000 000
　贷：股本　　8 000 000
　　资本公积——股本溢价　　16 000 000

（二）非企业合并形成的长期股权投资

企业以非企业合并方式形成的长期股权投资，应按照现金、非现金资产的公允价值或按照非货币性资产交换准则、债务重组准则确定的初始投资成本，借记“长期股权投资”科目，贷记“银行存款”等科目，贷记或借记“资产处置损益”等处置非现金资产相关的科目。

提 示

根据《小企业会计准则》的规定，以支付现金取得的长期股权投资，应当按照购买价款（扣除已宣告但尚未发放的现金股利）和相关税费作为成本进行计量；通过非货币性资产交换取得的长期股权投资，应当按照换出非货币性资产的评估价值和相关税费作为成本进行计量。

典型案例

例 6-5 20×3 年 9 月 5 日，甲公司自非关联方买入乙公司 20%的股权，购买价款为 35 000 000 元，款项已用银行存款支付，并于当日完成相关手续。当日起，甲公司能够对乙公司施加重大影响。甲公司和乙公司采用的会计政策及会计期间一致，假设不考虑其他因素的影响，甲公司应编制的会计分录如下。

借：长期股权投资——乙公司　　35 000 000
　贷：银行存款　　35 000 000

提 示

企业无论以何种方式取得长期股权投资，支付对价中包含的被投资单位已宣告但尚未发放的现金股利或利润，应作为应收款项单独核算，不构成取得长期股权投资的初始投资成本。

三、长期股权投资的后续计量

长期股权投资在持有期间，根据投资方对被投资单位的影响程度，分别采用成本法及权益法进行核算。

（一）成本法

成本法是指长期股权投资按投资成本计价的一种方法。投资方能够对被投资单位实施控制的长期股权投资（对子公司的投资）应当采用成本法核算。采用成本法核算的长期股权投资，其具体账务处理如下。

（1）初始投资或追加投资时，按初始投资或追加投资的成本，借记“长期股权投资”科目，按取得投资支付的对价，贷记“银行存款”等科目。

（2）被投资单位宣告分派现金股利或利润时，投资方应按照本企业应享有的部分，借记“应收股利”科目，贷记“投资收益”科目。收到被投资单位分派的股票股利时，投资方不进行账务处理，但应在备查簿中予以登记。

提　示

根据《小企业会计准则》的规定，小企业的长期股权投资应当采用成本法进行核算。

典型案例

例 6-6 20×3 年 9 月 20 日，甲公司自非关联方买入己公司 60%的股权，购买价款为 5 000 000 元，款项已用银行存款支付，并于当日完成相关手续。当日起，甲公司能够对己公司实施控制，采用成本法核算该项股权投资。20×3 年 10 月 20 日，己公司宣告分派现金股利，甲公司按持股比例可取得 300 000 元。20×3 年 11 月 1 日，甲公司收到己公司分派的现金股利。甲公司和己公司采用的会计政策及会计期间一致，假设不考虑其他因素的影响，甲公司应编制的会计分录如下。

（1）取得长期股权投资时：

借：长期股权投资——己公司　　5 000 000

　贷：银行存款　　5 000 000

（2）被投资单位宣告分派现金股利时：

借：应收股利　　300 000

　贷：投资收益　　300 000

（3）收到现金股利时：

借：银行存款　　300 000

　贷：应收股利　　300 000

（二）权益法

权益法是指长期股权投资取得时以初始投资成本计价，以后根据投资方享有被投资单位所有者权益份额的变动对投资的账面价值进行调整的一种方法。投资方对联营企业和合营企业的长期股权投资应当采用权益法核算。采用权益法核算的长期股权投资，其具体账务处理如下。

（1）初始投资或追加投资时，按初始投资或追加投资的成本，借记“长期股权投资——投资成本”科目，按取得投资支付的对价，贷记“银行存款”等科目。

（2）初始投资成本的调整。长期股权投资的初始投资成本大于投资时应享有被投资单位可辨认净资产公允价值份额的，不调整长期股权投资的初始投资成本；长期股权投资的初始投资成本小于投资时应享有被投资单位可辨认净资产公允价值份额的，应按其差额计入当期损益，同时调整长期股权投资的初始投资成本，借记“长期股权投资——投资成本”科目，贷记“营业外收入”科目。

典型案例

例 6-7 20×3 年 1 月 1 日，甲公司自非关联方买入庚公司 25%的股权，购买价款为 17 000 000 元，款项已用银行存款支付，并于当日完成相关手续。当日起，甲公司能够对庚公司施加重大影响，采用权益法核算该项股权投资。取得投资时，庚公司可辨认净资产的公允价值为 80 000 000 元。甲公司和庚公司采用的会计政策及会计期间一致，假设不考虑其他因素的影响，甲公司应编制的会计分录如下。

（1）取得长期股权投资时：

借：长期股权投资——庚公司——投资成本　　17 000 000
　贷：银行存款　　17 000 000

（2）调整长期股权投资账面价值时：

投资时，长期股权投资的初始投资成本（17 000 000 元）小于投资时应享有被投资单位可辨认净资产公允价值份额（80 000 000×25%=20 000 000 元），所以按其差额（3 000 000 元）计入营业外收入，同时调增长期股权投资的初始投资成本。

借：长期股权投资——庚公司——投资成本　　3 000 000
　贷：营业外收入　　3 000 000

（3）上述分录可以合并为：

借：长期股权投资——庚公司——投资成本　　20 000 000
　贷：银行存款　　17 000 000
　　　营业外收入　　3 000 000

（3）投资损益的确认。资产负债表日，被投资单位实现净利润时，投资方应当按照本企业应享有的部分（以取得投资时被投资单位可辨认净资产的公允价值为基础计算），借记

"长期股权投资——损益调整"科目，贷记"投资收益"科目。

被投资单位发生净亏损时，做相反的会计分录，但以"长期股权投资"科目的账面价值减记至零为限；还需承担的投资损失，应将其他实质上构成对被投资单位净投资的"长期应收款"等科目的账面价值减记至零为限；除按照以上步骤已确认的损失外，按照投资合同或协议约定仍将承担的损失，确认为预计负债。发生亏损的被投资单位以后实现净利润的，应按与上述相反的顺序进行账务处理。

例 6-8　承【例 6-7】，20×4 年 12 月 31 日，庚公司实现净利润 5 000 000 元。20×5 年 12 月 31 日，庚公司发生净亏损 84 000 000 元，甲公司拥有的关于庚公司的长期股权投资账面价值为 19 000 000 元，甲公司应收庚公司实质上具有权益性质的长期应收款为 2 000 000 元。甲公司应编制的会计分录如下。

（1）20×4 年 12 月 31 日，实现净利润时：

甲公司应享有的投资收益=5 000 000×25%=1 250 000（元）。

借：长期股权投资——庚公司——损益调整　　　1 250 000

　　贷：投资收益　　　1 250 000

（2）20×5 年 12 月 31 日，发生净亏损时：

甲公司应承担的投资损失=84 000 000×25%=21 000 000（元）。

甲公司以长期股权投资账面价值和具有权益性质的长期应收款为限确认的投资损失=19 000 000+2 000 000=21 000 000（元）。

借：投资收益　　　21 000 000

　　贷：长期股权投资——庚公司——损益调整　　　19 000 000

　　　　长期应收款——庚公司　　　2 000 000

（4）被投资单位宣告分派现金股利或利润的会计处理。取得长期股权投资后，被投资单位宣告分派现金股利或利润时，投资方应当按照本企业应享有的部分，借记"应收股利"科目，贷记"长期股权投资——损益调整"科目。收到被投资单位分派的股票股利时，不进行账务处理，但应在备查簿中予以登记。

（5）被投资单位其他综合收益变动的调整。被投资单位其他综合收益发生变动的，投资方应当按照本企业应享有或分担的部分，确认其他综合收益，同时调整长期股权投资的账面价值，借记或贷记"长期股权投资——其他综合收益"科目，贷记或借记"其他综合收益"科目。

例 6-9　承【例 6-7】，20×3 年 6 月 5 日，庚公司因持有的其他债权投资公允价值升高，使其他综合收益增加了 600 000 元。甲公司应编制的会计分录如下。

甲公司应确认的其他综合收益=600 000×25%=150 000（元）。

借：长期股权投资——庚公司——其他综合收益　　150 000
　　贷：其他综合收益　　150 000

（6）被投资单位除净损益、其他综合收益和利润分配以外的所有者权益的其他变动的调整。被投资单位发生除净损益、其他综合收益和利润分配以外的所有者权益的其他变动时，投资方应当按照本企业应享有或分担的部分计入所有者权益，同时调整长期股权投资的账面价值，借记或贷记“长期股权投资——其他权益变动”科目，贷记或借记“资本公积——其他资本公积”科目。

典型案例

例 6-10　承【例 6-7】，20×3 年 7 月 5 日，庚公司的母公司捐赠给庚公司 500 000 元，该捐赠实质上属于资本性投入，庚公司将其计入资本公积。甲公司应编制的会计分录如下。

甲公司应确认的享有庚公司所有者权益的其他变动=500 000×25%=125 000（元）。

借：长期股权投资——庚公司——其他权益变动　　125 000
　　贷：资本公积——其他资本公积　　125 000

四、长期股权投资减值和处置的核算

（一）长期股权投资的减值

资产负债表日，长期股权投资存在减值迹象的，经减值测试后确定发生减值的，应计提减值准备，按应减记的金额，借记“资产减值损失”科目，贷记“长期股权投资减值准备”科目。长期股权投资减值损失一经确认，在以后会计期间不得转回。

提　示

根据《小企业会计准则》的规定，小企业的长期股权投资损失应当于实际发生时计入营业外支出，同时冲减长期股权投资账面余额。

典型案例

例 6-11　20×3 年 12 月 31 日，甲公司持有的一项长期股权投资的账面价值为 5 600 000 元，可收回金额为 5 300 000 元。甲公司应编制的会计分录如下。

该长期股权投资应计提的减值准备=5 600 000−5 300 000=300 000（元）。

借：资产减值损失　　300 000
　　贷：长期股权投资减值准备　　300 000

（二）长期股权投资的处置

处置长期股权投资时，应按实际收到的金额，借记“银行存款”等科目，按已计提的长

期股权投资减值准备，借记“长期股权投资减值准备”科目，按其账面余额，贷记“长期股权投资”科目，按已确认但尚未领取的现金股利或利润，贷记“应收股利”科目，按借贷方差额，贷记或借记“投资收益”科目。

处置采用权益法核算的长期股权投资时，除上述规定外，还应结转原计入其他综合收益（不能结转损益的除外）或资本公积的相关金额，借记或贷记“其他综合收益”“资本公积——其他资本公积”科目，贷记或借记“投资收益”科目。

典型案例

例 6-12　承【例 6-6】，20×4 年 9 月 30 日，甲公司出售持有的己公司 60%的股权，该长期股权投资的投资成本为 5 000 000 元，出售取得价款 5 500 000 元，款项已存入银行。甲公司应编制的会计分录如下。

借：银行存款	5 500 000
贷：长期股权投资——己公司	5 000 000
投资收益	500 000

任务拓展　编制甲公司长期股权投资相关的会计分录 »

甲公司持有辛公司 25%的股权，能够对辛公司施加重大影响，采用权益法核算该项股权投资。20×3 年 6 月 1 日，甲公司出售持有的辛公司 25%的股权，出售时，甲公司对辛公司长期股权投资的账面价值构成为：投资成本 17 000 000 元，损益调整 150 000 元，可转入损益的其他综合收益 150 000 元，可转入损益的其他权益变动 125 000 元。出售取得价款 19 000 000 元，款项已存入银行。

要求：假设不考虑其他因素的影响，编制甲公司长期股权投资相关的会计分录。

6-1 任务拓展参考答案

任务二 核算投资性房地产

任务导入 »

投资性房地产是企业的一种经营性活动，经营方式主要是出租赚取租金或持有并准备增值后转让。正确地核算投资性房地产，有助于企业准确地了解投资性房地产的使用情况，从而作出更科学、合理的投资性房地产相关的投资决策，优化资源配置，降低风险，提高经济效益。因此，小张积极学习投资性房地产的相关知识，以便正确地核算投资性房地产，提高投资性房地产的管理效率。

本任务的知识和技能要求如表 6-4 所示。

表 6-4 知识和技能要求

类 型	具体内容	学习程度		
		了解	掌握	应用
知识要求	投资性房地产的科目设置	●		
	投资性房地产的初始计量		●	
	投资性房地产的后续计量		●	
	投资性房地产处置的核算		●	
技能要求	编制甲公司投资性房地产相关的会计分录			●

班级____________　姓名____________　学号____________

任务工单

（一）任务描述

以小组为单位，编制甲公司投资性房地产相关的会计分录。

（二）任务分工

全班学生以3～5人为一组进行分组，每组设组长1名，小组讨论任务分工并将分工情况填写到表6-5中。

表6-5　小组成员及分工情况

小组成员	姓　名	学　号	任务分工
组长			
组员			

（三）任务准备

请各组长组织组员观看“投资性房地产基础知识”视频，收集和整理相关资料，讨论并回答下列问题。

投资性房地产基础知识

（1）什么是投资性房地产？投资性房地产的范围包括什么？

（2）投资性房地产的计量模式有哪些？

（3）“投资性房地产”科目是如何设置的？

班级＿＿＿＿＿＿　姓名＿＿＿＿＿＿　学号＿＿＿＿＿＿

（四）任务实施

以小组为单位，假设不考虑其他因素的影响，根据甲公司 20×3 年发生的以下经济业务编制相关的会计分录。

（1）1 月 1 日，与丙公司签订一份租赁合同，约定自 1 月 1 日起将一栋办公楼出租给丙公司使用，租赁期为 1 年。甲公司将该办公楼确认为投资性房地产，采用成本模式对其进行后续计量。该办公楼的成本为 12 000 000 元，按照直线法计提折旧，预计使用寿命为 20 年，预计净残值为零。

（2）按合同约定，每月收取租金 60 000 元、增值税额 5 400 元。

（3）12 月 31 日，该办公楼发生减值迹象，经减值测试，该办公楼的资产减值损失为 3 000 000 元。

（五）任务评价

各组派代表展示任务实施成果，并配合指导老师完成表 6-6 所示的任务评价。

表 6-6　任务评价

<table>
<tr><th rowspan="2">评价项目</th><th rowspan="2">评价内容</th><th colspan="4">评价分数</th></tr>
<tr><th>分值</th><th>自评</th><th>组评</th><th>师评</th></tr>
<tr><td rowspan="3">职业素养（40%）</td><td>考勤、仪容仪表</td><td>10 分</td><td></td><td></td><td></td></tr>
<tr><td>责任意识、纪律意识</td><td>10 分</td><td></td><td></td><td></td></tr>
<tr><td>团队合作与交流</td><td>20 分</td><td></td><td></td><td></td></tr>
<tr><td rowspan="3">专业能力（60%）</td><td>任务准备的完成度</td><td>20 分</td><td></td><td></td><td></td></tr>
<tr><td>任务实施的完成度</td><td>20 分</td><td></td><td></td><td></td></tr>
<tr><td>任务实施成果的展示效果</td><td>20 分</td><td></td><td></td><td></td></tr>
<tr><td rowspan="2">合计</td><td>综合分数＿＿＿自评（25%）+组评（25%）+师评（50%）</td><td>100 分</td><td></td><td></td><td></td></tr>
<tr><td>综合等级＿＿＿</td><td colspan="4">指导老师签字＿＿＿＿＿＿</td></tr>
<tr><td>综合评价</td><td colspan="5"></td></tr>
</table>

一、投资性房地产的科目设置

投资性房地产应当按照成本进行初始计量。投资性房地产的取得方式不同，其成本构成也不同：① 外购投资性房地产的成本，包括购买价款、相关税费和可直接归属于该资产的其他支出；② 自行建造投资性房地产的成本，由建造该项资产达到预定可使用状态前所发生的必要支出构成，包括土地开发费、建筑成本、安装成本、应予以资本化的借款费用、支付的其他费用和分摊的间接费用等；③ 以其他方式取得的投资性房地产的成本，按照相关会计准则的规定确定。

为了核算投资性房地产的取得、持有和处置等情况，企业应当设置"投资性房地产"科目。该科目借方登记投资性房地产的增加，贷方登记投资性房地产的减少，期末余额在借方，反映企业持有的投资性房地产的成本或公允价值。

"投资性房地产"科目可根据其类别和项目（如厂房、已出租土地使用权等）设置明细科目。采用公允价值模式计量投资性房地产时，"投资性房地产"科目还应当分别设置"成本""公允价值变动"等明细科目。

二、投资性房地产的初始计量

（一）投资性房地产的取得

1. 外购的投资性房地产

企业外购的投资性房地产，按取得时的实际成本，借记"投资性房地产"科目（采用成本模式进行后续计量）或"投资性房地产——成本"科目（采用公允价值模式进行后续计量），按取得的增值税专用发票上注明的增值税额，借记"应交税费——应交增值税（进项税额）"科目，按实际支付或应支付的金额，贷记"银行存款""应付账款"等科目。

提　示

> 企业外购或自行建造的房地产，只有在购入或自行建造活动完成（即达到预定可使用状态）的同时开始对外出租或用于资本增值，才能作为投资性房地产加以确认。
>
> 企业外购房地产或自行建造房地产达到预定可使用状态后，先自用一段时间再改为出租或用于资本增值的，应当先将外购或自行建造的房地产确认为固定资产、无形资产或存货，自租赁开始日或用于资本增值之日起，才能从固定资产、无形资产或存货转换为投资性房地产。

典型案例

例 6-13 20×3 年 6 月 1 日，甲公司购入一栋写字楼并出租给乙公司使用，取得的增值税专用发票上注明的价款为 6 000 000 元、增值税额为 540 000 元，款项已用银行存款支付。假设甲公司采用成本模式对出租给乙公司的写字楼进行后续计量，不考虑其他因素的影响，甲公司应编制的会计分录如下。

借：投资性房地产——写字楼　　6 000 000
　　应交税费——应交增值税（进项税额）　　540 000
　　贷：银行存款　　6 540 000

2. 自行建造的投资性房地产

企业自行建造的投资性房地产，按确定的自行建造投资性房地产成本，借记“投资性房地产”科目（采用成本模式进行后续计量）或“投资性房地产——成本”科目（采用公允价值模式进行后续计量），贷记“在建工程”“开发成本”等科目。建造中发生的非正常性损失直接计入当期损益，不计入建造成本。

典型案例

例 6-14 甲公司从其他单位购入一块使用期限为 50 年的土地，并在该块土地上开始自行建造两栋厂房。20×3 年 12 月 1 日，甲公司与乙公司签订经营租赁合同，约定自厂房完工日起将其中一栋厂房出租给乙公司使用。20×3 年 12 月 10 日，两栋厂房同时完工达到预定可使用状态并交付使用。该块土地使用权成本为 10 000 000 元。至 20×3 年 12 月 10 日，土地使用权累计摊销金额为 150 000 元；两栋厂房的实际造价均为 6 000 000 元，能够单独出售。两栋厂房各自占用该块土地面积的一半。假设甲公司采用成本模式对出租给乙公司的厂房进行后续计量，不考虑其他因素的影响，甲公司应编制的会计分录如下。

（1）两栋厂房同时完工达到预定可使用状态并交付使用时：

借：固定资产——厂房　　6 000 000
　　投资性房地产——厂房　　6 000 000
　　贷：在建工程——厂房　　12 000 000

（2）将出租厂房应分摊的土地使用权转换为投资性房地产时：

借：投资性房地产——已出租土地使用权　　5 000 000
　　累计摊销　　75 000
　　贷：无形资产——土地使用权　　5 000 000
　　　　投资性房地产累计摊销　　75 000

（二）投资性房地产的后续支出

1. 资本化的后续支出

与投资性房地产有关的后续支出，满足投资性房地产确认条件的，应当计入投资性房地产成本。例如，企业为了提高投资性房地产的使用效能，对投资性房地产进行改建、扩建使其更加坚固耐用，或者通过装修改善室内装潢，改扩建或装修支出满足投资性房地产确认条件的，应当将其资本化。

采用成本模式计量的投资性房地产进入改扩建或装修阶段后，应将其账面价值转入改扩

建工程，借记“投资性房地产——在建”“投资性房地产累计折旧”等科目，贷记“投资性房地产”科目；发生资本化的改扩建支出或装修支出，借记“投资性房地产——在建”科目，贷记“银行存款”“应付账款”等科目；改扩建或装修完成后，借记“投资性房地产”科目，贷记“投资性房地产——在建”科目。

采用公允价值模式计量的投资性房地产进入改扩建或装修阶段后，应将其账面价值转入改扩建工程，借记“投资性房地产——在建”科目，贷记“投资性房地产——成本”科目，借记或贷记“投资性房地产——公允价值变动”科目；改扩建或装修完成后，借记“投资性房地产——成本”科目，贷记“投资性房地产——在建”科目。

提 示

> 企业对某项投资性房地产进行改扩建等再开发且将来仍作为投资性房地产的，再开发期间应继续将其作为投资性房地产，不计提折旧或摊销。

2. 费用化的后续支出

与投资性房地产有关的后续支出，不满足投资性房地产确认条件的（如企业对投资性房地产进行日常维护所发生的支出），应当在发生时计入当期损益，借记“其他业务成本”等科目，贷记“银行存款”等科目。

三、投资性房地产的后续计量

投资性房地产的后续计量可以选择成本模式或公允价值模式，但同一企业只能采用一种模式对其所有投资性房地产进行后续计量。企业对投资性房地产的计量模式一经确定，不得随意变更。已采用公允价值模式计量的投资性房地产，不得从公允价值模式转为成本模式。

（一）成本模式下投资性房地产的后续计量

企业通常应当采用成本模式对投资性房地产进行后续计量。采用成本模式进行后续计量的投资性房地产，其具体账务处理如下。

（1）按期（月）计提折旧或摊销，借记“其他业务成本”等科目，贷记“投资性房地产累计折旧”“投资性房地产累计摊销”科目。

（2）出租投资性房地产取得的租金收入，借记“银行存款”等科目，贷记“其他业务收入”“应交税费——应交增值税（销项税额）”等科目。

（3）投资性房地产存在减值迹象的，经减值测试后确定发生减值的，应计提减值准备，借记“资产减值损失”科目，贷记“投资性房地产减值准备”科目。投资性房地产减值损失一经确认，在以后会计期间不得转回。

典型案例

例 6-15 承【例 6-13】，该写字楼的成本为 6 000 000 元，按照年限平均法计提折旧，预计使用寿命为 20 年，预计净残值为零。按合同约定，乙公司每月等额支付甲公司租金

50 000元、增值税额4 500元。甲公司应编制的会计分录如下。

（1）每月，计提该写字楼折旧时：

每月计提的折旧=（6 000 000÷20）÷12=25 000（元）。

借：其他业务成本　　25 000

　　贷：投资性房地产累计折旧　　25 000

（2）每月，确认出租写字楼收入时：

借：银行存款　　54 500

　　贷：其他业务收入　　50 000

　　　　应交税费——应交增值税（销项税额）　　4 500

（二）公允价值模式下投资性房地产的后续计量

在有确凿证据表明投资性房地产的公允价值能够持续可靠取得的情况下，企业才可以采用公允价值模式对投资性房地产进行后续计量。企业一旦选择采用公允价值计量模式，就应当对其所有投资性房地产均采用公允价值模式进行后续计量。

提　示

采用公允价值模式计量的投资性房地产，应当同时满足以下两个条件：① 投资性房地产所在地有活跃的房地产交易市场；② 企业能够从房地产交易市场上取得同类或类似房地产的市场价格及其他相关信息，从而对投资性房地产的公允价值作出合理的估计。

采用公允价值模式进行后续计量的投资性房地产，其具体账务处理如下。

（1）投资性房地产不计提折旧或摊销。资产负债表日，企业应当以投资性房地产的公允价值为基础调整其账面价值，若投资性房地产的公允价值高于其账面余额，借记“投资性房地产——公允价值变动”科目，贷记“公允价值变动损益”科目；若投资性房地产的公允价值低于其账面余额，做相反的会计分录。

（2）出租投资性房地产取得的租金收入，借记“银行存款”等科目，贷记“其他业务收入”“应交税费——应交增值税（销项税额）”等科目。投资性房地产若属于企业主营业务，则通过“主营业务收入”科目和“主营业务成本”科目核算相关损益。

典型案例

例6-16　20×3年12月1日，甲公司将当日建造完成的一间厂房出租给乙公司使用，租赁期为10年。该厂房所在区域有活跃的房地产交易市场，而且能够从房地产交易市场上取得同类房地产的市场报价。假设甲公司采用公允价值模式对出租的该项厂房进行后续计量。20×3年12月1日，该厂房的工程造价为120 000元，公允价值也为相同金额。20×3年12月31日该厂房的公允价值为126 000元。假设不考虑其他因素的影响，甲公司应编制的会计分录如下。

（1）12 月 1 日，出租厂房时：

借：投资性房地产——厂房——成本　　120 000

　贷：在建工程　　120 000

（2）12 月 31 日，根据公允价值调整已出租厂房的账面价值时：

借：投资性房地产——厂房——公允价值变动　　6 000

　贷：公允价值变动损益——投资性房地产　　6 000

四、投资性房地产处置的核算

当投资性房地产被处置，或者永久退出使用且预计不能从其处置中取得经济利益时，应当终止确认该投资性房地产。

企业出售、转让、报废投资性房地产或者发生投资性房地产损毁，应当将处置收入扣除其账面价值和相关税费后的金额计入当期损益。

（一）成本模式下投资性房地产的处置

处置采用成本模式计量的投资性房地产时，按实际收到的金额，借记“银行存款”等科目，按取得的增值税专用发票上注明的价款，贷记“其他业务收入”科目，按取得的增值税专用发票上注明的增值税额，贷记“应交税费——应交增值税（销项税额）”科目；按该项投资性房地产的账面价值，借记“其他业务成本”科目，按其账面余额，贷记“投资性房地产”科目，按照已计提的折旧或摊销，借记“投资性房地产累计折旧”“投资性房地产累计摊销”科目，原已计提减值准备的，借记“投资性房地产减值准备”科目。

（二）公允价值模式下投资性房地产的处置

处置采用公允价值模式计量的投资性房地产时，按实际收到的金额，借记“银行存款”等科目，按取得的增值税专用发票上注明的价款，贷记“其他业务收入”科目，按取得的增值税专用发票上注明的增值税额，贷记“应交税费——应交增值税（销项税额）”科目；按该项投资性房地产的账面余额，借记“其他业务成本”科目，按其成本，贷记“投资性房地产——成本”科目，按其累计公允价值变动，贷记或借记“投资性房地产——公允价值变动”科目；同时，将该项投资性房地产累计公允价值变动转入其他业务成本，借记或贷记“公允价值变动损益”科目，贷记或借记“其他业务成本”科目；若存在原转换日计入其他综合收益的金额，也一并转入其他业务成本，借记“其他综合收益”科目，贷记“其他业务成本”科目。

例 6-17　甲公司将对外出租的一栋写字楼确认为投资性房地产，租赁期满，将该写字楼出售给丙公司，开具的增值税专用发票上注明的价款为 300 000 元、增值税额为 27 000 元，款项已收到并存入银行。假设不考虑其他因素的影响，甲公司应编制的会计分录如下。

（1）假设甲公司采用成本模式对投资性房地产进行计量。出售时，该写字楼的账面余额为 270 000 元，已计提折旧 30 000 元。

借：银行存款　　327 000
　贷：其他业务收入　　300 000
　　应交税费——应交增值税（销项税额）　　27 000
借：其他业务成本　　240 000
　投资性房地产累计折旧　　30 000
　贷：投资性房地产——写字楼　　270 000

（2）假设甲公司采用公允价值模式对投资性房地产进行计量。出售时，该写字楼的账面余额为 270 000 元，其中成本为 240 000 元，公允价值变动为 30 000 元。

借：银行存款　　327 000
　贷：其他业务收入　　300 000
　　应交税费——应交增值税（销项税额）　　27 000
借：其他业务成本　　270 000
　贷：投资性房地产——写字楼——成本　　240 000
　　　　　　　　　　　——公允价值变动　　30 000
借：公允价值变动损益——投资性房地产　　30 000
　贷：其他业务成本　　30 000

任务拓展　编制甲公司投资性房地产相关的会计分录 »

20×3 年 6 月 10 日，甲公司与丙公司的厂房租赁合同到期。该厂房的成本为 5 000 000 元，已计提折旧 1 000 000 元。为了提高该厂房的租金收入，甲公司将该厂房转入改扩建工程，并与丁公司签订一份租赁合同，约定自改扩建完工日起将该厂房出租给丁公司。改扩建期间共发生改扩建支出 800 000 元，款项已用银行存款支付。该改扩建支出属于投资性房地产的后续支出，符合投资性房地产确认条件。20×3 年 12 月 10 日，该厂房改扩建工程完工达到预定可使用状态并交付给丁公司使用。

要求：假设甲公司采用成本模式对投资性房地产进行计量，不考虑其他因素的影响，编制甲公司投资性房地产相关的会计分录。

6-2 任务拓展参考答案

素养之窗

当代大学生应强化风险意识，树立正确的投资理念，不做“一夜暴富”的美梦，始终保持清醒的头脑和坚定的信念，加强风险识别和评估能力，提高风险化解能力。

项目实训

（一）实训要求

编制甲公司长期股权投资和投资性房地产相关的会计分录，掌握长期股权投资和投资性房地产的核算方法。

（二）实训内容

（1）20×1 年 1 月 1 日，甲公司自非关联方买入戊公司 20%的股权，将其确认为长期股权投资。该股权的购买价款为 220 000 元，款项已用银行存款支付，并于当日完成相关手续。当日起，甲公司能够对戊公司施加重大影响，采用权益法核算该项股权投资。甲公司和戊公司采用的会计政策及会计期间一致。取得投资时，戊公司可辨认净资产的公允价值为 1 000 000 元。20×1 年度，戊公司发生净亏损 300 000 元，其他综合收益增加 100 000 元。20×2 年 12 月 31 日，甲公司确认长期股权投资减值损失 40 000 元。20×3 年度，戊公司实现净利润 250 000 元。

要求：假设不考虑其他因素的影响，根据上述经济业务编制相关的会计分录。

（2）甲公司自行建造一栋写字楼，工程造价为 30 000 000 元。甲公司采用直线法对该写字楼计提折旧。20×3 年 1 月 1 日，该写字楼账面余额为 30 000 000 元，已计提折旧 10 000 000 元，预计净残值为零，尚可使用年限为 20 年。甲公司按净利润的 10%计提盈余公积。假设甲公司采用成本模式对投资性房地产进行计量。以下款项均已用银行存款收付。

① 20×3 年 1 月 1 日，甲公司与乙公司签订一份租赁合同，约定自 20×3 年 1 月 1 日起将该写字楼出租给乙公司使用，租赁期为 1 年，年租金为 3 000 000 元，增值税额为 270 000 元，年末一次支付。租赁期间，由甲公司提供该写字楼的日常维护。

② 20×3 年，该写字楼共发生日常维护费用 400 000 元；20×3 年 12 月 31 日，该写字楼发生减值迹象，经减值测试，其可收回金额为 17 000 000 元。

③ 20×4 年 1 月 1 日，甲公司对该写字楼进行再开发，6 月 30 日，该写字楼再开发完工达到预定可使用状态并交付使用。交付当日，甲公司将该写字楼出租给丙公司使用。再开发期间，共发生资本化的再开发支出 2 000 000 元。

要求：假设不考虑其他因素的影响，根据上述经济业务编制相关的会计分录。

项目考核

（一）单项选择题

（1）根据会计准则的规定，下列选项中应采用成本法进行后续计量的长期股权投资是（　　）。

A. 投资方持有的对子公司的长期股权投资

B. 投资方持有的对合营企业的长期股权投资

C. 投资方持有的对联营企业的长期股权投资

D. 投资方对被投资单位不具有控制、共同控制或重大影响的股权投资

（2）甲公司以250万元取得某公司 30%的股权，取得投资时，被投资单位可辨认净资产的公允价值为900万元，甲公司能够对该公司施加重大影响，采用权益法核算该项股权投资，则甲公司计入长期股权投资的金额为（　　）万元。

A. 900　　B. 270

C. 250　　D. 650

（3）采用公允价值模式进行后续计量的投资性房地产，资产负债表日，投资性房地产的公允价值高于其账面余额时，借记（　　）科目。

A. “主营业务收入”

B. “营业外收入”

C. “投资收益”

D. “投资性房地产——公允价值变动”

（4）甲公司处置一项以公允价值模式计量的投资性房地产，实际收到的金额为100万元，投资性房地产的账面余额为80万元，其中成本为70万元，公允价值变动为10万元。假设不考虑其他因素的影响，处置该投资性房地产的净收益为（　　）万元。

A. 30　　B. 20　　C. 40　　D. 10

（二）多项选择题

（1）采用权益法核算时，下列选项中，会引起长期股权投资账面价值发生变动的有（　　）。

A. 实际支付的价款或对价中包含的已宣告但尚未发放的现金股利或利润

B. 被投资单位实现的净利润

C. 被投资单位其他综合收益发生的变动

D. 被投资单位除净损益、其他综合收益以及利润分配以外的所有者权益的其他变动

（2）同一控制下企业合并形成的长期股权投资，合并方以支付现金、转让非现金资产或承担债务方式作为合并对价的，合并方取得的被合并方所有者权益在最终控制方合并财务报表中的账面价值和支付的合并对价账面价值的差额可能记入（　　）科目。

A.“盈余公积”　　B.“资本公积”

C.“营业外收入”　　D.“利润分配”

（3）采用权益法核算长期股权投资，被投资单位发生超额亏损时可能记入（　　）科目。

A.“长期股权投资——损益调整”

B.“长期应收款”

C.“长期股权投资——投资成本”

D.“投资收益”

（4）下列选项中，应作为投资性房地产核算的有（　　）。

A. 已出租的土地使用权

B. 以经营租赁方式租入再转租的建筑物

C. 持有并准备增值后转让的土地使用权

D. 出租给本企业职工居住的自建宿舍楼

（三）判断题

（1）取得长期股权投资后，被投资单位宣告分派的股票股利记入“应收股利”科目。（　　）

（2）采用权益法核算的长期股权投资，其初始投资成本大于投资时应享有被投资单位可辨认净资产公允价值份额的，不调整长期股权投资的初始投资成本。（　　）

（3）企业自行建造的投资性房地产，建造中发生的非正常性损失直接计入当期损益。（　　）

（4）已采用公允价值模式计量的投资性房地产，其计量模式可以从公允价值模式转为成本模式。（　　）

（四）实务题

（1）20×3 年 6 月 1 日，甲公司以每股 8 元的价格自非关联方买入壬公司 6 000 000 股股票，取得其 80%的股权，购买股票时，发生手续费等相关费用 240 000 元，并于当日完成相关手续。当日起，甲公司能够对壬公司实施控制，采用成本法核算该项股权投资。甲公司和壬公司采用的会计政策及会计期间一致。20×3 年 12 月 1 日，壬公司宣告分派现金股利 1 500 000 元，每 10 股派送 2 股股票股利。20×3 年 12 月 20 日，甲公司收到壬公司发放的现金股利和股票股利。20×4 年 1 月 1 日，甲公司出售持有的壬公司股票 2 000 000 股，出售时，该部分股票的投资成本为 16 080 000 元，出售取得价款 20 000 000 元。以上款项均已用银行存款收付。

要求：假设不考虑其他因素的影响，根据上述经济业务编制相关的会计分录。

（2）20×1 年 12 月 1 日，甲公司将一栋办公楼出租给乙公司使用，将其确认为投资性房地产，假设采用成本模式对其进行后续计量。出租时，该办公楼的账面余额为 20 000 000 元，已计提折旧 2 000 000 元，尚可使用年限为 20 年，按照直线法计提折旧，预计净残值为零。按合同约定，甲公司每月收取租金 80 000 元、增值税额 7 200 元。20×3 年 12 月 31 日，该办公楼发生减值迹象，经减值测试，其可收回金额为 12 000 000 元，以前未计提减值准备。

要求：假设不考虑其他因素的影响，根据上述经济业务编制相关的会计分录。

项目七
负债的核算

项目导读

负债是指企业过去的交易或者事项形成的、预期会导致经济利益流出企业的现时义务。按偿还期限的长短，负债可分为流动负债和非流动负债。负债是一把“双刃剑”，一定程度的负债有利于降低企业资金成本，提高企业所有者权益报酬率，但过高的负债可能会带来较大的偿债压力和财务风险。因此，企业应加强对负债的核算和管理，以便了解流动负债和非流动负债规模，确保负债核算的准确性，为企业决策提供及时、准确的依据。

知识目标

- 掌握短期借款、应付及预收款项、应付职工薪酬和应交税费的核算方法。
- 掌握长期借款、应付债券和长期应付款的核算方法。

技能目标

- 具有核算流动负债的能力。
- 具有核算非流动负债的能力。

素养目标

- 树立依法纳税观念，认真履行纳税义务。

任务一 核算流动负债

任务导入

流动负债是负债的重要内容之一，具有偿还期较短、利息成本低等特点。流动负债包括短期借款、应付及预收款项、应付职工薪酬、应交税费等。正确地核算流动负债，有助于企业准确地了解流动负债的情况，确定合理的流动负债结构，为企业运转提供所需的流动资金。因此，小张认真学习流动负债的核算方法，以便正确地核算流动负债，加强企业流动负债的管理，提高企业资金营运效率。

本任务的知识和技能要求如表 7-1 所示。

表 7-1 知识和技能要求

类型	具体内容	学习程度		
		了解	掌握	应用
知识要求	短期借款的核算方法		●	
	应付及预收款项的核算方法		●	
	应付职工薪酬的核算方法		●	
	应交税费的核算方法		●	
技能要求	编制甲公司流动负债相关的会计分录			●

班级__________ 姓名__________ 学号__________

任务工单 »

（一）任务描述

以小组为单位，编制甲公司流动负债相关的会计分录。

（二）任务分工

全班学生以 3～5 人为一组进行分组，每组设组长 1 名，小组讨论任务分工并将分工情况填写至表 7-2 中。

表 7-2　小组成员及分工情况

小组成员	姓　名	学　号	任务分工
组长			
组员			

（三）任务准备

请各组长组织组员观看“流动负债基础知识”视频，收集和整理相关资料，讨论并回答下列问题。

流动负债基础知识

（1）什么是负债？负债的分类有哪些？

（2）什么是流动负债？流动负债主要包括什么？

（3）“短期借款”科目是如何设置的？

班级____________　姓名____________　学号____________

（四）任务实施

以小组为单位，根据甲公司20×3年发生的以下经济业务编制相关的会计分录。

（1）1月1日，向银行借入资金200 000元，用于生产经营，借款期限为6个月，年利率为4%。根据借款协议，该短期借款的本金、利息到期后一次归还，甲公司采用月末不计提的方式进行短期借款利息的核算。

（2）7月1日，偿还该短期借款的本金和利息。

（五）任务评价

各组派代表展示任务实施成果，并配合指导老师完成表7-3所示的任务评价。

表7-3　任务评价

评价项目	评价内容	评价分数			
		分值	自评	组评	师评
职业素养（40%）	考勤、仪容仪表	10分			
	责任意识、纪律意识	10分			
	团队合作与交流	20分			
专业能力（60%）	任务准备的完成度	20分			
	任务实施的完成度	20分			
	任务实施成果的展示效果	20分			
合计	综合分数______自评（25%）+组评（25%）+师评（50%）	100分			
	综合等级______	指导老师签字__________			
综合评价					

一、短期借款的核算

（一）短期借款的科目设置

短期借款是指企业向银行或其他金融机构等借入的期限在 1 年以下（含 1 年）的各种借款。短期借款一般是企业为了维持正常的生产经营所需，或是为了抵偿某项债务而借入的，属于企业的流动负债。

为了核算短期借款的取得和偿还等情况，企业应设置“短期借款”科目。该科目贷方登记取得短期借款的本金金额，借方登记偿还短期借款的本金金额，期末余额在贷方，反映企业尚未偿还的短期借款。“短期借款”科目可根据借款种类、贷款人和币种设置明细科目。

（二）短期借款的账务处理

1. 借入短期借款

企业取得短期借款时，按实际收到的金额，借记“银行存款”科目，贷记“短期借款”科目。

2. 发生短期借款利息

企业借入短期借款应支付的利息是企业为筹集经营资金所发生的耗费，应作为财务费用计入当期损益，并按不同情况进行处理。

（1）按期支付的短期借款利息。

如果短期借款利息是按季、半年支付的或在到期时连同本金一起归还且数额较大的，企业应采用月末计提的方式进行短期借款利息的核算。按月计提短期借款利息时，按应计提的利息，借记“财务费用”科目，贷记“应付利息”科目；实际支付利息时，按已计提的利息，借记“应付利息”科目，按应计提的利息，借记“财务费用”科目，按应付利息总额，贷记“银行存款”“库存现金”科目。

（2）按月支付的短期借款利息。

如果短期借款利息是按月支付的或在到期时连同本金一起归还但数额不大的，企业可采用月末不计提的方式进行短期借款利息的核算。在实际支付或收到银行的计息通知时，直接计入当期损益，借记“财务费用”科目，贷记“银行存款”“库存现金”科目。

提　示

根据《小企业会计准则》的规定，小企业的短期借款应当按照借款本金和借款合同利率在应付利息日计提利息费用，计入财务费用。

3. 归还短期借款

企业到期归还短期借款本金时，按实际偿还的短期借款本金，借记“短期借款”科目，贷记“银行存款”科目。

典型案例

例7-1 20×3年7月1日，甲公司向银行借入资金500 000元，用于生产经营，借款期限为6个月，年利率为4.2%。根据借款协议，该借款的本金到期后一次归还，利息按季支付。甲公司应编制的会计分录如下。

（1）7月1日，借入短期借款时：

借：银行存款　　500 000

　　贷：短期借款　　500 000

（2）7月末，计提短期借款利息时：

应计提的短期借款利息=500 000×4.2%÷12=1 750（元）。

借：财务费用　　1 750

　　贷：应付利息　　1 750

8月末、10月末、11月末，计提短期借款利息的会计处理同上。

（3）9月末，按季度支付短期借款利息时：

借：应付利息　　3 500

　　财务费用　　1 750

　　贷：银行存款　　5 250

12月末，按季度支付短期借款利息的会计处理同上。

（4）20×4年1月1日，偿还短期借款本金时：

借：短期借款　　500 000

　　贷：银行存款　　500 000

二、应付及预收款项的核算

（一）应付票据的核算

应付票据是指企业因购买材料、商品或接受劳务供应等而开出、承兑的商业汇票。我国商业汇票的付款期限不超过6个月，因此，企业应将应付票据作为流动负债进行管理和核算。同时，由于应付票据的偿付时间较短，在会计实务中，一般均按照开出、承兑的应付票据的面值入账。

提　示

企业应当设置“应付票据备查簿”，详细登记商业汇票的种类、号数、出票日期、到期日、票面金额、交易合同号、收款人姓名或单位名称、付款日期和金额等资料。应付票据到期结清时，在备查簿中应予注销。

为了核算应付票据的开出、偿付等情况，企业应设置“应付票据”科目。该科目贷方登记开出、承兑商业汇票的票面金额，借方登记支付商业汇票的金额，期末余额在贷方，反映

企业尚未到期的商业汇票的票面金额。“应付票据”科目可根据债权人设置明细科目。

1．开出应付票据

企业因购买材料、商品或接受劳务供应等而开出商业汇票时，借记“材料采购”“在途物资”“原材料”“库存商品”“应付账款”“应交税费——应交增值税（进项税额）”等科目，贷记“应付票据”科目。

企业因开出银行承兑汇票而支付的银行承兑手续费，应计入当期财务费用。支付手续费时，按确认的手续费，借记“财务费用”科目，按取得的增值税专用发票上注明的增值税额，借记“应交税费——应交增值税（进项税额）”科目，按实际支付的金额，贷记“银行存款”科目。

2．偿付应付票据

企业开出的商业汇票到期，并支付票款时，按应付票据账面余额，借记“应付票据”科目，贷记“银行存款”等科目。

3．转销应付票据

（1）企业开出的商业承兑汇票到期时，若企业无力支付票款，应将应付票据按账面余额转为应付账款，借记“应付票据”科目，贷记“应付账款”科目。

（2）企业开出的银行承兑汇票到期时，若企业无力支付票款，则由承兑银行代为支付，并将其转为企业的贷款，企业应将应付票据按账面余额转为短期借款，借记“应付票据”科目，贷记“短期借款”科目。

典型案例

例 7-2　20×3 年 6 月 1 日，甲公司从乙公司购入一批原材料，取得的增值税专用发票上注明的价款为 70 000 元、增值税额为 9 100 元，材料已验收入库。甲公司开出一张商业汇票并经开户银行承兑，面值为 79 100 元，期限为 5 个月，用银行存款支付银行承兑手续费 39.55 元，其中增值税额为 2.24 元。11 月 1 日，商业汇票到期。甲公司应编制的会计分录如下。

（1）6 月 1 日，开出商业汇票购入材料时：

	借方	贷方
借：原材料	70 000	
应交税费——应交增值税（进项税额）	9 100	
贷：应付票据——乙公司		79 100

（2）6 月 1 日，支付银行承兑手续费时：

	借方	贷方
借：财务费用	37.31	
应交税费——应交增值税（进项税额）	2.24	
贷：银行存款		39.55

（3）11 月 1 日，收到开户银行付款通知并支付票款时：

	借方	贷方
借：应付票据——乙公司	79 100	
贷：银行存款		79 100

（4）11 月 1 日，若甲公司无力支付票款时：

借：应付票据——乙公司　　79 100

　贷：短期借款　　79 100

（二）应付账款的核算

应付账款是指企业因购买材料、商品或接受劳务供应等经营活动而应支付的款项。应付账款主要是企业在购销活动中由于取得物资或接受劳务与支付货款在时间上不一致而产生的负债。

为了核算应付账款的发生、偿还和转销等情况，企业应设置“应付账款”科目。该科目贷方登记应付未付款项的增加，借方登记应付未付款项的减少，期末余额在贷方，反映企业尚未支付的应付账款余额。“应付账款”科目可根据债权人设置明细科目。

1. 发生应付账款

企业购入材料、商品，但货款尚未支付时，按有关发票等结算凭证所记载的金额（或月末暂估入账金额），借记“材料采购”“在途物资”“原材料”“库存商品”等科目，按取得的增值税专用发票上注明的增值税额，借记“应交税费——应交增值税（进项税额）”科目，按应付的金额，贷记“应付账款”科目。

企业接受供应单位提供的劳务而发生应付账款时，按有关发票等结算凭证所记载的金额（或月末暂估入账金额），借记“生产成本”“管理费用”等科目，按取得的增值税专用发票上注明的增值税额，借记“应交税费——应交增值税（进项税额）”科目，按应付的金额，贷记“应付账款”科目。

2. 偿付应付账款

企业偿还应付账款或开出商业汇票抵付应付账款时，借记“应付账款”科目，贷记“银行存款”“应付票据”等科目。

3. 转销应付账款

因债权人撤销等原因而产生无法支付的应付账款时，企业应将应付账款转销，按其账面余额，借记“应付账款”科目，贷记“营业外收入”科目。

典型案例

例 7-3 20×3 年 7 月 1 日，甲公司从乙公司购入一批原材料，取得的增值税专用发票上注明的价款为 50 000 元、增值税额为 6 500 元，原材料已验收入库，款项尚未支付。7 月 25 日，甲公司以银行存款支付货款。甲公司采用实际成本法进行原材料的日常核算，应编制的会计分录如下。

（1）7 月 1 日，发生应付账款时：

借：原材料　　50 000

　　应交税费——应交增值税（进项税额）　　6 500

　贷：应付账款——乙公司　　56 500

（2）7月25日，偿还应付账款时：

借：应付账款——乙公司 56 500

　　贷：银行存款 56 500

（3）7月25日，若乙公司解散导致该应付账款无法支付时：

借：应付账款——乙公司 56 500

　　贷：营业外收入 56 500

（三）预收账款的核算

预收账款是指企业按照合同规定预收的款项。预收账款所形成的负债一般不是以货币偿付，而是以货物或者劳务偿付。

为了核算预收账款的取得和偿付等情况，企业应设置“预收账款”科目。该科目贷方登记发生的预收账款金额，借方登记冲销的预收账款金额。若期末余额在贷方，反映企业预收的款项；若期末余额在借方，反映企业尚未转销的款项。“预收账款”科目可根据购货单位设置明细科目。

1. 取得预收账款

企业取得预收账款时，按实际收到的全部预收款，借记“库存现金”“银行存款”科目，按开具的增值税专用发票上注明的增值税额，贷记“应交税费——应交增值税（销项税额）”科目，按全部预收款扣除应交增值税的差额，贷记“预收账款”科目。

2. 偿付预收账款

企业分期确认有关收入时，按实现的收入，借记“预收账款”科目，贷记“主营业务收入”“其他业务收入”科目。

企业收到客户补付的款项时，借记“库存现金”“银行存款”科目，贷记“预收账款”“应交税费——应交增值税（销项税额）”科目；退回客户多预付的款项时，借记“预收账款”“应交税费——应交增值税（销项税额）”科目，贷记“库存现金”“银行存款”科目。

提 示

预收款业务不多的企业，可以不单独设置“预收账款”科目，其所发生的预收款，可通过“应收账款”科目核算。

典型案例

例 7-4 20×3年7月1日，甲公司与丙公司签订租赁合同，合同约定自7月1日起甲公司将一台生产设备出租给丙公司使用，租金为30 000元，增值税额为3 900元，租赁期为6个月。7月1日，甲公司收到丙公司预付的租金10 000元、增值税额1 300元。合同到期，甲公司收到租金余款及相应的增值税额。甲公司应编制的会计分录如下。

（1）7 月 1 日，收到丙公司预付的租金及相应的增值税额时：

借：银行存款　　11 300

　　贷：预收账款——丙公司　　10 000

　　　　应交税费——应交增值税（销项税额）　　1 300

（2）每月，确认租金收入时：

每月应确认的租金收入=30 000÷6=5 000（元）。

借：预收账款——丙公司　　5 000

　　贷：其他业务收入　　5 000

（3）合同到期，收到租金余款及相应的增值税额时：

借：银行存款　　22 600

　　贷：预收账款——丙公司　　20 000

　　　　应交税费——应交增值税（销项税额）　　2 600

课堂讨论

如果甲公司不设“预收账款”科目，直接在“应收账款”科目中核算预收的款项，那么【例 7-4】应如何编写会计分录？

（四）其他应付款的核算

其他应付款是指企业除应付票据、应付账款、预收账款、应付职工薪酬、应付利息、应付股利和应交税费等以外的其他各项应付、暂收的款项。

为了核算其他应付款的增减变动和结存情况，企业应设置“其他应付款”科目。该科目贷方登记发生的各种应付、暂收款项，借方登记偿还或转销的各种应付、暂收款项，期末余额在贷方，反映企业应付未付的其他应付款项。“其他应付款”科目可根据其他应付款的项目和对方单位（或个人）设置明细科目。

企业发生其他各种应付、暂收款项时，借记“管理费用”等科目，贷记“其他应付款”科目；支付或退回其他各种应付、暂收款项时，借记“其他应付款”科目，贷记“银行存款”等科目。

典型案例

例 7-5 20×3 年 7 月 1 日，甲公司向其客户出租一批包装物，收到押金 500 元。7 月 20 日，该客户将该批包装物退还，甲公司于当日向该客户退还押金 500 元。以上款项均已用银行存款收付。甲公司应编制的会计分录如下。

（1）7 月 1 日，收到押金时：

借：银行存款　　500

　　贷：其他应付款——存入保证金　　500

（2）7月20日，退还押金时：

借：其他应付款——存入保证金　　500

　　贷：银行存款　　500

三、应付职工薪酬的核算

（一）职工薪酬的内容

职工薪酬是指企业为获得职工提供的服务或解除劳动关系而给予的各种形式的报酬或补偿。职工薪酬包括短期薪酬、离职后福利、辞退福利和其他长期职工福利。

提　示

企业提供给职工配偶、子女、受赡养人、已故员工遗属及其他受益人等的福利，也属于职工薪酬。

1. 短期薪酬

短期薪酬是指企业在职工提供相关服务的年度报告期间结束后十二个月内需要全部予以支付的职工薪酬，因解除与职工的劳动关系给予的补偿除外。短期薪酬具体包括职工工资、奖金、津贴和补贴，职工福利费，医疗保险费、工伤保险费和生育保险费等社会保险费，住房公积金，工会经费和职工教育经费，短期带薪缺勤，短期利润分享计划，非货币性福利及其他短期薪酬。

2. 离职后福利

离职后福利是指企业为获得职工提供的服务而在职工退休或与企业解除劳动关系后，提供的各种形式的报酬和福利，短期薪酬和辞退福利除外。

3. 辞退福利

辞退福利是指企业在职工劳动合同到期之前解除与职工的劳动关系，或者为鼓励职工自愿接受裁减而给予职工的补偿。

4. 其他长期职工福利

其他长期职工福利是指除短期薪酬、离职后福利、辞退福利之外所有的职工薪酬，包括长期带薪缺勤、长期残疾福利、长期利润分享计划等。

（二）职工薪酬的科目设置

为了核算应付职工薪酬的计提、结算和使用等情况，企业应设置“应付职工薪酬”科目。该科目贷方登记已分配计入有关成本费用项目的职工薪酬，借方登记实际发放的职工薪酬，包括扣还的款项等，期末余额在贷方，反映企业应付未付的职工薪酬。

“应付职工薪酬”科目应分别设置“工资”“职工福利”“社会保险费”“住房公积金”“工会经费”“职工教育经费”“非货币性福利”“带薪缺勤”“利润分享计划”“设定提存计划”“设定受益计划”“辞退福利”等明细科目。

（三）短期薪酬的账务处理

1. 职工工资、奖金、津贴和补贴

企业发生的职工工资、奖金、津贴和补贴等货币性职工薪酬，应在职工为其提供服务的会计期间，根据实际发生的金额，按照受益对象计入当期损益或相关资产成本，并确认相应负债，借记“生产成本”“制造费用”“管理费用”“销售费用”等科目，贷记“应付职工薪酬——工资”科目。

企业按规定向职工支付职工工资、奖金、津贴和补贴等时，借记“应付职工薪酬——工资”科目，贷记“银行存款”等科目。

企业从应付职工薪酬中扣还各种款项（代垫的职工家属医药费、代扣的个人所得税等）时，借记“应付职工薪酬——工资”科目，贷记“其他应收款”“应交税费——应交个人所得税”等科目。

典型案例

例 7-6 20×3 年 8 月，甲公司的“工资费用分配汇总表”中列示的基本生产车间生产工人工资为 500 000 元，基本生产车间管理人员工资为 120 000 元，行政管理人员工资为 150 000 元，专设销售机构人员工资为 100 000 元，结算本月应付职工工资总额为 870 000 元，其中，企业代垫职工房租为 30 000 元，代垫职工家属医药费为 5 000 元，代扣个人所得税为 18 000 元，实发工资为 817 000 元。甲公司应编制的会计分录如下。

（1）计提职工薪酬时：

借：生产成本——基本生产成本　　500 000
　　制造费用　　120 000
　　管理费用　　150 000
　　销售费用　　100 000
　　贷：应付职工薪酬——工资　　870 000

（2）支付职工薪酬时：

借：应付职工薪酬——工资　　817 000
　　贷：银行存款　　817 000

（3）扣还代垫款项时：

借：应付职工薪酬——工资　　53 000
　　贷：其他应收款——职工房租　　30 000
　　　　　　　　——代垫医药费　　5 000
　　　　应交税费——应交个人所得税　　18 000

2. 职工福利费

企业发生职工福利费时，应根据实际发生额计入当期损益或相关资产成本，借记“生产成本”“制造费用”“管理费用”“销售费用”等科目，贷记“应付职工薪酬——职工福利”

科目；支付职工福利费时，借记“应付职工薪酬——职工福利”科目，贷记“银行存款”等科目。

典型案例

例7-7　20×3年7月，甲公司从事高温作业的在岗职工共计85人，其中行政管理部门5人，基本生产车间80人。本月85人均正常出勤，每个职工补贴300元防暑降温费，款项已用银行存款支付。甲公司应编制的会计分录如下。

（1）计提职工福利费时：

借：生产成本——基本生产成本　　24 000
　　管理费用　　1 500
　　贷：应付职工薪酬——职工福利　　25 500

（2）支付职工福利费时：

借：应付职工薪酬——职工福利　　25 500
　　贷：银行存款　　25 500

3．社会保险费和住房公积金

为了核算企业应负担的社会保险费和住房公积金的提取和缴纳情况，企业应在“应付职工薪酬”科目下设置“社会保险费”和“住房公积金”明细科目。

提　示

社会保险费包括医疗保险费、工伤保险费、养老保险费、失业保险费和生育保险费。企业承担的社会保险费中，养老保险费、失业保险费确认为离职后福利，其他的社会保险费确认为企业的短期薪酬。

企业应为职工缴纳的医疗保险费、工伤保险费、生育保险费等社会保险费和住房公积金，应在职工为其提供服务的会计期间，根据规定的计提基础和计提比例计算确定应付的社会保险费、住房公积金，按照受益对象计入当期损益或相关资产成本，并确认相应负债，借记“生产成本”“制造费用”“管理费用”等科目，贷记“应付职工薪酬——社会保险费（或住房公积金）”科目。

企业缴纳社会保险费和住房公积金时，借记“应付职工薪酬——社会保险费（或住房公积金）”科目，贷记“银行存款”科目。

提　示

对于职工个人负担的社会保险费和住房公积金，由其工作所在的企业每月从其工资中代扣代缴。企业代扣代缴职工个人负担的社会保险费和住房公积金时，借记“应付职工薪酬——工资”科目，贷记“其他应付款——社会保险费（或住房公积金）”科目。

典型案例

例 7-8 承【例 7-6】，20×3 年 8 月，甲公司职工住房公积金由企业负担 50%，职工个人负担 50%。甲公司根据相关规定，按职工工资总额的 8%为职工缴纳住房公积金，此外，职工个人负担的部分由甲公司代扣代缴。甲公司应编制的会计分录如下。

（1）计提企业应负担的住房公积金时：

企业应负担的住房公积金=870 000×8%=69 600（元）。

应记入“生产成本——基本生产成本”科目的金额=500 000×8%=40 000（元）。

应记入“制造费用”科目的金额=120 000×8%=9 600（元）。

应记入“管理费用”科目的金额=150 000×8%=12 000（元）。

应记入“销售费用”科目的金额=100 000×8%=8 000（元）。

借：生产成本——基本生产成本	40 000	
制造费用	9 600	
管理费用	12 000	
销售费用	8 000	
贷：应付职工薪酬——住房公积金		69 600

（2）企业代扣代缴职工个人应负担的住房公积金时：

企业代扣代缴职工个人应负担的住房公积金=870 000×8%=69 600（元）。

借：应付职工薪酬——工资	69 600	
贷：其他应付款——住房公积金		69 600

（3）缴纳住房公积金时：

借：应付职工薪酬——住房公积金	69 600	
其他应付款——住房公积金	69 600	
贷：银行存款		139 200

4. 工会经费和职工教育经费

为了核算企业应负担的工会经费和职工教育经费的提取和缴纳情况，企业应在“应付职工薪酬”科目下设置“工会经费”和“职工教育经费”明细科目。

企业按规定提取的工会经费和职工教育经费，应在职工为其提供服务的会计期间，根据规定的计提基础和计提比例计算确定应付的工会经费和职工教育经费，按照受益对象计入当期损益或相关资产成本，并确认相应负债，借记“生产成本”“制造费用”“管理费用”等科目，贷记“应付职工薪酬——工会经费（或职工教育经费）”科目。

企业支付工会经费或职工教育经费时，借记“应付职工薪酬——工会经费（或职工教育经费）”科目，贷记“银行存款”科目。

典型案例

例 7-9 承【例 7-6】，20×3 年 8 月，甲公司根据相关规定，按职工工资总额的 2%计提工会经费，按职工工资总额的 8%计提职工教育经费。甲公司应编制的会计分录如下。

甲公司应确认的工会经费=870 000×2%=17 400（元）。

甲公司应确认的职工教育经费=870 000×8%=69 600（元）。

应记入“生产成本——基本生产成本”科目的金额=500 000×（2%+8%）=50 000（元）。

应记入“制造费用”科目的金额=120 000×（2%+8%）=12 000（元）。

应记入“管理费用”科目的金额=150 000×（2%+8%）=15 000（元）。

应记入“销售费用”科目的金额=100 000×（2%+8%）=10 000（元）。

借：生产成本——基本生产成本　　50 000
　　制造费用　　12 000
　　管理费用　　15 000
　　销售费用　　10 000
　　贷：应付职工薪酬——工会经费　　17 400
　　　　　　　　　　——职工教育经费　　69 600

5. 短期带薪缺勤

带薪缺勤分为累积带薪缺勤和非累积带薪缺勤。企业应当对累积带薪缺勤和非累积带薪缺勤分别进行会计处理。带薪缺勤属于长期带薪缺勤的，企业应当将其作为其他长期职工福利进行会计处理。

（1）累积带薪缺勤。

累积带薪缺勤是指带薪缺勤权利可以结转下期的带薪缺勤，本期尚未用完的带薪缺勤权利可以在未来期间使用。企业应当在职工提供服务从而增加了其未来享有的带薪缺勤权利时，确认与累积带薪缺勤相关的职工薪酬，并以累积未行使权利而增加的预期支付金额计量。确认累积带薪缺勤时，借记“生产成本”“制造费用”“管理费用”等科目，贷记“应付职工薪酬——带薪缺勤——短期带薪缺勤——累积带薪缺勤”科目。

典型案例

例 7-10 乙公司实行累积带薪缺勤制度，该制度规定，每个职工每年可享受 5 个工作日带薪年休假，未使用的年休假只能向后结转一个公历年度，超过一个年度未使用的权利作废，且职工离开公司时，对未使用的累积带薪休假无权获得现金支付；职工休年休假时，首先使用当年可享受的权利，不足部分再从上年结转的带薪年休假中扣除。

乙公司共有 500 名职工，20×3 年 12 月 31 日，每名职工当年平均未使用带薪年休假为 2 天。根据历史经验，乙公司预计 20×4 年有 450 名一般职员每人将平均享受不超过 5 天的带薪年休假，剩余 50 名管理人员每人将平均享受 6.5 天带薪年休假，该公司平均每名职工每个工作日的工资为 500 元。乙公司应编制的会计分录如下。

（1）20×3 年 12 月 31 日，确认职工 20×3 年享有但尚未使用的、预期在 20×4 年使用的累积带薪缺勤时：

20×3 年 12 月 31 日，乙公司预计由于职工累积未使用的带薪年休假权利而预期支付工资负债的天数=50×（6.5−5）=75（天）。

乙公司应确认的累积带薪缺勤费用=75×500=37 500（元）。

借：管理费用　　37 500

　　贷：应付职工薪酬——带薪缺勤——短期带薪缺勤——累积带薪缺勤　　37 500

（2）20×4 年，若 50 名管理人员均未享受累积未使用的带薪年休假，则冲回 20×3 年 12 月 31 日确认的累积带薪缺勤费用。

借：应付职工薪酬——带薪缺勤——短期带薪缺勤——累积带薪缺勤　　37 500

　　贷：管理费用　　37 500

（3）20×4 年，若 50 名管理人员享受了累积未使用的带薪年休假，则 20×4 年确认工资费用时应扣除 20×3 年 12 月 31 日已确认的累积带薪缺勤费用。

（2）非累积带薪缺勤。

非累积带薪缺勤是指带薪缺勤权利不能结转下期的带薪缺勤，本期尚未用完的带薪缺勤权利将予以取消，并且职工离开企业时也无权获得现金支付。例如，我国企业职工休婚假、产假、丧假、探亲假和病假期间的工资通常属于非累积带薪缺勤。企业应当在职工实际发生缺勤的会计期间确认与非累积带薪缺勤相关的职工薪酬，视同职工出勤确认的当期损益或相关资产成本。

通常情况下，与非累积带薪缺勤相关的职工薪酬已经包括在企业每期向职工发放的工资等薪酬中，因此，不必进行额外的账务处理。

提　示

由于职工提供服务本身不能增加其能够享受的福利金额，企业在职工未缺勤时不应当计提相关费用和负债。

6. 非货币性福利

企业向职工提供非货币性福利的，应当按照公允价值计量。公允价值不能可靠取得的，可以采用成本计量。企业向职工提供的非货币性福利，应当分情况进行会计处理。

（1）企业以其自产产品作为非货币性福利发放给职工的，应当根据受益对象，将该产品的公允价值和相关税费计入相关资产成本或当期损益，同时确认应付职工薪酬，借记“生产成本”“制造费用”“管理费用”等科目，贷记“应付职工薪酬——非货币性福利”科目；将自产产品作为非货币性福利实际发放给职工时，借记“应付职工薪酬——非货币性福利”科目，贷记“主营业务收入”“应交税费——应交增值税（销项税额）”科目，同时结转相关成本。

（2）企业将拥有的房屋等资产无偿提供给职工使用的，应当根据受益对象，将该住房

每期应计提的折旧计入相关资产成本或当期损益，同时确认应付职工薪酬，借记“生产成本”“制造费用”“管理费用”等科目，贷记“应付职工薪酬——非货币性福利”科目；同时，按该住房每期应计提的折旧额，借记“应付职工薪酬——非货币性福利”科目，贷记“累计折旧”科目。

（3）企业租赁住房等资产无偿提供给职工使用的，应当根据受益对象，将该租赁住房每期应付的租金计入相关资产成本或当期损益，同时确认应付职工薪酬，借记“生产成本”“制造费用”“管理费用”等科目，贷记“应付职工薪酬——非货币性福利”科目；难以认定受益对象的非货币性福利，直接计入当期损益，同时确认应付职工薪酬；实际支付租金时，借记“应付职工薪酬——非货币性福利”科目，贷记“银行存款”等科目。

（四）长期薪酬的账务处理

1. 离职后福利

离职后福利计划分为设定提存计划和设定受益计划。设定提存计划是指向单独的基金缴存固定费用后，企业不再承担进一步支付义务的离职后福利计划。设定受益计划是指除设定提存计划以外的离职后福利计划。

企业应当在职工为其提供服务的会计期间，将根据设定提存计划计算的应缴存金额确认为应付职工薪酬，并计入当期损益或相关资产成本，借记“生产成本”“制造费用”“管理费用”“销售费用”等科目，贷记“应付职工薪酬——设定提存计划”科目。

典型案例

例7-11 承【例7-6】，20×3年8月，甲公司根据相关规定，按职工工资总额的16%计提基本养老保险费，缴存当地社会保险经办机构。甲公司应编制的会计分录如下。

应确认的基本养老保险=870 000×16%=139 200（元）。

应记入“生产成本——基本生产成本”科目的金额=500 000×16%=80 000（元）。

应记入“制造费用”科目的金额=120 000×16%=19 200（元）。

应记入“管理费用”科目的金额=150 000×16%=24 000（元）。

应记入“销售费用”科目的金额=100 000×16%=16 000（元）。

借：生产成本——基本生产成本	80 000	
制造费用	19 200	
管理费用	24 000	
销售费用	16 000	
贷：应付职工薪酬——设定提存计划——基本养老保险费		139 200

2. 辞退福利

企业向职工提供辞退福利的，应当在“企业不能单方面撤回因解除劳动关系计划或裁减建议所提供的辞退福利时”和“企业确认与涉及支付辞退福利的重组相关的成本或费用时”两者孰早日，确认辞退福利产生的应付职工薪酬，并计入当期损益，借记“管理费用”科目，贷记“应付职工薪酬——辞退福利”科目。

提 示

辞退福利预期在其确认的年度报告期结束后十二个月内完全支付的，应当适用短期薪酬的相关规定；辞退福利预期在其确认的年度报告期结束后十二个月内不能完全支付的，应当适用其他长期职工福利的相关规定。

典型案例

例 7-12 20×2 年 12 月 1 日，甲公司为了降低企业用人成本，制订了一项辞退计划，规定自 20×3 年 1 月 1 日起以职工自愿方式辞退生产车间部分职工。20×2 年 12 月 15 日，董事会正式批准该项辞退计划，并计划于 20×3 年实施完毕。辞退计划均已与职工协商一致。辞退计划的有关内容如表 7-4 所示。

表 7-4 辞退计划的有关内容

职 位	拟辞退数量/人	工龄/年	每人补偿标准/元
高级技工	30	1～10	80 000
		11～20	150 000
		21～30	250 000
一般技工	60	1～10	50 000
		11～20	100 000
		21～30	200 000
合计	90		

20×2 年 12 月 31 日，甲公司根据表 7-4 中的资料，预计生产车间接受辞退职工数量的最佳估计数及应支付的补偿金额如表 7-5 所示。

表 7-5 预计生产车间接受辞退职工数量的最佳估计数及应支付的补偿金额

职 位	拟辞退数量/人	工龄/年	接受辞退计划职工人数/人	每人补偿标准/元	补偿金额/元
高级技工	30	1～10	10	80 000	800 000
		11～20	5	150 000	750 000
		21～30	3	250 000	750 000
一般技工	60	1～10	30	50 000	1 500 000
		11～20	15	100 000	1 500 000
		21～30	5	200 000	1 000 000
合计	90		68		6 300 000

根据表 7-5 中的资料，甲公司应编制的会计分录如下。

借：管理费用　　6 300 000

　　贷：应付职工薪酬——辞退福利　　6 300 000

四、应交税费的核算

（一）应交税费的内容

企业按照税法规定应交纳的各种税费包括增值税、消费税、所得税、城市维护建设税、资源税、土地增值税、房产税、车船税、城镇土地使用税、教育费附加等。

为了核算各种税费的应交、交纳等情况，企业应设置“应交税费”科目。该科目贷方登记应交纳的税费，借方登记实际交纳的税费。期末余额一般在贷方，反映企业尚未交纳的税费；若为借方余额，反映企业多交或尚未抵扣的税费。“应交税费”科目可根据应交税费项目设置明细科目。

提　示

企业代扣代缴的个人所得税，也通过“应交税费”科目核算，而企业交纳的印花税、耕地占用税等不需要预计应交数的税金，不通过“应交税费”科目核算。

（二）应交增值税的核算

1. 应交增值税概述

（1）增值税的概念。

增值税是以商品（含应税劳务、应税行为）在流转过程中实现的增值额作为计税依据而征收的一种流转税。按照我国现行增值税制度的规定，在我国境内销售货物或者加工、修理修配劳务，销售服务、无形资产、不动产以及进口货物的单位和个人，为增值税的纳税人。

（2）增值税纳税义务人。

根据纳税人的经营规模及会计核算水平的健全程度，增值税的纳税人分为一般纳税人和小规模纳税人两类。一般纳税人是指年应税销售额超过财政部、国家税务总局规定标准的增值税纳税人。小规模纳税人是指年应税销售额未超过规定标准，且会计核算不健全，不能够提供准确税务资料的增值税纳税人。

（3）增值税的计税方法。

增值税的计税方法包括一般计税方法和简易计税方法两种。一般纳税人发生应税行为适用一般计税方法计税。小规模纳税人发生应税行为适用简易计税方法计税。

提　示

一般纳税人发生财政部和国家税务总局规定的特定应税行为，可以选择适用简易计税方法计税，一经选择，36 个月内不得变更。

① 一般计税方法。增值税的一般计税方法是指先按照当期销售额和适用的税率计算出销项税额，然后以该销项税额对当期购进项目支付的税款（进项税额）进行抵扣，从而间接计算出当期应纳税额的方法。当期销项税额小于当期进项税额不足抵扣时，其不足部分可以结转下期继续抵扣。一般计税方法的计算公式为

$$应纳税额=当期销项税额-当期进项税额 \tag{7-1}$$

$$当期销项税额=销售额\times增值税税率 \tag{7-2}$$

其中，销售额是指纳税人发生应税销售行为时，向购买方收取的全部价款和价外费用，但不包括收取的增值税销项税额。当期销项税额是指纳税人发生应税销售行为时，按照销售额和增值税税率计算收取的增值税额。当期进项税额是指纳税人购进货物、劳务、服务、无形资产、不动产时，支付或者负担的增值税额。

知识拓展

进项税额准予从销项税额中抵扣的情况

下列进项税额准予从销项税额中抵扣：① 从销售方取得的增值税专用发票上注明的增值税额；② 从海关取得的海关进口增值税专用缴款书上注明的增值税额；③ 购进农产品，除取得增值税专用发票或者海关进口增值税专用缴款书外，按照农产品收购发票或者销售发票上注明的农产品买价和9%的扣除率计算的进项税额，国务院另有规定的除外，如用于生产销售或委托加工13%税率货物的农产品，按照农产品收购发票或者销售发票上注明的农产品买价和10%的扣除率计算的进项税额；④ 自境外单位或者个人购进劳务、服务、无形资产或者境内的不动产，从税务机关或者扣缴义务人取得的代扣代缴税款的完税凭证上注明的增值税额；⑤ 一般纳税人支付的道路通行费，取得的收费公路通行费增值税电子普通发票上注明的增值税额；一般纳税人支付的桥、闸通行费，凭取得的通行费发票上注明的收费金额和规定的方法计算的可抵扣的增值税进项税额。

② 简易计税方法。增值税的简易计税方法是指按照销售额和征收率计算出当期应纳税额的方法。用于简易计税方法的进项税额不得从销项税额中抵扣。简易计税方法的计算公式为

$$应纳税额=销售额\times征收率 \tag{7-3}$$

其中，销售额不包括其应纳税额，如果纳税人采用销售额和应纳税额合并定价方法的，应将含税销售额换算为不含税销售额。含税销售额换算为不含税销售额的计算公式为

$$销售额=含税销售额\div（1+征收率） \tag{7-4}$$

2. 应交增值税的科目设置

为了核算增值税的发生、抵扣、交纳、退税和转出等情况，增值税一般纳税人应在“应交税费”科目下分别设置“应交增值税”“未交增值税”“预交增值税”“待抵扣进项税额”“待认证进项税额”“待转销项税额”“增值税留抵税额”“简易计税”“转让金融商品应交增

值税”“代扣代交增值税”等明细科目。

（1）“应交增值税”明细科目，用来核算增值税一般纳税人进项税额、销项税额抵减、已交税金、转出未交增值税、减免税款、出口抵减内销产品应纳税额、销项税额、出口退税、进项税额转出、转出多交增值税等情况。该明细科目应分别设置如下专栏。

①“进项税额”专栏，用来记录一般纳税人购进货物、加工修理修配劳务、服务、无形资产或不动产而支付或负担的、准予从当期销项税额中抵扣的增值税额。

②“销项税额抵减”专栏，用来记录一般纳税人按照现行增值税制度规定因扣减销售额而减少的销项税额。

③“已交税金”专栏，用来记录一般纳税人当月已交纳的应交增值税额。

④“转出未交增值税”和“转出多交增值税”专栏，分别用来记录一般纳税人月度终了转出当月应交未交或多交的增值税额。

⑤“减免税款”专栏，用来记录一般纳税人按现行增值税制度规定准予减免的增值税额。

⑥“出口抵减内销产品应纳税额”专栏，用来记录实行“免、抵、退”办法的一般纳税人按规定计算的出口货物的进项税抵减内销产品的应纳税额。

⑦“销项税额”专栏，用来记录一般纳税人销售货物、加工修理修配劳务、服务、无形资产或不动产应收取的增值税额。

⑧“出口退税”专栏，用来记录一般纳税人出口货物、加工修理修配劳务、服务、无形资产按规定退回的增值税额。

⑨“进项税额转出”专栏，用来记录一般纳税人购进货物、加工修理修配劳务、服务、无形资产或不动产等发生非正常损失以及其他原因而不应从销项税额中抵扣、按规定转出的进项税额。

（2）“未交增值税”明细科目，用来核算一般纳税人月度终了从“应交增值税”或“预交增值税”明细科目转入当月应交未交、多交或预缴的增值税额，以及当月交纳以前期间未交的增值税额。

（3）“预交增值税”明细科目，用来核算一般纳税人转让不动产、提供不动产经营租赁服务、提供建筑服务、采用预收款方式销售自行开发的房地产项目等，以及其他按现行增值税制度规定应预缴的增值税额。

（4）“待抵扣进项税额”明细科目，用来核算一般纳税人已取得增值税扣税凭证并经税务机关认证，按照现行增值税制度规定准予以后期间从销项税额中抵扣的进项税额。

（5）“待认证进项税额”明细科目，用来核算一般纳税人由于未经税务机关认证而不得从当期销项税额中抵扣的进项税额，包括：一般纳税人已取得增值税扣税凭证、按照现行增值税制度规定准予从销项税额中抵扣，但尚未经税务机关认证的进项税额；一般纳税人已申请稽核但尚未取得稽核相符结果的海关缴款书进项税额。

（6）“待转销项税额”明细科目，用来核算一般纳税人销售货物、加工修理修配劳务、服务、无形资产或不动产，已确认相关收入（或利得）但尚未发生增值税纳税义务而需于以后期间确认为销项税额的增值税额。

（7）“增值税留抵税额”明细科目，用来核算经税务机关核准的允许退还的增值税期末留抵税额，以及缴回的已退还的留抵退税款项。

（8）“简易计税”明细科目，用来核算一般纳税人采用简易计税方法发生的增值税计提、扣减、预缴、缴纳等业务。

（9）“转让金融商品应交增值税”明细科目，用来核算增值税纳税人转让金融商品发生的增值税额。

（10）“代扣代交增值税”明细科目，用来核算纳税人购进在境内未设经营机构的境外单位或个人在境内的应税行为代扣代缴的增值税。

3. 一般纳税人的账务处理

（1）取得资产或接受劳务等业务的账务处理。

① 采购等业务进项税额允许抵扣的账务处理。一般纳税人购进货物、加工修理修配劳务、服务、无形资产或不动产，按应计入相关成本费用或资产的金额，借记“在途物资”“原材料”“库存商品”“生产成本”“无形资产”“固定资产”“管理费用”等科目，按当月已认证的可抵扣增值税额，借记“应交税费——应交增值税（进项税额）”科目，按当月未认证的可抵扣增值税额，借记“应交税费——待认证进项税额”科目，按应付或实际支付的金额，贷记“应付账款”“应付票据”“银行存款”等科目。

原来未认证的可抵扣增值税额，经税务机关认证后，借记“应交税费——应交增值税（进项税额）”科目，贷记“应交税费——待认证进项税额”科目。

发生退货的，若原增值税专用发票已做认证，应根据取得的红字增值税专用发票做相反的会计分录；若原增值税专用发票未做认证，应将发票退回并做相反的会计分录。

知识拓展

购进农产品的账务处理

一般纳税人购进农产品时，按农产品买价和规定的税率计算的准予从企业销项税额中抵扣的进项税额，借记“应交税费——应交增值税（进项税额）”科目，按农产品买价扣除进项税额后的差额，借记“材料采购”“在途物资”“原材料”“库存商品”等科目，按应付或实际支付的金额，贷记“应付账款”“应付票据”“银行存款”等科目。

典型案例

例 7-13 甲公司采用实际成本法对原材料进行日常核算。甲公司 20×3 年 1 月发生以下经济业务，应编制的会计分录如下。

（1）2 日，采购一批原材料，取得的增值税专用发票上注明的价款为 100 000 元、增值税额为 13 000 元，材料尚未到达，款项已用银行存款支付。

借：在途物资　　100 000
　　应交税费——应交增值税（进项税额）　　13 000
　　贷：银行存款　　113 000

（2）6 日，采购的原材料到达且验收入库，取得的增值税专用发票上注明的运输费为 4 000 元、增值税额为 360 元，款项已用银行存款支付。

借：原材料　　104 000
　　应交税费——应交增值税（进项税额）　　360
　　贷：银行存款　　4 360
　　　　在途物资　　100 000

（3）10 日，采购一批免税农产品，取得的农产品收购发票上注明的买价为 200 000 元，扣除率为 9%，农产品尚未到达，款项已用银行存款支付。

准予抵扣的进项税额=200 000×9%=18 000（元）。

计入农产品成本的金额=200 000−18 000=182 000（元）。

借：在途物资　　182 000
　　应交税费——应交增值税（进项税额）　　18 000
　　贷：银行存款　　200 000

② 采购等业务进项税额不得抵扣的账务处理。一般纳税人购进货物、加工修理修配劳务、服务、无形资产或不动产，用于简易计税方法计税项目、免征增值税项目、集体福利或个人消费等，其进项税额按照现行增值税制度规定不得从销项税额中抵扣的，取得增值税专用发票时，应将待认证的目前不可抵扣的增值税进项税额，借记“应交税费——待认证进项税额”科目，贷记“银行存款”“应付账款”等科目。经税务机关认证为不可抵扣的增值税进项税额时，借记“应交税费——应交增值税（进项税额）”科目，贷记“应交税费——待认证进项税额”科目，同时，将增值税进项税额转出，借记相关成本费用或资产科目，贷记“应交税费——应交增值税（进项税额转出）”科目。

典型案例

例 7-14　20×3 年 4 月 10 日，甲公司外购 100 台空调作为福利发放给职工，取得的增值税专用发票上注明的价款为 500 000 元、增值税额为 65 000 元，款项已用银行存款支付，增值税专用发票尚未经税务机关认证。甲公司应编制的会计分录如下。

（1）4 月 10 日，购入空调，增值税专用发票尚未经税务机关认证时：

借：库存商品——空调　　500 000
　　应交税费——待认证进项税额　　65 000
　　贷：银行存款　　565 000

（2）增值税进项税额经税务机关认证为不可抵扣的增值税进项税额并转出时：

借：应交税费——应交增值税（进项税额）　　65 000
　　贷：应交税费——待认证进项税额　　65 000

借：库存商品——空调　　65 000
　　贷：应交税费——应交增值税（进项税额转出）　　65 000

（3）实际发放职工福利时：

借：应付职工薪酬——非货币性福利　　565 000
　　贷：库存商品——空调　　565 000

③ 货物等已验收入库但尚未取得增值税扣税凭证的账务处理。一般纳税人购进的货物等已到达且验收入库，但月末尚未收到增值税扣税凭证并未付款的，应在月末按货物清单或相关合同协议上的价格暂估入账，不需要将增值税的进项税额暂估入账。下月月初，用红字冲销原暂估入账金额，待取得相关增值税扣税凭证并经认证后，按应计入相关成本费用或资产的金额，借记“原材料”“库存商品”“固定资产”“无形资产”等科目，按取得的增值税专用发票上注明的增值税额，借记“应交税费——应交增值税（进项税额）”科目，按应付或实际支付的金额，贷记“应付账款”“应付票据”“银行存款”等科目。

典型案例

例 7-15 20×3 年 3 月 31 日，甲公司采购一批原材料，原材料已验收入库，但发票账单等结算凭证尚未收到，款项也尚未支付，该批原材料的暂估价值为 130 000 元。4 月 12 日，甲公司收到该批原材料的发票账单，取得的增值税专用发票上注明的价款为 130 000 元、增值税额为 16 900 元，款项已用银行存款支付。甲公司采用实际成本法进行原材料的日常核算，应编制的会计分录如下。

（1）3 月 31 日，暂估入账时：

借：原材料　　130 000
　　贷：应付账款——暂估应付账款　　130 000

（2）4 月 1 日，用红字冲销原暂估入账金额时：

借：原材料　　[130 000]
　　贷：应付账款——暂估应付账款　　[130 000]

（3）4 月 12 日，收到发票账单，支付货款时：

借：原材料　　130 000
　　应交税费——应交增值税（进项税额）　　16 900
　　贷：银行存款　　146 900

（2）销售等业务的账务处理。

① 销售业务的账务处理。企业销售货物、加工修理修配劳务、服务、无形资产或不动产，应当按应收或已收的金额，借记“应收账款”“应收票据”“银行存款”等科目，按取得的收入金额，贷记“主营业务收入”“其他业务收入”“固定资产清理”“工程结算”等科目，按现行增值税制度规定计算的销项税额（或采用简易计税方法计算的应纳增值税额），贷记“应交税费——应交增值税（销项税额）”或“应交税费——简易计税”科目。发生销

售退回的，应根据开具的红字增值税专用发票做相反的会计分录。

按照国家统一的会计制度确认收入或利得的时点早于按照增值税制度确认增值税纳税义务发生时点的，应将相关销项税额记入“应交税费——待转销项税额”科目，待实际发生纳税义务时再转入“应交税费——应交增值税（销项税额）”或“应交税费——简易计税”科目。

按照增值税制度确认增值税纳税义务发生时点早于按照国家统一的会计制度确认收入或利得的时点的，应按应纳增值税额，借记“应收账款”科目，贷记“应交税费——应交增值税（销项税额）”或“应交税费——简易计税”科目，按照国家统一的会计制度确认收入或利得时，应按扣除增值税销项税额后的金额确认收入。

提　示

增值税纳税义务发生时间：① 发生应税销售行为，为收讫销售款项或者取得索取销售款项凭据的当天，先开具发票的，为开具发票的当天；② 进口货物，为报关进口的当天。

增值税扣缴义务发生时间为纳税人增值税纳税义务发生的当天。

典型案例

例 7-16 20×3 年 4 月 15 日，甲公司销售一批原材料，原材料已送达且验收入库，甲公司开具的增值税专用发票上注明的价款为 60 000 元、增值税额为 7 800 元，发票账单等结算凭证已送达买方，货款尚未收到。甲公司应编制的会计分录如下。

借：应收账款　　67 800

　贷：主营业务收入　　60 000

　　应交税费——应交增值税（销项税额）　　7 800

② 视同销售的账务处理。企业发生税法上视同销售的行为，应当按照企业会计准则的相关规定进行相应的会计处理，并按照现行增值税制度规定计算的销项税额（或采用简易计税方法计算的应纳增值税额），借记“应付职工薪酬”“利润分配”“营业外支出”等科目，贷记“应交税费——应交增值税（销项税额）”或“应交税费——简易计税”科目。

典型案例

例 7-17 20×3 年 4 月 20 日，甲公司对外捐赠一批自产产品，适用的增值税税率为 13%，该批产品实际成本为 70 000 元，市场售价（不含增值税）为 90 000 元。甲公司应编制的会计分录如下。

甲公司对外捐赠自产产品应交的增值税销项税额=90 000×13%=11 700（元）。

借：营业外支出　　81 700

　贷：库存商品　　70 000

　　应交税费——应交增值税（销项税额）　　11 700

（3）进项税额抵扣情况发生改变的账务处理。

因发生非正常损失或改变用途等，原已计入进项税额、待抵扣进项税额或待认证进项税额，但按现行增值税制度规定不得从销项税额中抵扣的，借记“待处理财产损溢”“应付职工薪酬”“固定资产”“无形资产”等科目，贷记“应交税费——应交增值税（进项税额转出）”“应交税费——待抵扣进项税额”“应交税费——待认证进项税额”科目。

原不得抵扣且未抵扣进项税额的固定资产、无形资产等，因改变用途等用于允许抵扣进项税额的应税项目的，应按允许抵扣的进项税额，借记“应交税费——应交增值税（进项税额）”科目，贷记“固定资产”“无形资产”等科目。固定资产、无形资产等经上述调整后，应按调整后的账面价值在尚可使用年限内计提折旧或摊销。

典型案例

例 7-18 20×3 年 4 月 1 日，甲公司因管理不善引起火灾，导致一批库存材料毁损，该批材料的成本为 50 000 元，增值税进项税额为 6 500 元。甲公司应编制的会计分录如下。

借：待处理财产损溢——待处理流动资产损溢	56 500	
贷：原材料		50 000
应交税费——应交增值税（进项税额转出）		6 500

（4）交纳增值税的账务处理。

① 交纳当月应交增值税的账务处理。企业交纳当月应交的增值税时，借记“应交税费——应交增值税（已交税金）”科目，贷记“银行存款”科目。

② 交纳以前期间未交增值税的账务处理。企业交纳以前期间未交的增值税时，借记“应交税费——未交增值税”科目，贷记“银行存款”科目。

③ 预缴增值税的账务处理。企业预缴增值税时，借记“应交税费——预交增值税”科目，贷记“银行存款”科目。月末，企业应将“预交增值税”明细科目余额转入“未交增值税”明细科目，借记“应交税费——未交增值税”科目，贷记“应交税费——预交增值税”科目。房地产开发企业等在预缴增值税后，应直至纳税义务发生时方可从“应交税费——预交增值税”科目结转至“应交税费——未交增值税”科目。

④ 减免增值税的账务处理。当期直接减免增值税时，借记“应交税费——应交增值税（减免税款）”科目，贷记损益类相关科目。

（5）月末转出多交增值税和未交增值税的账务处理。

月度终了，企业应当将当月应交未交或多交的增值税自“应交增值税”明细科目转入“未交增值税”明细科目。对于当月应交未交的增值税，借记“应交税费——应交增值税（转出未交增值税）”科目，贷记“应交税费——未交增值税”科目；对于当月多交的增值税，借记“应交税费——未交增值税”科目，贷记“应交税费——应交增值税（转出多交增值税）”科目。

典型案例

例 7-19 20×3 年 5 月，甲公司当月发生的增值税销项税额合计为 680 000 元，增值税进项税额合计为 480 000 元，增值税进项税额转出合计为 30 000 元。6 月，甲公司交纳 5 月未交的增值税。甲公司应编制的会计分录如下。

（1）转出 5 月未交增值税时：

甲公司当月应交增值税=680 000−480 000+30 000=230 000（元）。

借：应交税费——应交增值税（转出未交增值税） 230 000

　　贷：应交税费——未交增值税 230 000

（2）6 月，交纳 5 月未交增值税时：

借：应交税费——未交增值税 230 000

　　贷：银行存款 230 000

4．小规模纳税人的账务处理

（1）应交增值税的科目设置。

小规模纳税人进行账务处理时，只需要在“应交税费”科目下设置“应交增值税”明细科目，该明细科目不再设置增值税专栏。该明细科目贷方登记应交纳的增值税额，借方登记实际交纳的增值税额，期末余额一般在贷方，反映企业应交未交的增值税额；若为借方余额，反映企业多交的增值税额。

提 示

> 小规模纳税人转让金融商品发生增值税应税行为和购进在境内未设经营机构的境外单位或个人在境内的应税行为代扣代缴增值税，应在“应交税费”科目下分别设置“转让金融商品应交增值税”和“代扣代交增值税”明细科目。

（2）取得资产或接受劳务等业务的账务处理。

小规模纳税人购进货物、应税服务或应税行为时，取得的增值税专用发票上注明的增值税额，一律不予抵扣，直接计入相关成本费用或资产。购进货物、应税服务或应税行为时，按应付或实际支付的全部款项（包括支付的增值税额），借记“材料采购”“在途物资”“原材料”“库存商品”等科目，贷记“应付账款”“应付票据”“银行存款”等科目。

（3）销售等业务的账务处理。

小规模纳税人销售货物、应税服务或应税行为时，按不含税的销售额和规定的增值税征收率计算应交纳的增值税。销售货物、应税服务或应税行为时，按取得的全部款项（包括应交的增值税额），借记“银行存款”等科目，按不含税的销售额，贷记“主营业务收入”等科目，按应交的增值税额，贷记“应交税费——应交增值税”科目。

典型案例

例 7-20 G公司为小规模纳税人。20×3年12月5日，G公司采购一批原材料，取得的增值税专用发票上注明的价款为30 000元、增值税额为3 900元，材料到达且验收入库。20×3年12月6日，G公司销售一批产品，适用的征收率为3%，减按1%的征收率征收增值税，开具的增值税普通发票上注明的价款（含增值税）为45 450元。以上款项均已用银行存款收付。G公司按规定用银行存款交纳增值税。G公司应编制的会计分录如下。

（1）12月5日，购入原材料时：

借：原材料　　33 900

　　贷：银行存款　　33 900

（2）12月6日，确认销售产品收入时：

不含增值税的销售额=45 450÷（1+1%）=45 000（元）。

应交增值税=45 000×1%=450（元）。

借：银行存款　　45 450

　　贷：主营业务收入　　45 000

　　　　应交税费——应交增值税　　450

（3）按规定交纳增值税时：

借：应交税费——应交增值税　　450

　　贷：银行存款　　450

（三）应交消费税的核算

1. 应交消费税概述

（1）消费税的概念。

消费税是指对我国境内从事生产、委托加工和进口应税消费品的单位和个人征收的一种税。

（2）消费税的计税方法。

消费税的计税方法包括从价定率、从量定额、从价定率和从量定额复合计税（简称“复合计税”）三种。其计算公式分别为

实行从价定率办法计算的应纳税额=销售额×比例税率　　（7-5）

实行从量定额办法计算的应纳税额=销售数量×定额税率　　（7-6）

实行复合计税办法计算的应纳税额=销售额×比例税率+销售数量×定额税率　　（7-7）

其中，属于销售应税消费品的，销售数量为应税消费品的销售数量；属于自产自用应税消费品的，销售数量为应税消费品的移送使用数量；属于委托加工应税消费品的，销售数量为纳税人收回的应税消费品数量；属于进口应税消费品的，销售数量为海关核定的应税消费品进口征税数量。

提　示

消费税计算公式中的销售额，与计征增值税的销售额口径一致，是指销售应税消费品向购买方收取的不含增值税的全部价款和价外费用。

2．应交消费税的科目设置

为了核算消费税的发生和交纳情况，企业应在“应交税费”科目下设置“应交消费税”明细科目。该明细科目贷方登记应交纳的消费税，借方登记已交纳的消费税。若期末余额在贷方，反映企业尚未交纳的消费税；若期末余额在借方，反映企业多交纳的消费税。

3．应交消费税的账务处理

（1）销售应税消费品。企业销售应税消费品时，按应交的消费税，借记“税金及附加”科目，贷记“应交税费——应交消费税”科目；实际交纳消费税时，借记“应交税费——应交消费税”科目，贷记“银行存款”科目。

典型案例

例 7-21　甲公司销售自产的高尔夫球具，开具的增值税专用发票上注明的价款为 50 000 元、增值税额为 6 500 元，款项已收到并存入银行。高尔夫球具适用的消费税税率为 10%，所售高尔夫球具的成本为 20 000 元。假设不考虑其他因素的影响，甲公司应编制的会计分录如下。

（1）确认销售高尔夫球具收入并结转相关成本时：

会计分录	借方	贷方
借：银行存款	56 500	
贷：主营业务收入		50 000
应交税费——应交增值税（销项税额）		6 500
借：主营业务成本	20 000	
贷：库存商品		20 000

（2）计提应交纳的消费税时：

应交消费税=50 000×10%=5 000（元）。

会计分录	借方	贷方
借：税金及附加	5 000	
贷：应交税费——应交消费税		5 000

（2）自产自用应税消费品。企业将自产应税消费品用于在建工程等非生产机构时，按应交的消费税，借记“在建工程”等科目，贷记“应交税费——应交消费税”科目。

典型案例

例 7-22　甲公司在建工程领用自产应税消费品的成本为 50 000 元，应交纳的消费税为 6 000 元。假设不考虑其他因素的影响，甲公司应编制的会计分录如下。

借：在建工程　　56 000
　　贷：库存商品　　50 000
　　　　应交税费——应交消费税　　6 000

（3）委托加工应税消费品（此知识点详见项目四任务一的“委托加工物资的核算”）。

（4）进口应税消费品。企业进口应税消费品时，交纳的消费税由海关代征，其交纳的消费税计入该进口应税消费品的成本，借记“材料采购”“在途物资”“原材料”“库存商品”等科目，贷记“银行存款”等科目。

例 7-23　甲公司进口一批需要交纳消费税的商品，该商品的关税完税价格为 525 000 元，按规定应交纳的关税为 105 000 元，该进口应税消费品的消费税税率为 10%，增值税税率为 13%。货物报关后，甲公司自海关取得海关进口消费税专用缴款书和海关进口增值税专用缴款书，进口应税消费品已验收入库，款项已用银行存款支付。甲公司应编制的会计分录如下。

应交消费税=（525 000+105 000）÷（1−10%）×10%=70 000（元）。

进口商品的入账成本=525 000+105 000+70 000=700 000（元）。

应交增值税=700 000×13%=91 000（元）。

借：库存商品　　700 000
　　应交税费——应交增值税（进项税额）　　91 000
　　贷：银行存款　　791 000

（四）其他应交税费的核算

1．应交城市维护建设税和应交教育费附加的账务处理

城市维护建设税和教育费附加是以增值税和消费税为计税依据，对缴纳增值税和消费税的单位和个人征收的税。城市维护建设税和教育费附加分别与增值税、消费税同时缴纳。其应纳税额计算公式为

应纳税额=（实际交纳的增值税+实际交纳的消费税）×适用税率　　（7-8）

为了核算城市维护建设税和教育费附加的发生和交纳情况，企业应在“应交税费”科目下设置“应交城市维护建设税”“应交教育费附加”明细科目。

企业按规定计算应交纳的城市维护建设税和教育费附加时，借记“税金及附加”科目，贷记“应交税费——应交城市维护建设税”“应交税费——应交教育费附加”科目；企业按规定实际交纳城市维护建设税和教育费附加时，借记“应交税费——应交城市维护建设税”“应交税费——应交教育费附加”科目，贷记“银行存款”科目。

典型案例

例 7-24 20×3 年 3 月，甲公司实际交纳的增值税为 710 000 元，实际交纳的消费税为 560 000 元，适用的城市维护建设税税率为 7%，教育费附加率为 3%。甲公司已用银行存款交纳城市维护建设税和教育费附加。甲公司应编制的会计分录如下。

（1）计提应交城市维护建设税和教育费附加时：

应交城市维护建设税=（710 000+560 000）×7%=88 900（元）。

应交教育费附加=（710 000+560 000）×3%=38 100（元）。

借：税金及附加　　127 000

　贷：应交税费——应交城市维护建设税　　88 900

　　　　　　——应交教育费附加　　38 100

（2）交纳城市维护建设税和教育费附加时：

借：应交税费——应交城市维护建设税　　88 900

　　　　　——应交教育费附加　　38 100

　贷：银行存款　　127 000

2. 应交资源税的账务处理

资源税是对在我国境内开采矿产品或者生产盐的单位和个人征收的一种税。为了核算资源税的发生和交纳情况，企业应在“应交税费”科目下设置“应交资源税”明细科目。

企业按规定计算对外销售应税产品应交纳的资源税时，借记“税金及附加”科目，贷记“应交税费——应交资源税”科目；企业按规定计算自产自用应税产品应交纳的资源税时，借记“生产成本”“制造费用”等科目，贷记“应交税费——应交资源税”科目；企业按规定实际交纳资源税时，借记“应交税费——应交资源税”科目，贷记“银行存款”科目。

典型案例

例 7-25 甲公司自产某种资源税应税矿产品，按税法规定该种矿产品每吨交纳资源税 5 元。20×3 年，甲公司投入生产使用该种自产资源税应税矿产品 500 吨，对外销售该种自产资源税应税矿产品 3 000 吨。甲公司已用银行存款交纳资源税。假设不考虑其他因素的影响，甲公司应编制的会计分录如下。

（1）计提自产自用应税矿产品应交资源税时：

企业自产自用应税矿产品应交资源税=500×5=2 500（元）。

借：生产成本　　2 500

　贷：应交税费——应交资源税　　2 500

（2）计提对外销售应税矿产品应交资源税时：

企业对外销售应税矿产品应交资源税=3 000×5=15 000（元）。

借：税金及附加　　15 000

　贷：应交税费——应交资源税　　15 000

（3）交纳资源税时：

借：应交税费——应交资源税　　17 500

　　贷：银行存款　　17 500

3．应交土地增值税的账务处理

土地增值税是对转让国有土地使用权、地上建筑物及其附着物（简称转让房地产）并取得收入的单位和个人征收的一种税。为了核算土地增值税的发生和交纳情况，企业应在“应交税费”科目下设置“应交土地增值税”明细科目。

根据企业对房地产核算方法的不同，企业应交土地增值税的账务处理也有所区别。

（1）企业转让的土地使用权连同地上建筑物及其附着物一并在“固定资产”科目核算的，按转让时应交的土地增值税，借记“固定资产清理”科目，贷记“应交税费——应交土地增值税”科目。

（2）企业转让的土地使用权在“无形资产”科目核算的，按实际收到的金额，借记“银行存款”科目，按摊销的无形资产的金额，借记“累计摊销”科目，按已计提的无形资产减值准备，借记“无形资产减值准备”科目，按应交的土地增值税，贷记“应交税费——应交土地增值税”科目，同时冲销土地使用权的账面价值，贷记“无形资产”科目，按借贷方差额，借记或贷记“资产处置损益”科目。

（3）房地产开发经营企业销售房地产应交纳的土地增值税，借记“税金及附加”科目，贷记“应交税费——应交土地增值税”科目。

企业按规定实际交纳土地增值税时，借记“应交税费——应交土地增值税”科目，贷记“银行存款”科目。

典型案例

例 7-26　20×3 年 7 月，甲公司对外转让一间仓库，根据税法规定计算的应交土地增值税为 50 000 元，款项已用银行存款支付。甲公司应编制的会计分录如下。

（1）计提应交土地增值税时：

借：固定资产清理　　50 000

　　贷：应交税费——应交土地增值税　　50 000

（2）交纳土地增值税时：

借：应交税费——应交土地增值税　　50 000

　　贷：银行存款　　50 000

4．应交房产税、应交城镇土地使用税和应交车船税的账务处理

房产税是国家对在城市、县城、建制镇和工矿区的产权所有人征收的一种税。房产税依照房产原值一次减除 10%至 30%后的余值计算缴纳。没有房产原值作为依据的，由房产所在地税务机关参考同类房产核定；房产出租的，以房产租金收入为房产税的计税依据。

城镇土地使用税是国家为了合理利用城镇土地，调节土地级差收入，提高土地使用效

益，加强土地管理而对城市、县城、建制镇和工矿区范围内使用土地的单位和个人征收的一种税。城镇土地使用税以纳税人实际占用的土地面积为计税依据，依照规定税额计算征收。

车船税是对《中华人民共和国车船税法》所附的《车船税税目税额表》里规定的车辆、船舶的所有人或者管理人征收的一种税。

为了核算房产税、城镇土地使用税和车船税的发生和交纳情况，企业应在“应交税费”科目下设置“应交房产税”“应交城镇土地使用税”“应交车船税”明细科目。

企业按规定计算应交的房产税、城镇土地使用税和车船税时，借记“税金及附加”科目，贷记“应交税费——应交房产税”“应交税费——应交城镇土地使用税”“应交税费——应交车船税”科目；实际交纳房产税、城镇土地使用税和车船税时，借记“应交税费——应交房产税”“应交税费——应交城镇土地使用税”“应交税费——应交车船税”科目，贷记“银行存款”科目。

任务拓展　编制甲公司应交税费相关的会计分录

20×3 年 8 月，甲公司根据税法规定计算的应交房产税为 60 000 元、应交城镇土地使用税为 52 000 元、应交车船税为 40 000 元，以上款项均已用银行存款支付。

要求：编制甲公司应交税费相关的会计分录。

7-1 任务拓展参考答案

素养之窗

税收是国家存在和发展的经济基础，依法纳税是每一个公民应尽的责任与义务。作为会计工作人员，应理解纳税的作用和意义，树立正确的税收观念，认真履行纳税义务，坚持诚信纳税。

任务二 核算非流动负债

任务导入

非流动负债是企业负债的重要组成部分，具有偿还期限较长、金额较大等特点。正确地核算非流动负债，可以帮助投资者和债权人了解企业的负债结构及长期偿债能力，帮助经营管理者管理企业的负债水平，避免过度负债带来的财务风险。因此，小张认真学习非流动负债的核算方法，以便正确地核算非流动负债，加强企业非流动负债的管理。

本任务的知识和技能要求如表 7-6 所示。

表 7-6 知识和技能要求

类 型	具体内容	学习程度		
		了解	掌握	应用
知识要求	长期借款的核算方法		●	
	应付债券的核算方法		●	
	长期应付款的核算方法		●	
技能要求	编制甲公司非流动负债相关的会计分录			●

班级______________ 姓名______________ 学号______________

任务工单

（一）任务描述

以小组为单位，编制甲公司非流动负债相关的会计分录。

（二）任务分工

全班学生以 3～5 人为一组进行分组，每组设组长 1 名，小组讨论任务分工并将分工情况填写到表 7-7 中。

表 7-7　小组成员及分工情况

小组成员	姓　名	学　号	任务分工
组长			
组员			

（三）任务准备

请各组长组织组员观看“非流动负债基础知识”视频，收集和整理相关资料，讨论并回答下列问题。

非流动负债基础知识

（1）什么是非流动负债？非流动负债主要包括什么？

（2）“长期借款”科目是如何设置的？

班级____________ 姓名____________ 学号____________

（四）任务实施

以小组为单位，根据甲公司发生的以下经济业务编制相关的会计分录。

（1）20×2 年 1 月 1 日，向银行借入资金 300 000 元，用于生产经营，借款期限为 3 年，年利率为 5%（实际利率与合同利率差异较小），根据借款协议，该长期借款到期一次还本付息，不计复利。

（2）每月末计提长期借款利息。

（3）20×5 年 1 月 1 日，偿还该长期借款的本金和利息。

（五）任务评价

各组派代表展示任务实施成果，并配合指导老师完成表 7-8 所示的任务评价。

表 7-8 任务评价

评价项目	评价内容	评价分数			
		分值	自评	组评	师评
职业素养（40%）	考勤、仪容仪表	10 分			
	责任意识、纪律意识	10 分			
	团队合作与交流	20 分			
专业能力（60%）	任务准备的完成度	20 分			
	任务实施的完成度	20 分			
	任务实施成果的展示效果	20 分			
合计	综合分数______自评（25%）+组评（25%）+师评（50%）	100 分			
	综合等级______	指导老师签字__________			
综合评价					

一、长期借款的核算

（一）长期借款的科目设置

为了核算长期借款的借入和归还等情况，企业应设置“长期借款”科目。该科目贷方登记长期借款本息的增加额，借方登记长期借款本息的减少额，期末余额在贷方，反映企业尚未偿还的长期借款。“长期借款”科目可根据贷款单位和贷款种类，分别设置“本金”“利息调整”“应计利息”等明细科目。

课堂讨论

长期借款和短期借款有何不同？

（二）长期借款的账务处理

1．取得长期借款

企业借入长期借款时，按实际收到的金额，借记“银行存款”科目，贷记“长期借款——本金”科目，若存在差额，还应借记“长期借款——利息调整”科目。

2．发生长期借款利息

企业计提长期借款利息时，按长期借款的摊余成本和实际利率计算确定的长期借款利息费用，借记“在建工程”“制造费用”“财务费用”“研发支出”等科目，按借款本金和合同利率计算确定的应付未付利息，如果属于到期一次还本付息的，贷记“长期借款——应计利息”科目，如果属于分期付息的，贷记“应付利息”科目，按借贷方差额，贷记“长期借款——利息调整”科目。

提 示

当长期借款的合同利率与实际利率不同时，企业的利息费用按照实际利率计算确认，合同利息与实际利息之间的差额，记入“长期借款——利息调整”科目。实际利率与合同利率差异较小的，也可以采用合同利率计算确定利息费用。

长期借款利息应当按照以下原则计入有关成本或费用。长期借款利息属于筹建期间的，计入管理费用；属于生产经营期间的，计入财务费用。如果长期借款用于购建固定资产等符合资本化条件的资产时，在资产尚未达到预定可使用状态前发生的利息支出，应当资本化，计入在建工程等相关资产成本；资产达到预定可使用状态后发生的利息支出，以及按规定不予资本化的利息支出，计入财务费用。

3．归还长期借款

对于到期一次还本付息的长期借款，到期归还长期借款本金和利息时，借记“长期借款——本金”“长期借款——应计利息”科目，贷记“银行存款”科目。

对于分期付息、到期还本的长期借款，每期支付利息时，借记“应付利息”科目，贷记“银行存款”科目；到期偿还长期借款本金时，借记“长期借款——本金”科目，贷记“银行存款”科目。

典型案例

例 7-27 20×2年9月30日，甲公司向银行借入资金5 000 000元，借款期限为3年，年利率为4.8%（合同利率与实际利率差异较小），根据借款协议，该长期借款到期一次还本付息，不计复利。当日，甲公司使用该借款购入一台不需要安装即可投入使用的机器设备，取得的增值税专用发票上注明的价款为4 000 000元、增值税额为520 000元，发生运输费，取得的增值税专用发票上注明的运输费为100 000元、增值税额为9 000元，以上款项均已用银行存款收付。该机器设备已于购买当日投入使用。20×5年9月30日，甲公司偿还该长期借款的本金和利息。甲公司采用月末计提的方式进行长期借款利息的核算，应编制的会计分录如下。

（1）20×2年9月30日，借入长期借款时：

借：银行存款　　5 000 000

　　贷：长期借款——本金　　5 000 000

（2）购入一台不需要安装即可投入使用的机器设备时：

借：固定资产——机器设备　　4 100 000

　　应交税费——应交增值税（进项税额）　　529 000

　　贷：银行存款　　4 629 000

（3）20×2年10月至20×5年8月，每月末计提长期借款利息时：

每月末应计提的长期借款利息=5 000 000×4.8%÷12=20 000（元）。

借：财务费用　　20 000

　　贷：长期借款——应计利息　　20 000

（4）20×5年9月30日，偿还该长期借款本金和利息时：

累计计提的长期借款利息=20 000×（3×12−1）=700 000（元）。

到期应偿还的长期借款本金和利息=5 000 000+5 000 000×4.8%×3=5 720 000（元）。

借：长期借款——本金　　5 000 000

　　　　　　——应计利息　　700 000

　　财务费用　　20 000

　　贷：银行存款　　5 720 000

提示

根据《小企业会计准则》的规定，小企业的长期借款应当按照借款本金和借款合同利率在应付利息日计提利息费用，计入相关资产成本或财务费用。

二、应付债券的核算

公司债券的发行方式有平价发行、溢价发行和折价发行 3 种。平价发行是指债券以其票面金额作为发行价格发行的一种发行方式；溢价发行是指债券以高于其票面金额的价格发行的一种发行方式；折价发行是指债券以低于其票面金额的价格发行的一种发行方式。

提 示

溢价或折价实质上是发行债券企业在债券存续期内对利息费用的一种调整，溢价是企业在以后各期多付利息而事先得到的补偿，折价是企业在以后各期少付利息而预先给投资者的补偿。

（一）应付债券的科目设置

为了核算应付债券发行、计提利息和还本付息等情况，企业应设置“应付债券”科目。该科目贷方登记应付债券的本金和利息，借方登记归还的债券本金和利息，期末余额在贷方，反映企业尚未偿还的长期债券摊余成本。“应付债券”科目可设置“面值”“利息调整”“应计利息”等明细科目。

提 示

企业应设置“企业债券备查簿”，逐笔登记应付债券的票面金额、债券票面利率、还本付息期限和方式、发行总额、发行日期和编号、委托代售单位和转换股份等资料。企业债券到期兑付时，应在备查簿中予以注销。

（二）应付债券的账务处理

1. 发行债券

企业发行债券时，无论是平价发行，还是溢价发行或折价发行债券，均是按实际收到的金额，借记“银行存款”等科目，按债券票面金额，贷记“应付债券——面值”科目，按实际收到的金额与债券票面金额之间的差额，借记或贷记“应付债券——利息调整”科目。

2. 计提债券利息

企业发行债券，应采用实际利率法（按照实际利率计算其摊余成本和各期利息的方法）按期计算债券利息，将应付债券面值（折价或溢价发行时为摊余成本）和实际利率计算的债券利息费用，按照与长期借款利息相一致的处理原则，根据筹集资金的用途，资本化计入有关成本或费用化计入当期费用。

企业计提利息时，按采用实际利率法计算确定的应付债券的利息费用，借记“在建工程”“制造费用”“财务费用”“研发支出”等科目，按票面利率计算确定的应付未付利息，对于到期一次还本付息的债券，贷记“应付债券——应计利息”科目，对于分期付息、到期一次还本的债券，贷记“应付利息”科目，按借贷方差额，借记或贷记“应付债券——利息调整”科目。

3. 还本付息

对于到期一次还本付息的债券，到期支付债券本金和利息时，借记“应付债券——面值”“应付债券——应计利息”科目，贷记“银行存款”等科目。

对于分期付息、到期一次还本的债券，每期支付利息时，借记“应付利息”科目，贷记“银行存款”科目；到期偿还债券本金并支付最后一期利息时，借记“应付债券——面值”“在建工程”“财务费用”等科目，贷记“银行存款”等科目，借方和贷方存在差额的，借记或贷记“应付债券——利息调整”科目。

典型案例

例 7-28 20×1 年 1 月 1 日，甲公司平价发行期限为 3 年、到期一次还本付息、票面利率为 6%（不计复利）、票面金额为 20 000 000 元的债券。当日，甲公司取得债券发行价款净额 20 000 000 元并用于建造厂房。20×3 年 12 月 31 日工程尚未完工，计提该债券的利息，将该债券产生的实际利息费用全部资本化，作为在建工程成本。20×4 年 1 月 1 日，甲公司偿还该债券本金和利息。以上款项均已用银行存款收付。债券发行时的市场利率和票面利率相同，假设不考虑其他因素的影响，甲公司应编制的会计分录如下。

（1）20×1 年 1 月 1 日，发行债券时：

	借方	贷方
借：银行存款	20 000 000	
贷：应付债券——面值		20 000 000

（2）20×1 年至 20×3 年，每年年末计提债券利息时：

每年末应计提的债券利息=20 000 000×6%×1=1 200 000（元）。

	借方	贷方
借：在建工程	1 200 000	
贷：应付债券——应计利息		1 200 000

（3）20×4 年 1 月 1 日，偿还该债券本金和利息时：

累计计提的债券利息=1 200 000×3=3 600 000（元）。

	借方	贷方
借：应付债券——面值	20 000 000	
——应计利息	3 600 000	
贷：银行存款		23 600 000

三、长期应付款的核算

（一）长期应付款的科目设置

为了核算长期应付款的发生和偿还情况，企业应设置“长期应付款”科目。该科目贷方登记发生的长期应付款，借方登记偿还的长期应付款，期末余额在贷方，反映企业应付未付的长期应付款项。“长期应付款”科目可根据长期应付款的种类和债权人设置明细科目。

（二）长期应付款的账务处理

企业购买资产有可能延期支付有关价款。如果延期支付的购买价款超过正常信用条件，实质上具有融资性质，所购资产的成本应当以延期支付购买价款的现值（按各期实际支付价款选择适当的折现率进行折现后的金额）之和为基础确认。各期实际支付的价款之和与其现值之和的差额，应当在信用期内采用实际利率法进行摊销，计入相关资产成本或当期损益。

企业购入资产超过正常信用条件延期支付价款、实质上具有融资性质时，按购买价款的现值，借记"固定资产""在建工程"等科目，按应支付的金额，贷记"长期应付款"科目，按借贷方差额，借记"未确认融资费用"科目。

提　示

"未确认融资费用"科目属于负债类科目，在编制财务报表时作为长期应付款的抵减项目，用来核算企业应当分期计入利息费用的未确认融资费用。

任务拓展　编制甲公司应付债券相关的会计分录

20×1 年 1 月 1 日，甲公司发行期限为 5 年、每年末付息、到期一次还本、票面利率为 6%（不计复利）、票面金额为 2 000 000 元的债券。债券发行价格为 2 086 540 元，债券发行时的市场利率为 5%。甲公司采用实际利率法按期计算债券利息。

要求：假设不考虑其他因素的影响，编制甲公司债券利息调整表和应付债券相关的会计分录。

7-2 任务拓展参考答案

项目实训

（一）实训要求

编制甲公司流动负债和非流动负债相关的会计分录，掌握流动负债和非流动负债的核算方法。

（二）实训内容

（1）20×3 年 9 月，甲公司发生的与职工薪酬有关的部分经济业务如下。

① 将拥有的 10 辆小汽车无偿提供给 10 位部门经理使用，每辆汽车每月应计提的折旧额为 5 000 元。

② 将 150 台自产的 A 产品作为非货币性福利发放给职工使用。每件产品的生产成本为

2 000 元，市场售价为 3 000 元（不含增值税），甲公司有生产工人 100 人，车间管理人员 20 人，行政管理人员 20 人，专设销售机构人员 10 人。

③ 月末，分配职工工资 740 000 元，其中生产工人工资为 400 000 元，车间管理人员工资为 120 000 元，行政管理人员工资为 160 000 元，专设销售机构人员工资为 60 000 元。

④ 按规定从应付职工薪酬中扣还个人所得税 5 000 元。

⑤ 从应付张经理的工资中，扣还上月代垫的应由其本人负担的 8 000 元医药费。

要求：根据上述经济业务编制相关的会计分录。

（2）20×3 年 1 月 1 日，甲公司购入一台不需要安装即可投入使用的生产设备，取得的增值税专用发票上注明的价款为 6 000 000 元、增值税额为 780 000 元。设备价款分 3 年支付，每年年末支付 2 000 000 元，增值税已用银行存款支付。该生产设备已投入使用。3 年期银行借款年利率为 6%，市场利率与借款年利率相同，（P/A，6%，3）=2.673 0。

要求：假设不考虑其他因素的影响，根据上述经济业务编制相关的会计分录。

项目考核

（一）单项选择题

（1）某公司本期实际交纳的增值税为 400 000 元，消费税为 200 000 元，土地增值税为 200 000 元，适用的城市维护建设税税率为 7%，则应交的城市维护建设税为（　　）元。

A．28 000　　B．42 000

C．56 000　　D．80 000

（2）某公司为小规模纳税人，购入原材料取得的增值税专用发票上注明的价款为 20 000 元、增值税额为 2 600 元，在购入材料的过程中另支付运输费 600 元、增值税额 54 元。则该公司原材料的入账价值为（　　）元。

A．23 254　　B．20 600

C．20 000　　D．22 600

（3）（　　）发行债券是指债券以高于其票面金额的价格发行。

A．平价　　B．折价

C．溢价　　D．以上都不对

（4）下列选项中，属于长期应付款核算内容的有（　　）。

A．以分期付款方式购入固定资产发生的应付款项（具有融资性质的）

B．应交的印花税

C．应交的城市维护建设税

D．尚未支付的采购原材料价款

（二）多项选择题

（1）下列选项中，属于应付职工薪酬核算内容的有（　　）。

A. 养老保险　　B. 医疗保险

C. 住房公积金　　D. 失业保险

（2）企业交纳的下列税费中，通过“应交税费”科目核算的有（　　）。

A. 教育费附加　　B. 土地增值税

C. 消费税　　D. 城市维护建设税

（3）下列关于债券溢价和折价的说法中，正确的有（　　）。

A. 折价是企业在以后各期少付利息而预先给投资者的补偿

B. 溢价或折价实质上是发行债券企业在债券存续期内对利息费用的一种调整

C. 溢价是企业在以后各期多付利息而事先得到的补偿

D. 债券溢价是企业发行债券的收益

（4）企业发生长期借款利息的会计处理可能涉及的会计科目有（　　）。

A. “在建工程”　　B. “制造费用”

C. “资本公积”　　D. “研发支出”

（三）判断题

（1）企业开出的银行承兑汇票到期时，若企业无力支付票款，应将应付票据按账面余额转为应付账款。（　　）

（2）小规模纳税人购进货物、应税服务或应税行为，取得的增值税专用发票上注明的增值税额，一律不予抵扣，直接计入相关成本费用或资产。（　　）

（3）长期借款按借款本金和合同利率计算确定的应付未付利息，如果属于分期付息的，贷记“应付利息”科目。（　　）

（4）企业溢价发行债券时，按实际收到的金额，贷记“应付债券——面值”科目。（　　）

（四）实务题

（1）20×3 年 6 月 1 日，甲公司“应交税费”科目余额为零，本月发生的经济业务如下。

① 购入一批原材料，取得的增值税专用发票上注明的价款为 250 000 元、增值税额为 32 500 元，款项已用银行存款支付。该批原材料的计划成本为 256 000 元，材料已送达且验收入库。甲公司采用计划成本法对原材料进行日常核算。

② 销售一批应税消费品，开具的增值税专用发票上注明的价款为 300 000 元、增值税额为 39 000 元，款项已收到并存入银行。该批应税消费品适用的消费税税率为 10%，成本为 250 000 元。

③ 销售一批产品，开具的增值税专用发票上注明的价款为 200 000 元、增值税额为 26 000 元，该批产品的成本为 160 000 元，上月收取预付款 100 000 元，其余货款尚未收到。

④ 本月实际交纳增值税 32 500 元，消费税 30 000 元，按规定计提本月应交城市维护建设税和教育费附加，甲公司适用的城市维护建设税税率为 7%，教育费附加率为 3%。

要求：假设不考虑其他因素的影响，根据上述经济业务编制相关的会计分录。

（2）20×3 年 1 月 1 日，甲公司向银行借入资金 1 500 000 元，借款期限为 2 年，年利率为 6%（不计复利）。还本付息方式有两种：① 每年年末付息，到期还本；② 到期一次还本付息。

要求：假设实际利率与合同利率差异较小，根据上述两种还本付息方式，分别编制取得借款、计息、偿还本金和利息相关的会计分录。

项目八

所有者权益的核算

项目导读

所有者权益是指企业资产扣除负债后由所有者享有的剩余权益。所有者权益主要由实收资本（或股本）、资本公积、其他综合收益、留存收益等构成，是企业运营和发展的重要基础，能够反映企业的综合竞争力。因此，企业应加强对所有者权益的核算和管理，以便确保财务信息的完整性和准确性，更好地维护公司利益和所有者权益，促进企业可持续发展。

知识目标

- 掌握实收资本（或股本）和资本公积的核算方法。
- 掌握其他综合收益和留存收益的核算方法。

技能目标

- 具有核算实收资本（或股本）和资本公积的能力。
- 具有核算其他综合收益和留存收益的能力。

素养目标

- 追求平等和公正，维护企业所有者权益。

任务一 核算实收资本（或股本）和资本公积

任务导入

实收资本（或股本）是企业重要的资金来源，是保证企业持续经营和偿还债务的基础。资本公积是企业收到投资者出资额超出其在企业注册资本（或股本）中所占份额的部分，以及其他资本公积等。正确地核算实收资本（或股本）和资本公积，有助于准确地反映企业资金来源和所有者权益的情况。因此，小张积极学习实收资本（或股本）和资本公积的相关知识，以便更好地评估企业的资本结构，为会计信息使用者的决策提供依据。

本任务的知识和技能要求如表 8-1 所示。

表 8-1 知识和技能要求

类型	具体内容	学习程度		
		了解	掌握	应用
知识要求	实收资本（或股本）的核算方法		●	
	资本公积的核算方法		●	
技能要求	编制 P 有限责任公司实收资本和资本公积相关的会计分录			●

班级________ 姓名________ 学号________

任务工单

（一）任务描述

以小组为单位，编制P有限责任公司实收资本和资本公积相关的会计分录。

（二）任务分工

全班学生以3～5人为一组进行分组，每组设组长1名，小组讨论任务分工并将分工情况填写至表8-2中。

表8-2 小组成员及分工情况

小组成员	姓　名	学　号	任务分工
组长			
组员			

（三）任务准备

请各组长组织组员观看“实收资本（或股本）和资本公积基础知识”视频，收集和整理相关资料，讨论并回答下列问题。

实收资本（或股本）和资本公积基础知识

（1）什么是所有者权益？所有者权益的来源是什么？

（2）什么是实收资本（或股本）？什么是资本公积？

（3）“实收资本（或股本）”“资本公积”科目是如何设置的？

班级____________ 姓名____________ 学号____________

（四）任务实施

以小组为单位，根据P有限责任公司发生的以下经济业务编制相关的会计分录。

（1）A和B两位投资者共同投资设立P有限责任公司，注册资本为1 000 000元，其中，A和B两位投资者投入的资本均为500 000元，持股比例各占50%。投资款已全部收到并存入银行。

（2）一年后，为扩大经营规模，经股东会批准，P有限责任公司引入C投资者加入，注册资本增加到1 500 000元。按照投资协议约定，C投资者需投入现金600 000元，享有该公司1/3的股权。投资款已全部收到并存入银行。

（五）任务评价

各组派代表展示任务实施成果，并配合指导老师完成表8-3所示的任务评价。

表8-3 任务评价

<table>
<tr><th rowspan="2">评价项目</th><th rowspan="2">评价内容</th><th colspan="4">评价分数</th></tr>
<tr><th>分值</th><th>自评</th><th>组评</th><th>师评</th></tr>
<tr><td rowspan="3">职业素养（40%）</td><td>考勤、仪容仪表</td><td>10分</td><td></td><td></td><td></td></tr>
<tr><td>责任意识、纪律意识</td><td>10分</td><td></td><td></td><td></td></tr>
<tr><td>团队合作与交流</td><td>20分</td><td></td><td></td><td></td></tr>
<tr><td rowspan="3">专业能力（60%）</td><td>任务准备的完成度</td><td>20分</td><td></td><td></td><td></td></tr>
<tr><td>任务实施的完成度</td><td>20分</td><td></td><td></td><td></td></tr>
<tr><td>任务实施成果的展示效果</td><td>20分</td><td></td><td></td><td></td></tr>
<tr><td rowspan="2">合计</td><td>综合分数______自评（25%）+组评（25%）+师评（50%）</td><td>100分</td><td></td><td></td><td></td></tr>
<tr><td>综合等级______</td><td colspan="4">指导老师签字__________</td></tr>
<tr><td>综合评价</td><td colspan="5"></td></tr>
</table>

一、实收资本（或股本）的核算

（一）实收资本（或股本）的科目设置

为了核算除股份有限公司外的其他各类公司接受投资者投入的实收资本的情况，企业应设置“实收资本”科目。该科目贷方登记收到投资者符合注册资本的出资额，借方登记按法定程序报经批准减少的注册资本额，期末余额在贷方，反映企业实收资本的实有数额。“实收资本”科目可根据投资者设置明细科目。企业（中外合作经营）根据合同规定在合作期间归还投资者的投资，应在本科目设置“已归还投资”明细科目。

为了核算股份有限公司股本情况，企业应设置“股本”科目。该科目贷方登记已发行的股票面值，借方登记经批准核销的股票面值，期末余额在贷方，反映企业发行在外的股票面值。“股本”科目可根据股票的类别设置明细科目。

知识拓展

股东的出资形式

股东可以用货币出资，也可以用实物、知识产权和土地使用权等可以用货币估价并可以依法转让的非货币财产作价出资；但是，法律、行政法规规定不得作为出资的财产除外。对作为出资的非货币财产应当评估作价，核实财产，不得高估或者低估作价。法律、行政法规对评估作价有规定的，从其规定。

（二）实收资本（或股本）的形成

1. 股份有限公司以外的企业实收资本的账务处理

（1）接受现金资产投资。

股份有限公司以外的企业接受现金资产投资时，按实际收到的金额，借记“银行存款”等科目，按投资合同或协议约定的投资者在企业注册资本中所占份额的部分，贷记“实收资本”科目，按借贷方差额，贷记“资本公积——资本溢价”科目。

典型案例

例 8-1 寅、卯和辰 3 位投资者共同投资设立 L 有限责任公司，注册资本为 3 000 000 元，其中，寅、卯和辰 3 位投资者投入的资本分别为 1 650 000 元、1 050 000 元和 300 000 元，持股比例分别为 55%、35%和 10%。投资款已全部收到并存入银行。L 有限责任公司应编制的会计分录如下。

借：银行存款	3 000 000	
贷：实收资本——寅		1 650 000
——卯		1 050 000
——辰		300 000

（2）接受非现金资产投资。

股份有限公司以外的企业接受非现金资产（如固定资产、存货和无形资产等）投资时，按投资合同或协议约定的价值（不公允的除外），借记“固定资产”“其他应收款”“无形资产”等科目，按取得的增值税专用发票上注明的增值税额，借记“应交税费——应交增值税（进项税额）”科目，按投资合同或协议约定的投资者在企业注册资本中所占份额的部分，贷记“实收资本”科目，按借贷方差额，贷记“资本公积——资本溢价”科目。

典型案例

例 8-2 M有限责任公司在设立时收到甲公司、乙公司和丙公司的投资，并与甲公司、乙公司和丙公司约定，公司接受投入资产以合同价款与相关增值税额之和作为实收资本。M有限责任公司收到投资的情况如下。

（1）收到甲公司作为资本投入的一台不需要安装即可投入使用的生产设备，合同约定该生产设备的价款为1 500 000元、增值税额为195 000元（由投资方支付税款，并开具增值税专用发票）。合同约定的该生产设备的价值与其公允价值相符。

（2）收到乙公司作为资本投入的一批原材料，合同约定该批原材料的价款为500 000元、增值税额为65 000元（由投资方支付税款，并开具增值税专用发票）。合同约定的该批原材料的价值与其公允价值相符。

（3）收到丙公司作为资本投入的一项非专利技术，合同约定该非专利技术的价值为350 000元、增值税额为21 000元（由投资方支付税款，并开具增值税专用发票）。合同约定的该非专利技术的价值与其公允价值相符。

假设不考虑其他因素的影响，M有限责任公司应编制的会计分录如下。

（1）收到甲公司作为资本投入的一台不需要安装即可投入使用的生产设备时：

借：固定资产——生产设备　　1 500 000
　　应交税费——应交增值税（进项税额）　　195 000
　　贷：实收资本——甲公司　　1 695 000

（2）收到乙公司作为资本投入的一批原材料时：

借：原材料　　500 000
　　应交税费——应交增值税（进项税额）　　65 000
　　贷：实收资本——乙公司　　565 000

（3）收到丙公司作为资本投入的一项非专利技术时：

借：无形资产——非专利技术　　350 000
　　应交税费——应交增值税（进项税额）　　21 000
　　贷：实收资本——丙公司　　371 000

2. 股份有限公司股本的账务处理

股份有限公司在发行股票时，既可以平价发行，也可以溢价发行。我国目前不允许折价

发行股票。

（1）平价发行股票。

股份有限公司平价发行股票并收到股东的出资额时，按实际收到的金额，借记“银行存款”等科目，按股票面值和发行股份总数计算的股票面值总额，贷记“股本”科目。

典型案例

例8-3 N股份有限公司平价发行普通股8 000 000股，每股面值为3元。股票发行成功，股票款已全部存入银行。假设不考虑其他因素的影响，N股份有限公司应编制的会计分录如下。

借：银行存款　　24 000 000

　贷：股本　　24 000 000

（2）溢价发行股票。

股份有限公司溢价发行股票并收到股东的出资额时，按实际收到的金额，借记“银行存款”等科目，按股票面值和发行股份总数计算的股票面值总额，贷记“股本”科目，按借贷方差额，贷记“资本公积——股本溢价”科目。

提　示

支付与发行股票直接相关的手续费、佣金等交易费用时，应从溢价中抵扣，借记“资本公积——股本溢价”科目，贷记“银行存款”科目，溢价不足抵扣的部分依次冲减盈余公积和未分配利润。

典型案例

例8-4 Y股份有限公司溢价发行普通股8 000 000股，每股面值为1元，每股发行价格为3元。股票发行成功，股票款已全部存入银行。假设不考虑其他因素的影响，Y股份有限公司应编制的会计分录如下。

应记入“资本公积”科目的金额=8 000 000×（3−1）=16 000 000（元）。

借：银行存款　　24 000 000

　贷：股本　　8 000 000

　　资本公积——股本溢价　　16 000 000

（三）实收资本（或股本）的增减变动

1. 实收资本（或股本）的增加

企业增加资本的途径主要包括接受投资者追加投资、资本公积转增资本和盈余公积转增资本。

（1）企业按规定接受投资者追加投资时，借记“银行存款”“固定资产”“其他应收款”

"无形资产"等科目，按取得的增值税专用发票上注明的增值税额，借记"应交税费——应交增值税（进项税额）"科目，按投资合同或协议约定的投资者在企业注册资本（或股本）中所占份额的部分，贷记"实收资本（或股本）"科目，按借贷方差额，贷记"资本公积——资本溢价（或股本溢价）"科目。

（2）企业用资本公积转增资本时，借记"资本公积——资本溢价（或股本溢价）"科目，贷记"实收资本（或股本）"科目。

（3）企业用盈余公积转增资本时，借记"盈余公积"科目，贷记"实收资本（或股本）"科目。

提　示

资本公积和盈余公积均属于所有者权益，转为实收资本（或股本）时，若该企业为独资企业，则可直接结转；若该企业为有限责任公司或股份有限公司，则应按原投资者的各自出资比例相应增加各投资者的出资额。

典型案例

例 8-5 承【例 8-1】，L 有限责任公司为扩大经营规模，经股东会批准，注册资本增加 2 000 000 元。寅、卯和辰 3 位投资者按照原出资比例分别追加投资 1 100 000 元、700 000 元和 200 000 元，追加的投资款已全部收到并存入银行。L 有限责任公司应编制的会计分录如下。

借：银行存款　　2 000 000

　　贷：实收资本——寅　　1 100 000

　　　　　　　　——卯　　700 000

　　　　　　　　——辰　　200 000

2. 实收资本（或股本）的减少

企业实收资本减少的原因一般包括资本过剩、企业发生重大亏损等。

股份有限公司以外的企业发还投资，减少实收资本时，按减少的注册资本金额，借记"实收资本"等科目，贷记"库存现金""银行存款"等科目。

股份有限公司回购发行的股票，减少实收资本时，按实际支付的金额，借记"库存股"科目，贷记"银行存款"等科目；注销库存股时，按股票面值和注销股数计算的股票面值总额，借记"股本"科目，按注销库存股的账面余额，贷记"库存股"科目，若溢价回购（回购股票的价格高于回购股票的面值总额），按借贷方差额，借记"资本公积——股本溢价"科目，股本溢价不足冲减的，依次借记"盈余公积""利润分配——未分配利润"科目；若折价回购（回购股票的价格低于回购股票的面值总额），按借贷方差额，贷记"资本公积——股本溢价"科目。

典型案例

例 8-6　截至 20×3 年 12 月 31 日，J 股份有限公司共发行股票 8 000 000 股，每股面值为 1 元，资本公积（股本溢价）为 11 000 000 元，盈余公积为 4 000 000 元。经股东会批准，J 股份有限公司以现金回购本公司股票 3 000 000 股，并予以注销。回购股票的价格为每股 6 元。假设不考虑其他因素的影响，J 股份有限公司应编制的会计分录如下。

（1）回购本公司发行的股票时：

库存股成本=3 000 000×6=18 000 000（元）。

借：库存股　　18 000 000
　　贷：银行存款　　18 000 000

（2）注销回购的股票时：

借：股本　　3 000 000
　　资本公积——股本溢价　　11 000 000
　　盈余公积　　4 000 000
　　贷：库存股　　18 000 000

二、资本公积的核算

为了核算资本公积的增减变动及结余情况，企业应设置“资本公积”科目。该科目贷方登记资本公积的增加，借方登记资本公积的减少，期末余额在贷方，反映企业资本公积的实有数额。“资本公积”科目可根据资本公积的类别，设置“资本溢价（或股本溢价）”“其他资本公积”等明细科目。

课堂讨论

资本公积是企业持续经营期间进行利润或股利分配的依据吗？为什么？

（一）资本溢价（或股本溢价）的账务处理

1. 资本溢价

资本溢价是指企业收到投资者出资额超出其在企业注册资本中所占份额的部分。企业创立时，投资者认缴的出资额与注册资本一致，一般不会产生资本溢价，投资者投入的资本全部记入“实收资本”科目。企业重组或有新的投资者加入时，通常会产生资本溢价，按投资合同或协议约定的投资者在企业注册资本中所占份额的部分，记入“实收资本”科目，超过投资者在企业注册资本中所占份额的部分，记入“资本公积——资本溢价”科目。

典型案例

例 8-7　D 和 E 两位投资者共同投资设立 K 有限责任公司，注册资本为 400 000 元，其中，D 和 E 投入的资本均为 200 000 元，持股比例各占 50%。一年后，为扩大经营规模，经股东会批准，K有限责任公司引入第3位投资者加入，将注册资本增加到600 000元。按照投资协议约定，新投资者需投入现金250 000元，享有该公司1/3的股份。投资款已全部收到并存入银行。L有限责任公司应编制的会计分录如下。

借：银行存款　　　　　　　　　　250 000

　贷：实收资本　　　　　　　　　　200 000

　　　资本公积——资本溢价　　　　　50 000

2. 股本溢价

股份有限公司平价发行股票取得的收入，应全部记入“股本”科目。股份有限公司溢价发行股票取得的收入，其中，股票面值的部分记入“股本”科目，超出股票面值的部分记入“资本公积——股本溢价”科目。

（二）其他资本公积的账务处理

1. 采用权益法核算的长期股权投资

长期股权投资采用权益法核算的，在持股比例不变的情况下，被投资单位除净损益、其他综合收益和利润分配以外的所有者权益发生其他变动时，按投资者持股比例计算其应享有或应分担的份额，调整长期股权投资的账面价值和资本公积（其他资本公积）；处置长期股权投资时，转销与该笔投资相关的其他资本公积。

典型案例

例8-8 甲公司持有庚公司25%的股权，能够对庚公司施加重大影响，采用权益法核算该项股权投资。20×3年12月31日，庚公司除净损益、其他综合收益和利润分配以外的所有者权益增加了100 000元，导致甲公司的其他资本公积增加。甲公司和庚公司采用的会计政策及会计期间一致，假设不考虑其他因素的影响，甲公司应编制的会计分录如下。

甲公司应确认的资本公积=100 000×25%=25 000（元）。

借：长期股权投资——庚公司——其他权益变动　　25 000

　贷：资本公积——其他资本公积　　　　　　　　25 000

2. 以权益结算的股份支付

以权益结算的股份支付换取职工或其他方提供服务的，按确定的金额，借记“管理费用”等科目，贷记“资本公积——其他资本公积”科目。在职工或其他方行权日，按实际行权的权益工具数量计算确定的金额，借记“资本公积——其他资本公积”科目，按计入实收资本（或股本）的金额，贷记“实收资本（或股本）”科目，并将其差额记入“资本公积——资本溢价（或股本溢价）”科目。

任务拓展　编制Q股份有限公司资本公积相关的会计分录

Q股份有限公司溢价发行普通股3 000 000股，每股面值为1元，每股发行价格为4元。Q股份有限公司按发行收入的3%给证券公司支付佣金，从发行收入中扣除。股票发行成功，股票款已全部存入银行。

8-1 任务拓展参考答案

要求：假设不考虑其他因素的影响，编制Q股份有限公司资本公积相关的会计分录。

素养之窗

平等和公正是社会主义核心价值观的基本理念，企业应秉持平等和公正的原则，充分尊重和保护股东及债权人的合法权益，特别是中小股东的合法权益，提升企业的公信力和凝聚力，实现企业的可持续发展。

任务二 核算其他综合收益和留存收益

任务导入 »

其他综合收益是指企业根据其他会计准则规定未在当期损益中确认的各项利得和损失。留存收益是指企业从历年实现的利润中提取或形成的留存于企业内部的积累，包括企业的盈余公积和未分配利润，其中，盈余公积是有特定用途的累积盈余，未分配利润是没有指定用途的累积盈余。

正确地核算其他综合收益，有助于揭示企业的潜在收益；正确地核算盈余公积和未分配利润，有助于揭示企业的持续经营能力。因此，小张积极学习其他综合收益和留存收益的相关知识，以便全面地了解企业的收益和发展情况。

本任务的知识和技能要求如表 8-4 所示。

表 8-4 知识和技能要求

类 型	具体内容	学习程度		
		了解	掌握	应用
知识要求	其他综合收益的核算方法		●	
	留存收益的核算方法		●	
技能要求	编制甲公司留存收益相关的会计分录			●

班级＿＿＿＿＿＿ 姓名＿＿＿＿＿＿ 学号＿＿＿＿＿＿

任务工单

（一）任务描述

以小组为单位，编制甲公司留存收益相关的会计分录。

（二）任务分工

全班学生以 3～5 人为一组进行分组，每组设组长 1 名，小组讨论任务分工并将分工情况填写至表 8-5 中。

表 8-5 小组成员及分工情况

小组成员	姓 名	学 号	任务分工
组长			
组员			

（三）任务准备

请各组长组织组员观看“其他综合收益和留存收益基础知识”视频，收集和整理相关资料，讨论并回答下列问题。

其他综合收益和留存收益基础知识

（1）什么是其他综合收益？什么是留存收益？

（2）什么是利润分配？利润分配的顺序是什么？

（3）“盈余公积”“利润分配”科目是如何设置的？

班级＿＿＿＿＿＿　姓名＿＿＿＿＿＿　学号＿＿＿＿＿＿

（四）任务实施

以小组为单位，根据甲公司发生的以下经济业务编制相关的会计分录。

（1）20×2 年度，实现净利润 15 000 000 元，年初未分配利润为零。经股东会批准，按当年净利润的 10%提取法定盈余公积。

（2）经股东会批准，用盈余公积 1 000 000 元转增资本。

（五）任务评价

各组派代表展示任务实施成果，并配合指导老师完成表 8-6 所示的任务评价。

表 8-6　任务评价

评价项目	评价内容	评价分数			
		分值	自评	组评	师评
职业素养（40%）	考勤、仪容仪表	10 分			
	责任意识、纪律意识	10 分			
	团队合作与交流	20 分			
专业能力（60%）	任务准备的完成度	20 分			
	任务实施的完成度	20 分			
	任务实施成果的展示效果	20 分			
合计	综合分数＿＿＿自评（25%）+组评（25%）+师评（50%）	100 分			
	综合等级＿＿＿	指导老师签字＿＿＿＿＿			
综合评价					

一、其他综合收益的核算

（一）其他综合收益的科目设置

为了核算未在当期损益中确认的各项利得和损失情况，企业应设置“其他综合收益”科目。该科目贷方登记其他综合收益的增加，借方登记其他综合收益的减少，期末余额在贷方，反映企业其他综合收益的实有数额。“其他综合收益”科目可根据其他综合收益的具体内容设置明细科目。

（二）其他综合收益的账务处理

1．以后会计期间不能重分类进损益的其他综合收益项目

以后会计期间不能重分类进损益的其他综合收益项目主要包括以下内容。

（1）重新计量设定受益计划净负债或净资产变动导致的变动。

（2）按权益法核算因被投资单位重新计量设定受益计划净负债或净资产变动导致的权益变动，投资企业按持股比例计算确认的该部分其他综合收益项目。

（3）在初始确认时，企业可以将非交易性权益工具指定为以公允价值计量且其变动计入其他综合收益的金融资产，该指定一经作出，不得撤销。

2．以后会计期间在满足规定条件时将重分类进损益的其他综合收益项目

以后会计期间在满足规定条件时将重分类进损益的其他综合收益项目主要包括以下内容。

（1）符合金融工具准则规定，同时符合以下两个条件的金融资产应当分类为以公允价值计量且其变动计入其他综合收益的金融资产：① 企业管理该金融资产的业务模式既以收取合同现金流量为目标又以出售该金融资产为目标；② 该金融资产的合同条款规定，在特定日期产生的现金流量，仅为对本金和以未偿付本金金额为基础的利息的支付。当该类金融资产终止确认时，之前计入其他综合收益的累计利得或损失应当从其他综合收益中转出，计入当期损益。

（2）按照金融工具准则规定，将以公允价值计量且其变动计入其他综合收益的债务工具投资重分类为以摊余成本计量的金融资产的，或重分类为以公允价值计量且其变动计入当期损益的金融资产的，按规定可以将原计入其他综合收益的利得或损失转入当期损益的部分。

（3）采用权益法核算的长期股权投资，被投资单位其他综合收益发生变动的，投资方应当按照本企业应享有或分担的部分，相应调整长期股权投资的账面价值，同时增加或减少其他综合收益，借记或贷记“长期股权投资——其他综合收益”科目，贷记或借记“其他综合收益”科目，处置该长期股权投资时，将原计入其他综合收益的金额转入当期损益。

（4）自用房地产或存货转换为采用公允价值模式计量的投资性房地产时，若转换日的公允价值大于原账面价值，其差额作为其他综合收益核算，处置该投资性房地产时，将因转

换计入其他综合收益的金额转入当期损益。

（5）现金流量套期工具产生的利得或损失中属于有效套期的部分。

（6）外币财务报表折算差额。

二、留存收益的核算

（一）盈余公积的核算

1. 盈余公积的科目设置

为了核算盈余公积的提取和使用情况，企业应设置“盈余公积”科目。该科目贷方登记按规定提取的盈余公积，借方登记弥补亏损和转增资本的盈余公积，期末余额在贷方，反映企业盈余公积的实有数额。“盈余公积”科目可根据盈余公积的种类设置“法定盈余公积”“任意盈余公积”明细科目；外商投资企业还应设置“储备基金”“企业发展基金”明细科目；中外合作经营在合作期间归还投资者的投资，还应设置“利润归还投资”明细科目。

盈余公积是指企业按照有关规定从净利润中提取的各种积累资金。盈余公积按取得方式和用途不同，可分为法定盈余公积和任意盈余公积。

法定盈余公积是指企业按照规定比例从净利润中提取的盈余公积。根据《中华人民共和国公司法》的规定，公司制企业分配当年净利润时，应当按照净利润的10%提取法定盈余公积。非公司制企业法定盈余公积的比例可超过净利润的10%。公司法定盈余公积累计额为公司注册资本的50%以上的，可以不再提取。

提 示

如果以前年度未分配利润有盈余（年初未分配利润余额为正数），提取法定盈余公积时，其计算基数不应包括年初未分配利润；如果以前年度有未弥补亏损（年初未分配利润余额为负数），应先弥补以前年度亏损后再按规定提取法定盈余公积。

任意盈余公积是指企业经股东会批准按照一定的比例从净利润中提取的盈余公积。企业从净利润中提取法定盈余公积后，经股东会决议，还可以从净利润中提取任意盈余公积。

2. 盈余公积的提取

企业按规定提取盈余公积时，借记“利润分配”科目，贷记“盈余公积”科目。

课堂讨论

企业提取盈余公积会引起所有者权益总额的变化吗？为什么？

典型案例

例 8-9 20×2 年度，N股份有限公司实现净利润2 000 000元，年初未分配利润为零。经股东会批准，N股份有限公司按当年净利润的10%提取法定盈余公积，按当年净利润的

5%提取任意盈余公积。假设不考虑其他因素的影响，N股份有限公司应编制的会计分录如下。

本年提取的法定盈余公积=2 000 000×10%=200 000（元）。

本年提取的任意盈余公积=2 000 000×5%=100 000（元）。

借：利润分配——提取法定盈余公积　　200 000
　　　　　　——提取任意盈余公积　　100 000
　贷：盈余公积——法定盈余公积　　　　200 000
　　　　　　　——任意盈余公积　　　　100 000

3. 盈余公积的使用

企业提取的盈余公积经股东会批准可用于弥补亏损、转增资本、发放现金股利或利润和扩大生产规模等。

（1）盈余公积补亏。

企业用盈余公积弥补亏损时，借记“盈余公积”科目，贷记“利润分配——盈余公积补亏”科目。

课堂讨论

企业用盈余公积弥补亏损会对所有者权益产生什么影响？

典型案例

例8-10　20×3年12月31日，N股份有限公司经股东会批准，用以前年度提取的盈余公积弥补当年亏损400 000元。假设不考虑其他因素的影响，N股份有限公司应编制的会计分录如下。

借：盈余公积　　400 000
　贷：利润分配——盈余公积补亏　　400 000

知识拓展

利润补亏

企业发生亏损，可以用次年度的税前利润弥补，次年度利润不足弥补的，可以在5年内延续弥补；5年内的税前利润不足弥补时，用税后利润弥补。企业以税前利润或税后利润弥补以前年度亏损时，均不需要进行专门的账务处理，只需将当年实现的利润自“本年利润”科目转入“利润分配——未分配利润”科目的贷方，其贷方发生额与“利润分配——未分配利润”科目的借方余额自然抵补。

（2）盈余公积转增资本。

企业用盈余公积转增资本时，借记“盈余公积”科目，贷记“实收资本（或股本）”科目。

提　示

法定盈余公积转增资本时，所留存的该项公积金不得少于转增前公司注册资本的25%。

典型案例

例 8-11　20×4 年 12 月 31 日，N 股份有限公司经股东会批准，用盈余公积 600 000 元转增资本。假设不考虑其他因素的影响，N 股份有限公司应编制的会计分录如下。

借：盈余公积　　600 000
　　贷：股本　　600 000

（3）盈余公积发放现金股利或利润。

用盈余公积发放现金股利或利润时，借记“盈余公积”科目，贷记“应付股利”科目。

典型案例

例 8-12　20×3 年 12 月 31 日，M 股份有限公司经股东会批准，分派 6 000 000 元现金股利。当年可供投资者分配的利润为 5 000 000 元，盈余公积为 12 000 000 元。当年分派现金股利时，动用可供投资者分配的利润 5 000 000 元、盈余公积 1 000 000 元。假设不考虑其他因素的影响，M 股份有限公司应编制的会计分录如下。

（1）分派现金股利时：

借：利润分配——应付现金股利或利润　　5 000 000
　　盈余公积　　1 000 000
　　贷：应付股利　　6 000 000

（2）支付现金股利时：

借：应付股利　　6 000 000
　　贷：银行存款　　6 000 000

提　示

企业提取的盈余公积用于扩大企业生产规模时，不需要单独进行会计处理。

（二）未分配利润的核算

未分配利润是指企业实现的净利润经过弥补亏损、提取盈余公积和向投资者分配利润后留存在企业的、历年结存的利润。在会计处理上，未分配利润是通过“利润分配”科目进行核算的。“利润分配”科目应分别设置“提取法定盈余公积”“提取任意盈余公积”“应付现

金股利或利润”“盈余公积补亏”“未分配利润”等明细科目。

年度终了，企业应将本年收入和支出相抵后结出的本年实现的净利润或发生的净亏损，自“本年利润”科目转入“利润分配——未分配利润”科目。同时，将“利润分配”科目所属的其他明细科目的余额，转入“利润分配——未分配利润”科目。结转后，“利润分配——未分配利润”科目若为贷方余额，则表示累积未分配利润的金额；若为借方余额，则表示累积未弥补亏损的金额。

提　示

将“利润分配”科目所属的其他明细科目的余额，转入“利润分配——未分配利润”科目后，“利润分配”科目所属的其他明细科目应无余额。

典型案例

例 8-13 承【例 8-9】，将 N 股份有限公司本年实现的净利润自“本年利润”科目转入“利润分配——未分配利润”科目，同时，将“利润分配”科目所属的其他明细科目的余额转入“利润分配——未分配利润”科目。N 股份有限公司应编制的会计分录如下。

（1）结转本年实现的净利润时：

借：本年利润　　2 000 000

　　贷：利润分配——未分配利润　　2 000 000

（2）将“利润分配”科目所属的其他明细科目的余额转入“利润分配——未分配利润”科目时：

借：利润分配——未分配利润　　300 000

　　贷：利润分配——提取法定盈余公积　　200 000

　　　　　　　　——提取任意盈余公积　　100 000

知识拓展

其他权益工具

企业的所有者权益还包括其他权益工具，其他权益工具是指企业发行的除普通股以外的按照准则规定归类为权益工具的各种金融工具，如优先股、永续债等。

为了核算企业发行的除普通股以外的归类为权益工具的各种金融工具，企业应设置“其他权益工具”科目。该科目可根据其他权益工具的种类设置“优先股”“永续债”等明细科目。

企业按规定发行其他权益工具时，应按实际收到的金额（发行价扣除发生的手续费、佣金等交易费用），借记“银行存款”等科目，贷记“其他权益工具”科目；在存续期间分派股利时，作为利润分配处理，根据股东会批准的股利分配方案，按应分配给

金融工具持有者的股利金额，借记“利润分配——应付优先股股利（或应付永续债利息）”科目，贷记“应付股利——应付优先股股利（或应付永续债利息）”等科目；企业按规定赎回其他权益工具时，按赎回价格，借记“库存股——其他权益工具”科目，贷记“银行存款”等科目；注销赎回的其他权益工具时，按该其他权益工具的账面价值，借记“其他权益工具”科目，按该其他权益工具的赎回价格，贷记“库存股——其他权益工具”科目，按借贷方差额，借记或贷记“资本公积——资本溢价（或股本溢价）”科目，资本公积不足冲减的，依次冲减“盈余公积”“利润分配——未分配利润”科目。

任务拓展　编制甲公司未分配利润相关的会计分录

20×3 年度，甲公司实现净利润 25 000 000 元，年初未分配利润为零。20×3 年 12 月 31 日，经股东会批准，甲公司按当年净利润的 10%提取法定盈余公积，并宣告向投资者分配利润 1 500 000 元。

要求：假设不考虑其他因素的影响，编制甲公司未分配利润相关的会计分录。

8-2 任务拓展参考答案

项目实训

（一）实训要求

编制丁有限责任公司实收资本相关的会计分录，掌握实收资本的核算方法。

（二）实训内容

20×1 年 9 月，E 和 F 两位投资者共同投资设立丁有限责任公司，注册资本为 2 000 000 元，其中，E 和 F 两位投资者投入的资本均为 1 000 000 元，持股比例各占 50%。20×3 年，丁有限责任公司为扩大经营规模，经股东会批准，E 和 F 两位投资者增资，同时引入第 3 位投资者 G 加入，注册资本增加到 6 000 000 元。新增资本后，3 位投资者各拥有该公司 2 000 000 元实收资本，享有该公司 1/3 的股权。丁有限责任公司 20×3 年收到投资的情况如下。

（1）收到投资者 E 作为资本投入的 5 辆小轿车，合同约定 5 辆小轿车的价款为 1 200 000 元、增值税额为 156 000 元（由投资方支付税款，并开具增值税专用发票）。合同约定的该 5 辆小轿车的价值与其公允价值相符。

（2）收到投资者 F 作为资本投入的一批原材料，合同约定该批原材料的价款为

1 000 000 元、增值税额为 130 000 元（由投资方支付税款，并开具增值税专用发票）。合同约定的该批原材料的价值与其公允价值相符。

（3）收到投资者 G 作为资本投入的银行存款 2 800 000 元。

要求：假设不考虑其他因素的影响，根据上述经济业务编制相关的会计分录。

项目考核

（一）单项选择题

（1）O 有限责任公司收到投资者 L 作为资本投入的一批原材料，合同约定该批原材料的价款为 500 000 元、增值税额为 65 000 元（由投资方支付税款，并开具增值税专用发票）。合同约定的该批原材料的价值与其公允价值相符，未产生资本溢价。O 有限责任公司实收资本应增加（　　）元。

A．500 000　　B．565 000
C．65 000　　D．435 000

（2）某上市公司发行普通股 1 000 万股，每股面值 1 元，每股发行价格为 5 元，支付手续费 80 万元，该公司发行普通股计入资本公积的金额为（　　）万元。

A．3 920　　B．4 920
C．3 980　　D．5 000

（3）盈余公积是企业按照有关规定从（　　）中提取的各种积累资金。

A．净利润　　B．营业利润
C．利润总额　　D．税前利润

（4）某公司年初未分配利润贷方余额为 100 万元，本年实现净利润 500 万元，年末按当年净利润的 10%提取法定盈余公积，提取任意盈余公积 100 万元，向所有者分配利润 50 万元。则该企业年末可供分配利润为（　　）万元。

A．600　　B．400
C．450　　D．800

（二）多项选择题

（1）企业吸收投资者出资时，下列会计科目余额可能发生变化的有（　　）。

A．“盈余公积”　　B．“资本公积”
C．“实收资本”　　D．“利润分配”

（2）下列选项中，会使企业所有者权益增加的有（　　）。

A．将债务转为资本
B．用当年税后利润弥补以前年度亏损

C. 接受投资者追加投资

D. 盈余公积转增资本

（3）盈余公积主要用于（　　）。

A. 弥补亏损　　B. 转增资本

C. 发放职工困难补助　　D. 发放现金股利或利润

（4）企业支付与发行股票直接相关的手续费、佣金等交易费用的会计处理可能涉及的会计科目有（　　）。

A. “资本公积”　　B. “盈余公积”

C. “实收资本”　　D. “银行存款”

（三）判断题

（1）投资者的出资额全部构成实收资本。（　　）

（2）资本溢价是指企业收到投资者出资额超出其在企业注册资本中所占份额的部分。（　　）

（3）自用房地产或存货转换为采用公允价值模式计量的投资性房地产时，若转换日的公允价值大于原账面价值，其差额作为其他综合收益核算。（　　）

（4）公司制企业分配当年净利润时，应当按照净利润的10%提取任意盈余公积。（　　）

（四）实务题

（1）20×2 年至 20×3 年，丙股份有限公司发生的经济业务如下。

① 20×2 年 2 月 10 日，委托证券公司代理发行普通股 100 000 000 股，每股面值为 1 元，每股发行价格为 3 元，按发行收入的 2%向证券公司支付发行费用，股票发行成功，股票款已全部存入银行。

② 20×3 年 3 月 31 日，经股东会批准，用股本溢价部分的资本公积 500 000 元转增股本。

③ 20×3 年 3 月 31 日，经股东会批准，用法定盈余公积 1 000 000 元转增股本。

要求：假设不考虑其他因素的影响，根据上述经济业务编制相关的会计分录。

（2）20×3 年，戊股份有限公司“未分配利润”科目年初贷方余额为 5 000 000 元，本年实现净利润 4 000 000 元，20×3 年 12 月 31 日，按当年净利润的 10%提取法定盈余公积，并宣告分派现金股利 2 000 000 元。

要求：假设不考虑其他因素的影响，根据上述经济业务编制相关的会计分录。

项目九

收入、费用和利润的核算

项目导读

收入是指企业在日常活动中形成的、会导致所有者权益增加的、与所有者投入资本无关的经济利益的总流入。费用是指企业在日常活动中发生的、会导致所有者权益减少的、与向所有者分配利润无关的经济利益的总流出。利润是指企业在一定会计期间的经营成果。利润包括收入减去费用后的净额、直接计入当期利润的利得和损失等。收入、费用和利润的核算是企业会计核算的核心环节，企业应加强对收入、费用和利润的核算和管理，确保收入、费用和利润核算的规范性和准确性。

知识目标

- 了解收入的确认和计量方法、收入的科目设置，掌握收入和合同成本的核算方法。
- 掌握营业成本、税金及附加和期间费用的核算方法。
- 掌握营业外收支、所得税费用的核算方法，以及本年利润的结转方法。

技能目标

- 具有核算收入的能力。
- 具有核算费用的能力。
- 具有核算利润的能力。

素养目标

- 树立理性消费观，远离恶性“校园贷”。

任务一　核算收入

任务导入

收入是企业经营活动中所获取的经济利益，是企业经营成果的直接体现。收入的核算过程是整个企业会计工作的核心环节。正确地核算收入，有助于企业准确地了解企业的盈利状况和现金流情况，从而更准确地把握企业的经济活动。因此，小张认真地学习收入的核算方法，以便正确地核算企业收入，为企业提供更加真实、可靠且全面的收入信息。

本任务的知识和技能要求如表 9-1 所示。

表 9-1　知识和技能要求

类　型	具体内容	学习程度		
		了解	掌握	应用
知识要求	收入的确认和计量方法	●		
	收入的科目设置	●		
	收入的核算方法		●	
	合同成本的核算方法		●	
技能要求	编制甲公司收入相关的会计分录			●

班级____________ 姓名____________ 学号____________

任务工单

（一）任务描述

以小组为单位，编制甲公司收入相关的会计分录。

（二）任务分工

全班学生以 3～5 人为一组进行分组，每组设组长 1 名，小组讨论任务分工并将分工情况填写至表 9-2 中。

表 9-2 小组成员及分工情况

小组成员	姓 名	学 号	任务分工
组长			
组员			

（三）任务准备

请各组长组织组员观看“收入基础知识”视频，收集和整理相关资料，讨论并回答下列问题。

收入基础知识

（1）什么是收入？收入的分类有哪些？

（2）收入确认和计量的五步法是什么？

（3）“主营业务收入”“其他业务收入”“主营业务成本”“其他业务成本”科目是如何设置的？

班级____________ 姓名____________ 学号____________

（四）任务实施

以小组为单位，根据甲公司20×3年发生的以下经济业务编制相关的会计分录。

（1）5月1日，销售一批产品，开具的增值税专用发票上注明的价款为20 000元、增值税额为2 600元，产品已送达且验收入库，货款已收到并存入银行。该批产品的成本为8 000元。

（2）5月10日，销售一批不需用原材料，开具的增值税专用发票上注明的价款为7 000元、增值税额为910元，材料已送达且验收入库，货款已收到并存入银行。该批材料的成本为3 000元。

（五）任务评价

各组派代表展示任务实施成果，并配合指导老师完成表9-3所示的任务评价。

表9-3 任务评价

评价项目	评价内容	评价分数			
		分值	自评	组评	师评
职业素养（40%）	考勤、仪容仪表	10分			
	责任意识、纪律意识	10分			
	团队合作与交流	20分			
专业能力（60%）	任务准备的完成度	20分			
	任务实施的完成度	20分			
	任务实施成果的展示效果	20分			
合计	综合分数______自评（25%）+组评（25%）+师评（50%）	100分			
	综合等级______	指导老师签字__________			
综合评价					

一、收入的确认和计量

《企业会计准则第 14 号——收入》将收入的确认和计量大致分为 5 步：① 识别与客户订立的合同；② 识别合同中的单项履约义务；③ 确定交易价格；④ 将交易价格分摊至各单项履约义务；⑤ 履行各单项履约义务时确认收入。其中，①②和⑤主要与收入的确认有关，③和④主要与收入的计量有关。

指点迷津

20×3 年 8 月 30 日，W 公司与 G 公司签订了一份机器设备销售合同，合同约定，W 公司向 G 公司销售一台机器设备，销售价款为 1 000 000 元，另外，W 公司提供设备的安装服务及 12 个月的售后技术服务。20×3 年 9 月 3 日，该机器设备运达 G 公司，W 公司提供设备安装服务后，该机器设备验收合格并投入使用，G 公司支付价款 700 000 元，剩余款项在提供售后技术服务后支付。W 公司除一揽子提供商品和服务并结算款项外，也向其他客户单独销售机器设备和提供服务，其中，一台机器设备的销售价款为 980 000 元，安装服务费为 30 000 元，12 个月售后技术服务费为 50 000 元，以上款项均为不含增值税价款。W 公司确认收入的步骤如下。

（1）识别与客户订立的合同：W 公司与 G 公司签订了机器设备销售合同。

（2）识别合同中的单项履约义务：W 公司有 3 项履约义务，一是向 G 公司销售一台机器设备，二是提供设备的安装服务，三是提供 12 个月的售后技术服务。

（3）确定交易价格：3 项履约义务共计 1 000 000 元。

（4）将交易价格分摊至各单项履约义务：将交易价格 1 000 000 元按 3 项单独履约义务的售价比例分摊至合同中的各单项履约义务。

（5）履行各单项履约义务时确认收入：W 公司将机器设备交付给 G 公司，并提供安装服务后，应确认销售机器设备和提供安装服务的收入；售后技术服务收入在 20×3 年 9 月 3 日以后连续 12 个月内提供售后技术服务时分别确认。

（一）识别与客户订立的合同

1. 合同的概念

合同是指双方或多方之间订立有法律约束力的权利义务的协议。合同有书面形式、口头形式及其他形式（如隐含于商业惯例或企业以往的习惯做法中等）。客户是指与企业订立合同以向该企业购买其日常活动产出的商品或服务（以下简称“商品”）并支付对价的一方。

合同合并和变更

2. 收入确认的前提条件

当企业与客户之间的合同同时满足下列条件时，企业应当在客户取得相关商品控制权时确认收入：① 合同各方已批准该合同并承诺将履行各自义务；② 该合同明确了合同各方与所转让商品或提供劳务（以下简称“转让商品”）相关的权利和义务；③ 该合同有明确的与所转让商品相关的支付条款；④ 该合同具有商业实质，即履行该合同将改变企业未来现金流量的风险、时间分布或金额；⑤ 企业因向客户转让商品而有权取得的对价很可能收回。

提 示

> 在合同开始日（通常是指合同生效日）即满足上述条件的合同，企业在后续期间无需对其进行重新评估，除非有迹象表明相关事实和情况发生重大变化；不满足上述条件的合同，企业应当对其进行持续评估，并在其满足上述条件时按照相关规定进行会计处理。
>
> 对于不符合上述条件的合同，企业只有在不再负有向客户转让商品的剩余义务，且已向客户收取的对价无需退回时，才能将已收取的对价确认为收入；否则，应当将已收取的对价作为负债进行会计处理。没有商业实质的非货币性资产交换，不确认收入。

（二）识别合同中的单项履约义务

合同开始日，企业应当对合同进行评估，识别该合同所包含的各单项履约义务，并确定各单项履约义务是在某一时段内履行，还是在某一时点履行，然后，在履行了各单项履约义务时分别确认收入。

1. 履约义务的概念

履约义务是指合同中企业向客户转让可明确区分商品的承诺。履约义务既包括合同中明确的承诺，也包括由于企业已公开宣布的政策、特定声明或以往的习惯做法等导致合同订立时客户合理预期企业将履行的承诺。企业为履行合同而应开展的初始活动，通常不构成履约义务，除非该活动向客户转让了承诺的商品。例如，某健身俱乐部为会员建立档案，由于该活动未向客户提供承诺的服务，因此，不构成单项履约义务。

提 示

> 企业向客户转让一系列实质相同且转让模式相同的、可明确区分商品的承诺，也应当作为单项履约义务。

2. 可明确区分商品的确认条件

企业向客户承诺的商品同时满足下列条件的，应当作为可明确区分商品。

（1）客户能够从该商品本身或从该商品与其他易于获得资源一起使用中受益。

（2）企业向客户转让该商品的承诺与合同中其他承诺可单独区分。下列情形通常表明企业向客户转让该商品的承诺与合同中其他承诺不可单独区分：① 企业需提供重大的服务以将该商品与合同中承诺的其他商品整合成合同约定的组合产出转让给客户；② 该商品将对合同中承诺的其他商品予以重大修改或定制；③ 该商品与合同中承诺的其他商品具有高度关联性。

在识别合同中的单项履约义务时，如果合同承诺的某项商品不可明确区分，企业应当将该商品与合同中承诺的其他商品进行组合，直到该组合满足可明确区分的条件。

指点迷津

W 公司与 K 公司签订了一份产品销售合同，合同约定 W 公司将一批产品销售给 K 公司，并提供 180 天的产品质量保证服务。另外，签订了一份延长质量保证服务合同，合同约定将质量保证服务在 180 天的基础上延长为 3 年。W 公司针对产品质量问题提供的 180 天产品质量保证服务属于“保证类质量保证”，是为了向 K 公司保证所销售产品符合既定标准，因此，提供 180 天的产品质量保证服务不构成单项履约义务，W 公司应当将产品销售和提供 180 天产品质量保证服务进行组合，作为一项单项履约义务进行会计处理；而 W 公司提供的延长 3 年质量保证服务属于“服务类质量保证”，是为了向 K 公司保证所销售产品符合既定标准之外提供的单独服务，K 公司能够单独购买，因此，延长 3 年质量保证服务构成单项履约义务。

（三）确定交易价格

企业应当按照分摊至各单项履约义务的交易价格计量收入。交易价格是指企业因向客户转让商品而预期有权收取的对价金额，不包括企业代第三方收取的款项及企业预期将退还给客户的款项。

企业应当根据合同条款，并结合其以往的习惯做法确定交易价格。在确定交易价格时，企业应当考虑可变对价、合同中存在的重大融资成分、非现金对价、应付客户对价等因素的影响。

1. 可变对价

合同中存在可变对价的，企业应当按照期望值或最可能发生金额确定可变对价的最佳估计数，但包含可变对价的交易价格，应当不超过在相关不确定性消除时累计已确认收入极可能不会发生重大转回的金额。企业在评估累计已确认收入是否极可能不会发生重大转回时，应当同时考虑收入转回的可能性及其比重。每一资产负债表日，企业应当重新估计应计入交易价格的可变对价金额。可变对价金额发生变动的，按照企业会计准则相关规定进行会计处理。

2. 合同中存在的重大融资成分

合同中存在重大融资成分的，企业应当按照假定客户在取得商品控制权时即以现金支付的应付金额确定交易价格。该交易价格与合同对价之间的差额，应当在合同期间内采用实际利率法摊销。合同开始日，企业预计客户取得商品控制权与客户支付价款间隔不超过一年的，可以不考虑合同中存在的重大融资成分。

指点迷津

W公司与L公司签订了一份大型机器设备销售合同，合同约定，W公司两年后交货，L公司一次性付款，但付款时间可选。若合同签订时付款，则付款金额为1 000 000元，若交付设备时付款，则付款金额为1 086 540元，以上款项均为不含增值税价款。L公司选择合同签订时付款，该机器设备的控制权于交付设备时转移到L公司。L公司取得该机器设备控制权与支付价款的时间间隔超过一年，因此，该合同存在重大融资成分。

3．非现金对价

客户支付非现金对价的，企业应当按照非现金对价的公允价值确定交易价格。非现金对价的公允价值不能合理估计的，企业应当参照其承诺向客户转让商品的单独售价间接确定交易价格。例如，企业以存货换取客户的固定资产、无形资产等情况，应按固定资产、无形资产的公允价值确定交易价格，固定资产、无形资产的公允价值不能合理估计的，再按存货的单独售价间接确定交易价格。单独售价，是指企业向客户单独销售商品的价格。

非现金对价的公允价值可能会因为对价形式而发生变动（例如，企业有权向客户收取的对价是股票，股票本身的价格会发生变动），也可能会因为对价形式以外的原因而发生变动（例如，企业有权收取非现金对价的公允价值因企业的履约情况而发生变动）。合同开始日后，非现金对价的公允价值因对价形式而发生变动的，该变动金额不计入交易价格；非现金对价的公允价值因对价形式以外的原因而发生变动的，该变动金额应当作为可变对价，按照与计入交易价格的可变对价金额的限制条件的相关规定进行会计处理。

4．应付客户对价

企业应付客户或第三方（向客户购买本企业商品的一方）对价的，应当将该应付对价冲减交易价格，并在确认相关收入与支付（或承诺支付）客户或第三方对价二者孰晚的时点冲减当期收入，但应付客户或第三方对价是为了向客户或第三方取得其他可明确区分商品的除外。

企业应付客户或第三方对价是为了向客户或第三方取得其他可明确区分商品的，应当采用与本企业其他采购相一致的方式确认所购买的商品。企业应付客户或第三方对价超过向客户或第三方取得可明确区分商品公允价值的，超过金额应当冲减交易价格。向客户或第三方取得的可明确区分商品公允价值不能合理估计的，企业应当将应付客户或第三方对价全额冲减交易价格。

（四）将交易价格分摊至各单项履约义务

合同中包含两项或多项履约义务的，企业应当在合同开始日，按照各单项履约义务所承诺商品的单独售价的相对比例，将交易价格分摊至各单项履约义务。企业不得因合同开始日之后单独售价的变动而重新分摊交易价格。

企业在类似环境下向类似客户单独销售商品的价格，应作为确定该商品单独售价的最佳

证据。单独售价无法直接观察的，企业应当综合考虑其能够合理取得的全部相关信息，采用市场调整法、成本加成法、余值法等方法合理估计单独售价。在估计单独售价时，企业应当最大限度地采用可观察的输入值，并对类似的情况采用一致的估计方法。

指点迷津

甲公司与丙公司签订一份销售合同，向其销售 A、B、C 三件产品（A、B、C 产品之间可明确区分），合同价款为 28 000 元。A、B、C 产品的单独售价分别为 6 000 元、9 000 元和 15 000 元，合计为 30 000 元，以上款项均为不含增值税价款。根据交易价格分摊原则，A、B、C 三件产品应分摊的交易价格为：

A 产品应分摊的交易价格=28 000×（6 000÷30 000）=5 600（元）。

B 产品应分摊的交易价格=28 000×（9 000÷30 000）=8 400（元）。

C 产品应分摊的交易价格=28 000×（15 000÷30 000）=14 000（元）。

（五）履行各单项履约义务时确认收入

履约义务根据其履行的情况可以分为在某一时点履行履约义务和在某一时段内履行履约义务。满足下列条件之一的，属于在某一时段内履行履约义务；否则，属于在某一时点履行履约义务：① 客户在企业履约的同时即取得并消耗企业履约所带来的经济利益；② 客户能够控制企业履约过程中在建的商品；③ 企业履约过程中所产出的商品具有不可替代用途，且该企业在整个合同期间内有权就累计至今已完成的履约部分收取款项。

1. 在某一时点履行的履约义务

对于在某一时点履行的履约义务，企业应当在客户取得相关商品控制权时点确认收入。在判断客户是否已取得商品控制权（客户是否能够主导该商品的使用并从中获得几乎全部的经济利益）时，企业应当考虑下列迹象。

（1）企业就该商品享有现时收款权利，即客户就该商品负有现时付款义务。例如，甲公司与乙公司签订销售商品合同，合同约定，乙公司收到商品且验收合格后支付货款。乙公司收到由甲公司开具的发票账单等结算凭证，商品验收合格入库后，此时甲公司就该商品享有现时收款权利，乙公司就该商品负有现时付款义务。

（2）企业已将该商品的法定所有权转移给客户，即客户已拥有该商品的法定所有权。例如，甲公司将一栋厂房出售给乙公司，在乙公司付款后取得房屋产权证时，甲公司已将该厂房的法定所有权转移给了乙公司。

（3）企业已将该商品实物转移给客户，即客户已实物占有该商品。例如，甲公司销售给乙公司一批商品，乙公司收到该批商品，且商品验收合格后入库，甲公司已将该商品实物转移给了乙公司。

提 示

客户已实物占有某项商品，并不意味着其一定取得了该商品的控制权，反之亦然。例如，在采用支付手续费方式的委托代销安排下，虽然企业作为委托方已将商品发送给受托方，但是受托方并未取得该商品的控制权，因此，企业不应在向受托方发货时确认销售商品的收入，而仍然应当根据控制权是否转移来判断何时确认收入，通常应当在受托方售出商品时确认销售商品收入；受托方应当在商品销售后，按合同或协议约定的方法计算确定的手续费确认收入。

（4）企业已将该商品所有权上的主要风险和报酬转移给客户，即客户已取得该商品所有权上的主要风险和报酬。例如，甲公司销售给乙公司一栋厂房，双方办妥产权转移手续后，该厂房价格的上涨或下跌带来的收益或损失均由乙公司承担，即甲公司已将该厂房所有权上的主要风险和报酬转移给了乙公司。

（5）客户已接受该商品。例如，甲公司销售给乙公司的一批商品通过了乙公司的验收并入库，即乙公司接受了该商品。

（6）其他表明客户已取得商品控制权的迹象。

2．在某一时段内履行的履约义务

对于在某一时段内履行的履约义务，企业应当在该段时间内按照履约进度确认收入，但是，履约进度不能合理确定的除外。

二、收入的科目设置

为了核算与客户之间的合同产生的收入及相关的成本费用，企业应设置“主营业务收入”“其他业务收入”“主营业务成本”“其他业务成本”“合同取得成本”“合同履约成本”“合同资产”“合同负债”等科目。

“主营业务收入”科目用来核算企业确认的销售商品、提供服务等主营业务的收入。该科目贷方登记主营业务活动实现的收入，借方登记期末转入“本年利润”科目的主营业务收入，结转后该科目无余额。“主营业务收入”科目可根据主营业务的种类设置明细科目。

“其他业务收入”科目用来核算企业确认的除主营业务活动以外的其他经营活动实现的收入，包括出租固定资产、出租无形资产、出租包装物和商品、销售材料等实现的收入。该科目贷方登记其他业务活动实现的收入，借方登记期末转入“本年利润”科目的其他业务收入，结转后该科目无余额。“其他业务收入”科目可根据其他业务的种类设置明细科目。

“主营业务成本”科目用来核算企业确认销售商品、提供服务等主营业务收入时应结转的成本。该科目借方登记应结转的主营业务成本，贷方登记期末转入“本年利润”科目的主营业务成本，结转后该科目无余额。“主营业务成本”科目可根据主营业务的种类设置明细科目。

“其他业务成本”科目用来核算企业确认的除主营业务活动以外的其他经营活动形成的

成本，包括出租固定资产的折旧额、出租无形资产的摊销额、出租包装物的成本或摊销额、销售材料的成本等。该科目借方登记企业应结转的其他业务成本，贷方登记期末转入“本年利润”科目的其他业务成本，结转后该科目无余额。“其他业务成本”科目可根据其他业务的种类设置明细科目。

“合同取得成本”科目用来核算企业取得合同发生的、预计能够收回的增量成本。该科目借方登记发生的合同取得成本，贷方登记摊销的合同取得成本，期末余额在借方，反映企业尚未结转的合同取得成本。“合同取得成本”科目可根据合同设置明细科目。

“合同履约成本”科目用来核算企业为履行当前或预期取得的合同所发生的、不属于其他企业会计准则规范范围且按照收入准则应当确认为一项资产的成本。该科目借方登记发生的合同履约成本，贷方登记摊销的合同履约成本，期末余额在借方，反映企业尚未结转的合同履约成本。“合同履约成本”科目可根据合同分别设置“服务成本”“工程施工”等明细科目。

“合同资产”科目用来核算企业已向客户转让商品而有权收取对价的权利，且该权利取决于时间流逝之外的其他因素（如履行合同中的其他履约义务）。该科目借方登记因已转让商品而有权收取的对价金额，贷方登记取得无条件收款权的金额，期末余额在借方，反映企业已向客户转让商品而有权收取的对价金额。“合同资产”科目可根据合同设置明细科目。

“合同负债”科目用来核算企业已收或应收客户对价而应向客户转让商品的义务。该科目贷方登记企业在向客户转让商品之前，已经收到或已经取得无条件收取合同对价权利的金额，借方登记企业向客户转让商品时冲销的金额，期末余额在贷方，反映企业在向客户转让商品之前，已经收到的合同对价或已经取得的无条件收取合同对价权利的金额。“合同负债”科目可根据合同设置明细科目。

此外，为了核算合同发生的减值情况，企业还应当设置“合同履约成本减值准备”“合同取得成本减值准备”“合同资产减值准备”等科目。

三、收入的核算

特定交易的核算

（一）在某一时点履行履约义务确认收入

1. 一般销售商品业务的账务处理

企业一般对外销售商品，在客户取得相关商品控制权时点确认收入，按已收或应收的合同价款加上应收取的增值税额，借记“库存现金”“银行存款”“应收账款”“应收票据”“合同资产”等科目，按应确认的收入金额，贷记“主营业务收入”科目，按开具的增值税专用发票上注明的增值税额，贷记“应交税费——应交增值税（销项税额）”科目；确认收入或月末结转商品销售成本时，按应结转的相关成本，借记“主营业务成本”科目，贷记“库存商品”等科目。

提示

企业在日常活动中对外销售不需用的原材料、随同商品对外销售单独计价的包装物时，在客户取得相关商品控制权时点确认收入，确认的收入记入“其他业务收入”科目，同时结转的相关成本，记入“其他业务成本”科目。

典型案例

例9-1 20×3年8月30日，甲公司向乙公司销售一批产品，开具的增值税专用发票上注明的价款为500 000元、增值税额为65 000元；乙公司收到产品，且产品验收合格后入库，乙公司用银行存款支付货款。该批产品的成本为390 000元。甲公司应编制的会计分录如下。

（1）确认销售产品收入时：

	借方	贷方
借：银行存款	565 000	
贷：主营业务收入		500 000
应交税费——应交增值税（销项税额）		65 000

（2）结转销售产品成本时：

	借方	贷方
借：主营业务成本	390 000	
贷：库存商品		390 000

2. 发出商品业务的账务处理

为了核算企业商品已发出但客户没有取得商品控制权的商品成本，企业应设置“发出商品”科目。发出商品时，企业不应确认收入，按发出商品的实际成本或计划成本，借记“发出商品”科目，贷记“库存商品”科目。发出商品被客户退回时，按退回商品的实际成本或计划成本，借记“库存商品”科目，贷记“发出商品”科目。

收到发出商品的货款或取得收取货款的权利时，企业应确认收入，按已收或应收的合同价款加上应收取的增值税额，借记“库存现金”“银行存款”“应收账款”“应收票据”“合同资产”等科目，按应确认的收入金额，贷记“主营业务收入”科目，按开具的增值税专用发票上注明的增值税额，贷记“应交税费——应交增值税（销项税额）”科目；确认收入或月末结转已销商品成本时，按发出商品的实际成本或计划成本，借记“主营业务成本”科目，贷记“发出商品”科目。采用计划成本法或售价金额法核算的，还应结转应分摊的产品成本差异或商品进销差价。

例9-2 20×3年9月30日，甲公司与乙公司签订一份委托代销合同，委托乙公司销售5 000件T商品，合同价格为每件150元（不含增值税），商品于当日发出，乙公司收到商品，且商品验收合格后入库。每件T商品的成本为100元。甲公司按不含增值税的委托价格

的12%向乙公司支付手续费，乙公司不承担包销责任。20×3年10月31日，甲公司收到由乙公司开具的代销清单和代销手续费增值税专用发票。代销清单上注明乙公司对外销售T商品2 000件、销售价格为300 000元、增值税额为39 000元；代销手续费增值税专用发票上注明的代销手续费为36 000元、增值税额为2 160元。甲公司收到扣除代销手续费后的货款，开具相应的增值税专用发票。甲公司和乙公司均采用实际成本法进行库存商品的日常核算。

提　示

虽然乙公司收到商品，且商品验收合格后入库，但该批商品为甲公司的委托销售商品，乙公司对该批商品只承担实物保管责任，并根据实际销售数量赚取一定比例的手续费。甲公司有权收回该批商品或将其销售给其他客户，乙公司无法控制这批商品对外销售与否、是否获利及获利多少等，即乙公司不能主导该批商品的使用，也不能从中获得几乎全部的经济利益，未取得该批商品的控制权。因此，甲公司不应在将该批商品送达乙公司时确认收入，而应在乙公司将该批商品销售给最终客户时确认收入。

（1）甲公司应编制的会计分录如下。

① 9月30日，发出商品时：

发出商品的成本=5 000×100=500 000（元）。

借：发出商品　　500 000

　　贷：库存商品　　500 000

② 10月31日，收到代销清单确认收入并结转销售商品成本时：

借：应收账款——乙公司　　339 000

　　贷：主营业务收入　　300 000

　　　　应交税费——应交增值税（销项税额）　　39 000

借：主营业务成本　　200 000

　　贷：库存商品　　200 000

③ 10月31日，收到代销手续费增值税专用发票时：

借：销售费用——代销手续费　　36 000

　　应交税费——应交增值税（进项税额）　　2 160

　　贷：应收账款——乙公司　　38 160

④ 10月31日，收到乙公司支付的货款时：

扣除代销手续费后的货款=339 000−38 160=300 840（元）。

借：银行存款　　300 840

　　贷：应收账款——乙公司　　300 840

（2）乙公司应编制的会计分录如下。

① 9月30日，收到商品时：

受托代销商品款=5 000×150=750 000（元）。

借：受托代销商品——甲公司　　750 000
　贷：受托代销商品款——甲公司　　750 000

② 10 月，对外销售时：

借：银行存款　　339 000
　贷：受托代销商品——甲公司　　300 000
　　应交税费——应交增值税（销项税额）　　39 000

③ 10 月 31 日，收到由甲公司开具的增值税专用发票时：

借：受托代销商品款——甲公司　　300 000
　应交税费——应交增值税（进项税额）　　39 000
　贷：应付账款——甲公司　　339 000

④ 10 月 31 日，支付货款并确认代销手续费收入时：

借：应付账款——甲公司　　339 000
　贷：银行存款　　300 840
　　其他业务收入——代销手续费　　36 000
　　应交税费——应交增值税（销项税额）　　2 160

课堂讨论

上述委托代销业务中，如果甲公司和乙公司约定的结算价格为每件 150 元，乙公司对外销售时可自行定价，假设乙公司销售给顾客的价格为每件 160 元，其他条件不变，甲公司和乙公司应如何进行会计处理？

3．销售退回业务的账务处理

销售退回是指企业因售出的商品在质量、规格等方面不符合客户要求而发生的退货。企业销售商品发生退货，表明企业履约义务的减少和客户商品控制权及其相关经济利益的丧失。企业发生销售退回时，应区分以下情况进行会计处理。

（1）未确认收入的售出商品发生销售退回时，借记“库存商品”科目，贷记“发出商品”科目。

（2）已确认收入的售出商品发生不属于资产负债表日后事项的销售退回时，按退回商品收入，借记“主营业务收入”科目，“应交税费——应交增值税（销项税额）”科目，贷记“银行存款”“应收票据”“应收账款”等科目；收到退回商品验收入库时，按退回商品成本，借记“库存商品”科目，贷记“主营业务成本”科目。

（3）已确认收入的售出商品发生属于资产负债表日后事项的销售退回时，按有关资产负债表日后事项的相关规定进行会计处理。

典型案例

例 9-3 20×3 年 10 月 30 日，甲公司向丁公司销售一批商品，开具的增值税专用发票上注明的价款为 50 000 元、增值税额为 6 500 元，丁公司收到商品，且商品验收合格后入库，

甲公司于当日收到丁公司支付的货款并存入银行。该批商品的成本为28 000元。20×3年11月20日，丁公司在使用过程中发现该批商品出现质量问题，申请退货60%，甲公司同意丁公司的退货申请，于当日收到退货商品并用银行存款支付退货款，同时按规定向丁公司开具了增值税专用发票（红字）。假设不考虑其他因素的影响，甲公司应编制的会计分录如下。

（1）10月30日，确认销售商品收入时：

借：银行存款　　56 500

　　贷：主营业务收入　　50 000

　　　　应交税费——应交增值税（销项税额）　　6 500

同时，结转销售商品成本：

借：主营业务成本　　28 000

　　贷：库存商品　　28 000

（2）11月20日，退回60%商品时：

退回商品收入=50 000×60%=30 000（元）。

借：主营业务收入　　30 000

　　应交税费——应交增值税（销项税额）　　3 900

　　贷：银行存款　　33 900

同时，转回退回商品成本：

退回商品成本=28 000×60%=16 800（元）。

借：库存商品　　16 800

　　贷：主营业务成本　　16 800

（二）在某一时段内履行履约义务确认收入

资产负债表日，企业应根据履约进度确认当期收入，并结转相关成本。相关计算公式为

本期应确认的收入=交易总额×至本期末止履约进度−以前期间累计已确认的收入（9-1）

本期应确认的费用=合同总成本×至本期末止履约进度−以前期间累计已确认的费用（9-2）

提　示

计算最后一期合同收入及合同成本时，为避免误差，采用倒挤的方式进行计算。

企业应当考虑商品的性质，采用产出法或投入法确定恰当的履约进度。其中，产出法是根据已转移给客户的商品对于客户的价值确定履约进度，主要包括按照实际测量的完工进度、评估已实现的结果、已达到的里程碑、时间进度、已完工或交付的产品等；投入法是根据企业为履行履约义务的投入确定履约进度，通常可采用投入的材料数量、花费的人工工时、发生的成本和时间进度等投入指标确定履约进度。当履约进度不能合理确定时，企业已经发生的成本预计能够得到补偿的，应当按照已经发生的成本金额确认收入，直到履约进度能够合理确定为止。

提 示

对于每一项履约义务，企业只能采用一种方法确定履约进度；对于类似情况下的类似履约义务，企业应当采用相同的方法确定履约进度。

典型案例

例 9-4 20×3 年 10 月 1 日，W 公司与壬公司签订了一份合同，合同约定，W 公司为壬公司提供设备安装服务，适用的增值税税率为 9%，安装期为 6 个月，合同总收入为 700 000 元（不含增值税），合同预计总成本为 400 000 元，预收安装费 280 000 元。截至 20×3 年 12 月 31 日，实际发生安装费用 160 000 元，其中，安装人员职工薪酬为 40 000 元，材料费用为 120 000 元。20×4 年，又发生安装费用 220 000 元，其中，安装人员职工薪酬为 120 000 元，材料费用为 100 000 元。20×4 年 4 月 1 日安装完工，W 公司收到剩余款项并存入银行。W 公司按实际发生的成本占估计总成本的比例确定合同履约进度。W 公司应编制的会计分录如下。

（1）20×3 年 10 月 1 日，预收安装服务费时：

借：银行存款　　280 000
　贷：合同负债　　280 000

（2）20×3 年 10 月 1 日至 20×3 年 12 月 31 日，实际发生安装费用时：

借：合同履约成本　　160 000
　贷：应付职工薪酬　　40 000
　　原材料　　120 000

（3）20×3 年 12 月 31 日，确认提供设备安装服务收入并摊销合同履约成本时：

合同履约进度=160 000÷400 000×100%=40%。

本期应确认的收入=700 000×40%=280 000（元）。

借：应收账款　　25 200
　合同负债　　280 000
　贷：主营业务收入　　280 000
　　应交税费——应交增值税（销项税额）　　25 200

借：主营业务成本　　160 000
　贷：合同履约成本　　160 000

（4）20×4 年，实际发生安装费用时：

借：合同履约成本　　220 000
　贷：应付职工薪酬　　120 000
　　原材料　　100 000

（5）20×4年4月1日，确认提供设备安装服务收入并摊销合同履约成本时：

本期应确认的收入=700 000×100%−280 000=420 000（元）。

借：应收账款　　457 800

　　贷：主营业务收入　　420 000

　　　　应交税费——应交增值税（销项税额）　　37 800

借：主营业务成本　　220 000

　　贷：合同履约成本　　220 000

收到剩余款项并存入银行时：

借：银行存款　　483 000

　　贷：应收账款　　483 000

四、合同成本的核算

（一）合同取得成本的账务处理

企业为取得合同发生的增量成本预期能够收回的，应当作为合同取得成本确认为一项资产。企业取得合同发生的增量成本已经确认为资产的，应当采用与该资产相关的商品收入确认相同的基础进行摊销，计入当期损益。为简化实务操作，该资产摊销期限不超过一年的，可以在发生时计入当期损益。

企业为取得合同发生的、除预期能够收回的增量成本之外的其他支出（如无论是否取得合同均会发生的差旅费等），应当在发生时计入当期损益，但是，明确由客户承担的除外。

提　示

增量成本是指企业不取得合同就不会发生的成本，如销售佣金。

发生合同取得成本时，借记“合同取得成本”科目，贷记“银行存款”“应付职工薪酬”“原材料”等科目；摊销合同取得成本时，借记“销售费用”等科目，贷记“合同取得成本”科目。

（二）合同履约成本的账务处理

企业为履行合同发生的成本，不属于其他企业会计准则规范范围且同时满足下列条件的，应当作为合同履约成本确认为一项资产：① 该成本与一份当前或预期取得的合同直接相关，包括直接人工、直接材料、制造费用（或类似费用）、明确由客户承担的成本以及仅因该合同而发生的其他成本；② 该成本增加了企业未来用于履行履约义务的资源；③ 该成本预期能够收回。

企业应当在下列支出发生时，将其计入当期损益：① 管理费用（不包括由客户明确承担的费用）；② 非正常消耗的直接材料、直接人工和制造费用（或类似费用），这些支出为履行合同发生，但未反映在合同价格中；③ 与履约义务中已履行（包括已全部履行或部分履行）部分相关的支出；④ 无法在尚未履行的与已履行（或已部分履行）的履约义务之间区分的相关支出。

发生合同履约成本时，借记“合同履约成本”科目，贷记“银行存款”“应付职工薪酬”“原材料”等科目；摊销合同履约成本时，按与该资产相关的商品收入确认相同的基础计算的摊销额，借记“主营业务成本”“其他业务成本”等科目，贷记“合同履约成本”科目。

典型案例

例 9-5 甲公司与戊公司签订一份合同，合同约定，甲公司为戊公司内部平台系统提供后期维护，适用的增值税税率为 6%，合同期为 4 年，戊公司每年支付维护费 1 272 000 元（含增值税）。为取得该合同，甲公司支付销售人员佣金 12 000 元，同时，为戊公司提供了内部平台系统维护方案，发生成本 24 000 元，甲公司预期上述成本均能够收回。甲公司按时间进度投入指标确定合同履约进度。甲公司应编制的会计分录如下。

提示

支付销售人员佣金属于为取得合同发生的增量成本，且预期能够收回，应当作为合同取得成本确认为一项资产。已确认的该合同取得成本在收入确认时予以摊销，计入销售费用。

提供内部平台系统维护方案发生的成本与预期签订的合同直接相关，增加了公司未来用于履行履约义务的资源，且预期能够收回，应当作为合同履约成本确认为一项资产。已确认的该合同履约成本在收入确认时予以摊销，计入主营业务成本。

（1）发生合同取得成本时：

	借方	贷方
借：合同取得成本	12 000	
贷：银行存款		12 000

（2）发生合同履约成本时：

	借方	贷方
借：合同履约成本	24 000	
贷：银行存款		24 000

（3）每月确认服务收入、摊销合同取得成本和合同履约成本时：

每月应确认的服务收入=1 272 000÷（1+6%）÷12=100 000（元）。

每月应摊销的合同取得成本=12 000÷4÷12=250（元）。

每月应摊销的合同履约成本=24 000÷4÷12=500（元）。

	借方	贷方
借：应收账款	106 000	
贷：主营业务收入		100 000
应交税费——应交增值税（销项税额）		6 000
借：销售费用	250	
贷：合同取得成本		250

借：主营业务成本　　500

　　贷：合同履约成本　　500

任务拓展　编制甲公司收入相关的会计分录

20×3 年 6 月 1 日，甲公司与 R 公司签订了一份合同，合同约定，甲公司为 R 公司提供装修服务，适用的增值税税率为 9%，装修期为 2 个月，合同总收入为 80 000 元（不含增值税）。截至 20×3 年 6 月 30 日，实际发生装修费用 25 000 元（为装修人员职工薪酬），经专业测量师测量后，确定装修完工进度为 45%。甲公司收到按完工进度确认的收入及相应的增值税额并存入银行。20×3 年 7 月又发生装修费用 30 000 元（为装修人员职工薪酬），20×3 年 7 月 31 日装修完工，甲公司收到剩余款项并存入银行。

要求：编制甲公司收入相关的会计分录。

9-1 任务拓展参考答案

任务二 核算费用

任务导入 »

费用是指企业在日常活动中发生的、会导致所有者权益减少的、与向所有者分配利润无关的经济利益的总流出，是企业经营成本的重要组成部分。正确地核算费用，有助于企业准确地了解企业的成本结构和支出状况，以便降低企业成本，提高经济效益。因此，小张认真学习费用的核算方法，以便正确地核算企业费用，为企业提供更加真实、可靠且全面的费用信息。

本任务的知识和技能要求如表 9-4 所示。

表 9-4 知识和技能要求

类 型	具体内容	学习程度		
		了解	掌握	应用
知识要求	营业成本的核算方法		●	
	税金及附加的核算方法		●	
	期间费用的核算方法		●	
技能要求	编制甲公司费用相关的会计分录			●

班级____________　　姓名____________　　学号____________

任务工单 »

（一）任务描述

以小组为单位，编制甲公司费用相关的会计分录。

（二）任务分工

全班学生以 3～5 人为一组进行分组，每组设组长 1 名，小组讨论任务分工并将分工情况填写至表 9-5 中。

表 9-5　小组成员及分工情况

小组成员	姓　名	学　号	任务分工
组长			
组员			

（三）任务准备

请各组长组织组员观看“费用基础知识”视频，收集和整理相关资料，讨论并回答下列问题。

费用基础知识

（1）什么是费用？费用包括什么？

（2）期间费用包括什么？

（3）“销售费用”“管理费用”“财务费用”科目是如何设置的？

班级＿＿＿＿＿＿　姓名＿＿＿＿＿＿　学号＿＿＿＿＿＿

（四）任务实施

以小组为单位，根据甲公司20×3年发生的以下经济业务编制相关的会计分录。

（1）9月1日，销售货物时，以银行存款支付运输费，取得的增值税专用发票上注明的运输费为600元、增值税额为54元。

（2）9月2日，以现金支付行政管理部门办公费400元。

（3）9月3日，以银行存款支付应计提的短期借款利息800元。

（五）任务评价

各组派代表展示任务实施成果，并配合指导老师完成表9-6所示的任务评价。

表9-6　任务评价

评价项目	评价内容	评价分数			
		分值	自评	组评	师评
职业素养（40%）	考勤、仪容仪表	10分			
	责任意识、纪律意识	10分			
	团队合作与交流	20分			
专业能力（60%）	任务准备的完成度	20分			
	任务实施的完成度	20分			
	任务实施成果的展示效果	20分			
合计	综合分数＿＿自评（25%）+组评（25%）+师评（50%）	100分			
	综合等级＿＿	指导老师签字＿＿＿＿			
综合评价					

一、营业成本的核算

（一）主营业务成本的账务处理

主营业务成本是指企业销售商品、提供劳务等经常性活动所发生的成本。企业一般在确认销售商品、提供劳务等主营业务收入时或月末，将已销售商品、已提供劳务的成本转入主营业务成本。

企业结转主营业务成本时，借记“主营业务成本”科目，贷记“库存商品”科目；已结转主营业务成本的商品发生销售退回时，借记“库存商品”科目，贷记“主营业务成本”科目；期末，将“主营业务成本”科目余额转入“本年利润”科目时，借记“本年利润”科目，贷记“主营业务成本”科目。

典型案例

例9-6 20×3年6月30日，甲公司向乙公司销售一批产品，开具的增值税专用发票上注明的价款为400 000元、增值税额为52 000元，乙公司收到该批产品，且产品验收合格后入库，甲公司于当日收到货款并存入银行。该批产品的成本为380 000元。甲公司应编制的会计分录如下。

（1）6月30日，确认销售产品收入时：

借：银行存款　　452 000
　　贷：主营业务收入　　400 000
　　　　应交税费——应交增值税（销项税额）　　52 000

（2）6月30日，结转销售产品成本时：

借：主营业务成本　　380 000
　　贷：库存商品　　380 000

（3）期末，将该“主营业务成本”科目余额转入“本年利润”科目时：

借：本年利润　　380 000
　　贷：主营业务成本　　380 000

（二）其他业务成本的账务处理

其他业务成本是指企业除主营业务活动以外的其他经营活动所发生的成本。其他业务成本包括销售材料的成本、出租固定资产的折旧额、出租无形资产的摊销额、出租包装物的成本或摊销额等。采用成本模式计量的投资性房地产计提的折旧额或摊销额也属于其他业务成本。

企业发生其他业务成本时，借记“其他业务成本”科目，贷记“原材料”“周转材料”“累计折旧”“累计摊销”“应付职工薪酬”“银行存款”等科目；期末，将“其他业务成本”科目余额转入“本年利润”科目时，借记“本年利润”科目，贷记“其他业务成本”科目。

典型案例

例 9-7 20×3 年 1 月 1 日，甲公司将自行开发完成的非专利技术出租给丙公司，每年年初收取固定租金 35 000 元、增值税额 2 100 元，该非专利技术成本为 240 000 元，甲公司与丙公司双方约定的租赁期限为 10 年。租赁期内甲公司不使用该非专利技术，租赁期满该非专利技术将失去价值。甲公司应编制的会计分录如下。

（1）每年确认非专利技术出租收入时：

借：银行存款　　37 100
　贷：其他业务收入　　35 000
　　　应交税费——应交增值税（销项税额）　　2 100

（2）每年摊销非专利技术成本时：

每年应计提的非专利技术摊销额=240 000÷10=24 000（元）。

借：其他业务成本　　24 000
　贷：累计摊销　　24 000

（3）每年期末，将该“其他业务成本”科目余额转入“本年利润”科目时：

借：本年利润　　24 000
　贷：其他业务成本　　24 000

二、税金及附加的核算

为了核算企业经营活动发生的消费税、城市维护建设税、教育费附加、资源税、房产税、环境保护税、城镇土地使用税、车船税、印花税等相关税费，企业应设置“税金及附加”科目。该科目借方登记经营活动发生的各项税费，贷方登记期末转入“本年利润”科目的税金及附加，结转后该科目无余额。

企业按规定计算确定与经营活动相关的消费税、城市维护建设税、资源税、教育费附加、房产税、环境保护税、城镇土地使用税、车船税等税费时，借记“税金及附加”科目，贷记“应交税费”科目；期末，将“税金及附加”科目余额转入“本年利润”科目时，借记“本年利润”科目，贷记“税金及附加”科目。

提　示

企业购买印花税票时，借记“税金及附加”科目，贷记“银行存款”科目。

典型案例

例 9-8 20×3 年 12 月 1 日，甲公司拥有的一幢房产原值为 1 000 000 元，房产税税率为 1.2%，当地规定的房产税扣除比例为 30%。甲公司应编制的会计分录如下。

（1）12 月 1 日，计提应交房产税时：

应交房产税=1 000 000×（1−30%）×1.2%=8 400（元）。

借：税金及附加　　8 400

　　贷：应交税费——应交房产税　　8 400

（2）期末，将该“税金及附加”科目余额转入“本年利润”科目时：

借：本年利润　　8 400

　　贷：税金及附加　　8 400

三、期间费用的核算

（一）销售费用的账务处理

为了核算销售费用的发生和结转情况，企业应设置“销售费用”科目。该科目借方登记企业所发生的各项销售费用，贷方登记期末转入“本年利润”科目的销售费用，结转后该科目无余额。“销售费用”科目可根据销售费用的费用项目设置明细科目。

企业发生销售费用时，借记“销售费用”科目，贷记“银行存款”“应付职工薪酬”“累计折旧”等科目，涉及增值税的，还应进行相应的会计处理；期末，将“销售费用”科目余额转入“本年利润”科目时，借记“本年利润”科目，贷记“销售费用”科目。

典型案例

例 9-9 20×3 年 12 月 1 日，甲公司为宣传新产品发生广告费，取得的增值税专用发票上注明的价款为 80 000 元、增值税额为 4 800 元，款项已用银行存款支付。甲公司应编制的会计分录如下。

（1）12 月 1 日，发生广告费时：

借：销售费用——广告费　　80 000

　　应交税费——应交增值税（进项税额）　　4 800

　　贷：银行存款　　84 800

（2）期末，将该“销售费用”科目余额转入“本年利润”科目时：

借：本年利润　　80 000

　　贷：销售费用——广告费　　80 000

（二）管理费用的账务处理

为了核算管理费用的发生和结转情况，企业应设置“管理费用”科目。该科目借方登记发生的各项管理费用，贷方登记期末转入“本年利润”科目的管理费用，结转后该科目无余额。“管理费用”科目可根据管理费用的费用项目设置明细科目。

企业发生管理费用时，借记“管理费用”科目，贷记“库存现金”“银行存款”“应付职工薪酬”“累计折旧”等科目，涉及增值税的，还应进行相应的会计处理；期末，将“管理费用”科目余额转入“本年利润”科目时，借记“本年利润”科目，贷记“管理费用”科目。

提示

商品流通企业管理费用不多的，可不设“管理费用”科目，相关核算内容可并入“销售费用”科目核算。

典型案例

例 9-10 20×3 年 12 月 5 日，甲公司行政管理部门发生业务招待费，取得的增值税专用发票上注明的住宿费为 2 000 元、增值税额为 120 元，取得的增值税普通发票上注明的餐费为 1 500 元、增值税额为 90 元，以上款项均已用银行存款支付。甲公司应编制的会计分录如下。

（1）12 月 5 日，发生业务招待费时：

借：管理费用——业务招待费　　3 590
　　应交税费——应交增值税（进项税额）　　120
　　贷：银行存款　　3 710

（2）期末，将该“管理费用”科目余额转入“本年利润”科目时：

借：本年利润　　3 590
　　贷：管理费用——业务招待费　　3 590

（三）财务费用的账务处理

为了核算财务费用的发生和结转情况，企业应设置“财务费用”科目。该科目借方登记发生的各项财务费用，贷方登记期末转入“本年利润”科目的财务费用，结转后该科目无余额。“财务费用”科目可根据财务费用的费用项目设置明细科目。

企业发生财务费用时，借记“财务费用”科目，贷记“银行存款”“应付利息”等科目；企业发生利息收入、汇兑收益时，借记“银行存款”等科目，贷记“财务费用”科目；涉及增值税的，还应进行相应的会计处理。期末，将“财务费用”科目余额转入“本年利润”科目时，借记“本年利润”科目，贷记“财务费用”科目。

典型案例

例 9-11 20×3 年 4 月 30 日，甲公司计提短期借款利息 8 000 元。甲公司应编制的会计分录如下。

（1）4 月 30 日，计提短期借款利息时：

借：财务费用——利息支出　　8 000
　　贷：应付利息　　8 000

（2）期末，将该“财务费用”科目余额转入“本年利润”科目时：

借：本年利润　　8 000

　　贷：财务费用——利息支出　　8 000

任务拓展　编制甲公司费用相关的会计分录

20×3 年 7 月 22 日，甲公司向有关专家咨询某项产品设计方案，取得的增值税专用发票上注明的咨询费为 50 000 元、增值税额为 3 000 元。7 月 23 日，甲公司发生与销售相关的展览费，取得的增值税专用发票上注明的展览费为 10 000 元、增值税额为 600 元。以上款项均已用银行存款支付。

要求：编制甲公司费用相关的会计分录。

9-2 任务拓展参考答案

任务三　核算利润

任务导入

利润是企业经营活动的最终目的，是企业经营成果的综合性体现。正确地核算利润，有助于企业准确地了解企业的盈利状况和现金流情况，为企业考核利润计划的执行情况和编制财务报表提供资料，为税务部门和投资者提供准确的数据支持。因此，小张认真学习利润的核算方法，以便正确地核算企业利润，为企业提供更加真实、可靠且全面的利润信息。

本任务的知识和技能要求如表 9-7 所示。

表 9-7　知识和技能要求

类　型	具体内容	学习程度		
		了解	掌握	应用
知识要求	营业外收支的核算方法		●	
	所得税费用的核算方法		●	
	本年利润的结转方法		●	
技能要求	编制甲公司利润相关的会计分录			●

班级______________　姓名______________　学号______________

任务工单 »

（一）任务描述

以小组为单位，编制甲公司利润相关的会计分录。

（二）任务分工

全班学生以 3～5 人为一组进行分组，每组设组长 1 名，小组讨论任务分工并将分工情况填写至表 9-8 中。

表 9-8　小组成员及分工情况

小组成员	姓　名	学　号	任务分工
组长			
组员			

（三）任务准备

请各组长组织组员观看“利润基础知识”视频，收集和整理相关资料，讨论并回答下列问题。

利润基础知识

（1）什么是利润？

（2）利润是如何构成的？

（3）“本年利润”科目是如何设置的？

班级____________　姓名____________　学号____________

（四）任务实施

以小组为单位，根据甲公司20×4年发生的以下经济业务编制相关的会计分录。

（1）12月31日，“主营业务收入”科目贷方余额为50 000 000元，“其他业务收入”科目贷方余额为100 000元，“投资收益”科目贷方余额为6 000 000元，将各收入、利得类科目的余额转入“本年利润”科目。

（2）12月31日，“主营业务成本”科目借方余额为10 000 000元，“其他业务成本”科目借方余额为50 000元，“管理费用”科目借方余额为500 000元，“销售费用”科目借方余额为800 000元，“财务费用”科目借方余额为200 000元，将各成本、费用类科目的余额转入“本年利润”科目。

（五）任务评价

各组派代表展示任务实施成果，并配合指导老师完成表9-9所示的任务评价。

表9-9　任务评价

评价项目	评价内容	评价分数			
		分值	自评	组评	师评
职业素养（40%）	考勤、仪容仪表	10分			
	责任意识、纪律意识	10分			
	团队合作与交流	20分			
专业能力（60%）	任务准备的完成度	20分			
	任务实施的完成度	20分			
	任务实施成果的展示效果	20分			
合计	综合分数______自评（25%）+组评（25%）+师评（50%）	100分			
	综合等级______	指导老师签字__________			
综合评价					

一、营业外收支的核算

（一）营业外收入的核算

1. 营业外收入的科目设置

营业外收入是指企业发生的与其日常活动无直接关系的各项利得，主要包括非流动资产毁损报废收益、与企业日常活动无关的政府补助、盘盈利得和捐赠利得等。

提 示

营业外收入实际上是经济利益的净流入，不是企业经营资金耗费所产生的，不需要与有关的费用进行配比。

为了核算营业外收入的取得和结转情况，企业应设置“营业外收入”科目。该科目贷方登记确认的营业外收入，借方登记期末转入“本年利润”科目的营业外收入，结转后该科目无余额。“营业外收入”科目可根据营业外收入项目设置明细科目。

2. 营业外收入的账务处理

（1）企业确认处置非流动资产毁损报废收益时，借记“固定资产清理”“银行存款”“待处理财产损溢”等科目，贷记“营业外收入”科目。

典型案例

例 9-12 甲公司将固定资产报废清理的净收益 1 000 元转入营业外收入。甲公司应编制的会计分录如下。

借：固定资产清理　　1 000

　　贷：营业外收入　　1 000

（2）企业确认计入营业外收入的盘盈利得、捐赠利得时，借记“库存现金”“待处理财产损溢”等科目，贷记“营业外收入”科目。

典型案例

例 9-13 甲公司在进行现金清查时，发现现金溢余 100 元，无法查明原因。甲公司应编制的会计分录如下。

（1）清查时，发现现金溢余 100 元：

借：库存现金　　100

　　贷：待处理财产损溢——待处理流动资产损溢　　100

（2）无法查明原因，报经批准后转出：

借：待处理财产损溢——待处理流动资产损溢　　100

　　贷：营业外收入——现金溢余　　100

（3）期末，将“营业外收入”科目余额转入“本年利润”科目，借记“营业外收入”科目，贷记“本年利润”科目。

典型案例

例 9-14 20×3 年 12 月 31 日，丁公司“营业外收入”科目贷方余额为 30 000 元，将“营业外收入”科目余额转入“本年利润”科目。丁公司应编制的会计分录如下。

借：营业外收入　　30 000

　　贷：本年利润　　30 000

（二）营业外支出的核算

1. 营业外支出的科目设置

营业外支出是指企业发生的与其日常活动无直接关系的各项损失，主要包括非流动资产毁损报废损失、捐赠支出、盘亏损失、非常损失、罚款支出等。

为了核算营业外支出的发生和结转情况，企业应设置“营业外支出”科目。该科目借方登记确认的营业外支出，贷方登记期末转入“本年利润”科目的营业外支出，结转后该科目无余额。“营业外支出”科目可根据营业外支出项目设置明细科目。

2. 营业外支出的账务处理

（1）企业确认处置非流动资产毁损报废损失时，借记“营业外支出”科目，贷记“固定资产清理”“无形资产”等科目。

典型案例

例 9-15 甲公司的一项非专利技术因被其他新技术所替代，20×3 年 12 月 5 日，甲公司决定将其报废，并予以转销。转销时，该项非专利技术的成本为 500 000 元，累计计提摊销额 300 000 元，未计提减值准备，预计残值为零。甲公司应编制的会计分录如下。

借：营业外支出　　200 000

　　累计摊销　　300 000

　　贷：无形资产——非专利技术　　500 000

（2）企业确认计入营业外支出的盘亏损失、罚款支出时，借记“营业外支出”科目，贷记“待处理财产损溢”“库存现金”等科目。

典型案例

例 9-16 20×3 年 12 月 31 日，甲公司在进行存货清查时，盘亏 L 材料 5 000 元，其相关的增值税额为 650 元。经查明是自然灾害造成的损失。甲公司应编制的会计分录如下。

（1）清查时，发现存货盘亏 5 000 元：

借：待处理财产损溢——待处理流动资产损溢　　5 000

　　贷：原材料——L 材料　　5 000

（2）查明原因，报经批准后转出：

借：营业外支出　　　　　　　　　　　　　　　　　　5 000

　　贷：待处理财产损溢——待处理流动资产损溢　　　　　　5 000

（3）期末，将“营业外支出”科目余额转入“本年利润”科目，借记“本年利润”科目，贷记“营业外支出”科目。

典型案例

例 9-17　20×3 年 12 月 31 日，丁公司“营业外支出”科目借方余额为 20 000 元，将“营业外支出”科目余额转入“本年利润”科目。丁公司应编制的会计分录如下。

借：本年利润　　　　　　　　　　　　　　　　　　20 000

　　贷：营业外支出　　　　　　　　　　　　　　　　　20 000

二、所得税费用的核算

（一）所得税费用的计算

企业通过核算所得税，确定当期应交所得税及利润表中的所得税费用。执行企业会计准则的企业，采用资产负债表债务法核算所得税费用；执行《小企业会计准则》的企业，采用应付税款法核算所得税费用。

企业按照资产负债表债务法核算所得税费用时，利润表中的所得税费用包括当期所得税（当期应交所得税）和递延所得税（包括递延所得税资产和递延所得税负债）两部分。企业所得税费用计算公式为

$$所得税费用=当期所得税+递延所得税 \tag{9-3}$$

知识拓展

所得税的核算方法

资产负债表债务法是从资产负债表出发，通过比较资产负债表上列示的资产、负债按照企业会计准则规定确定的账面价值与按照税法规定确定的计税基础之间的差异，分析其性质，区分应纳税暂时性差异和可抵扣暂时性差异，然后确认相关的递延所得税负债与递延所得税资产，并在综合考虑当期应交所得税的基础上，确定每一会计期间利润表中的所得税费用。

应付税款法是将本期会计利润与纳税所得之间的差异造成的影响纳税的金额直接计入当期损益，而不递延到以后各期。在应付税款法下，当期计入损益的所得税费用等于当期应交所得税。

1. 当期所得税的确定

当期所得税是指企业根据当期发生的交易和事项，按照企业所得税法规定计算确定应交纳给税务部门的所得税金额。企业当期所得税的计算公式为

当期所得税=当期应交所得税=应纳税所得额×企业所得税税率 (9-4)

应纳税所得额是在企业税前会计利润（利润总额）的基础上调整确定的。其计算公式为

应纳税所得额=税前会计利润+纳税调整增加额−纳税调整减少额 (9-5)

其中，纳税调整增加额主要包括企业所得税法规定允许扣除的项目中，企业已计入当期费用但超过税法规定扣除标准的金额（如超过企业所得税法规定扣除标准的公益性捐赠支出、职工福利费、工会经费、职工教育经费、业务招待费、广告费和业务宣传费等），以及企业已计入当期损失但企业所得税法规定不允许扣除项目的金额（如税收滞纳金、罚金、罚款等）。纳税调整减少额主要包括按企业所得税法规定允许弥补的亏损（如前 5 年内未弥补亏损）和准予免税的项目（如国债利息收入及符合条件的居民企业之间的股息、红利等权益性投资收益等）。

2. 递延所得税的确定

递延所得税是指按照企业会计准则规定当期应予确认的递延所得税资产和递延所得税负债金额，即递延所得税资产和递延所得税负债的当期发生额的综合结果，但不包括计入所有者权益的交易或事项的所得税影响。递延所得税的计算公式为

递延所得税=（递延所得税负债期末余额−递延所得税负债期初余额）−（递延所得税资产期末余额−递延所得税资产期初余额） (9-6)

其中，递延所得税资产是指以未来期间很可能取得用来抵扣可抵扣暂时性差异的应纳税所得额为限确认的一项资产。递延所得税负债是指根据应纳税暂时性差异计算的未来期间应付所得税的金额。

（二）所得税费用的账务处理

为了核算企业所得税费用的确认和结转情况，企业应设置“所得税费用”科目。“所得税费用”科目可设置“当期所得税费用”“递延所得税费用”明细科目。

1. 当期应交所得税的账务处理

资产负债表日，企业按照企业所得税法规定计算确定的当期应交所得税，借记“所得税费用——当期所得税费用”科目，贷记“应交税费——应交所得税”科目。

典型案例

例 9-18 20×3 年度，乙公司年度利润总额（税前会计利润）为 15 000 000 元。当年，乙公司收到国债利息收入 15 000 元，支出税收滞纳金 1 000 元，公益性捐赠支出 2 300 000 元。假设其他项目不需要进行纳税调整，乙公司适用的企业所得税税率为 25%，应编制的会计分录如下。

计算应纳税所得额时准予扣除的公益性捐赠支出限额=15 000 000×12%=1 800 000（元）。

公益性捐赠支出纳税调整增加额=2 300 000−1 800 000=500 000（元）。

应纳税所得额=15 000 000+1 000+500 000−15 000=15 486 000（元）。

当期应交所得税=15 486 000×25%=3 871 500（元）。

借：所得税费用——当期所得税费用　　　　3 871 500

　　贷：应交税费——应交所得税　　　　3 871 500

提　示

《中华人民共和国企业所得税法》第九条规定，企业发生的公益性捐赠支出，在年度利润总额12%以内的部分，准予在计算应纳税所得额时扣除；超过年度利润总额12%的部分，准予结转以后三年内在计算应纳税所得额时扣除。

2. 递延所得税的账务处理

资产负债表日，递延所得税资产应有余额大于其账面余额的，按其差额，借记“递延所得税资产”科目，贷记“所得税费用——递延所得税费用”科目；递延所得税资产应有余额小于其账面余额的，做相反的会计分录。

资产负债表日，递延所得税负债应有余额大于其账面余额的，按其差额，借记“所得税费用——递延所得税费用”科目，贷记“递延所得税负债”科目；递延所得税负债应有余额小于其账面余额的，做相反的会计分录。

提　示

企业因确认递延所得税资产和递延所得税负债产生的递延所得税，一般应当计入所得税费用，但以下两种情况除外：① 某项交易或事项按照企业会计准则规定应计入所有者权益的，由该交易或事项产生的递延所得税资产或递延所得税负债及其变化也应计入所有者权益，不构成利润表中的递延所得税费用（或收益）；② 企业合并中因资产、负债的入账价值与计税基础不同，产生的递延所得税资产或递延所得税负债，其确认结果影响合并中确认的商誉或是计入当期损益的金额，不影响所得税费用。

3. 结转所得税费用

期末，将“所得税费用”科目余额转入“本年利润”科目时，借记“本年利润”科目，贷记“所得税费用”科目，结转后，“所得税费用”科目应无余额。

三、本年利润的结转

（一）结转本年利润的方法

会计期末，结转本年利润的方法有表结法和账结法两种。

1. 表结法

在表结法下，每月月末只需要结计出各损益类科目的本月发生额合计数和月末累计余额，不需要转入“本年利润”科目，只有在年末时才将全年累计余额转入“本年利润”科目。每月月末需要将各损益类科目的本月发生额合计数填入利润表的本月数一栏，将月末累计余额填入利润表的本年累计数一栏，通过利润表计算反映各期实现的净利润或发生的净亏损。在表结法下，1～11 月不需要结转损益类科目，省去了平时转账环节，减少了工作量，但不影响利润表的编制及有关损益指标的利用。

2. 账结法

在账结法下，每月月末均需要将各损益类科目余额转入“本年利润”科目。结转后“本年利润”科目的本月余额反映当月实现的净利润或发生的净亏损；“本年利润”科目的本年余额反映本年累计实现的净利润或发生的净亏损。在账结法下，每月均可通过“本年利润”科目提供当月及本年累计实现的净利润或发生的净亏损，但增加了转账环节及工作量。

（二）结转本年利润的账务处理

为了核算企业当期实现的净利润（或发生的净亏损），企业应设置“本年利润”科目。

（1）会计期末，企业应将各损益类科目的余额转入“本年利润”科目，即将“主营业务收入”“其他业务收入”“其他收益”“营业外收入”等科目的余额分别转入“本年利润”科目的贷方；将“主营业务成本”“其他业务成本”“税金及附加”“销售费用”“管理费用”“财务费用”“信用减值损失”“资产减值损失”“营业外支出”“所得税费用”等科目的余额分别转入“本年利润”科目的借方；企业还应将“投资收益”“公允价值变动损益”“资产处置损益”科目的净收益分别转入“本年利润”科目的贷方；将“投资收益”“公允价值变动损益”“资产处置损益”等科目的净损失分别转入“本年利润”科目的借方；期末结转后，“本年利润”科目若为贷方余额，反映企业当期实现的净利润；若为借方余额，反映企业当期发生的净亏损。

例 9-19 丁公司 20×3 年有关损益类科目结转前余额如表 9-10 所示。会计期末，将各损益类科目的余额转入“本年利润”科目。丁公司采用表结法年末一次结转损益类科目，假设丁公司 20×3 年度不存在所得税纳税调整的情况及递延所得税因素，丁公司应编制的会计分录如下。

表 9-10 有关损益类科目结转前余额

单位：元

科目名称	贷方余额	科目名称	借方余额
主营业务收入	30 000 000	主营业务成本	20 000 000
其他业务收入	1 500 000	税金及附加	700 000
营业外收入	5 000 000	其他业务成本	800 000

（续表）

科目名称	贷方余额	科目名称	借方余额
投资收益	3 500 000	销售费用	200 000
		管理费用	600 000
		财务费用	300 000
		营业外支出	100 000

（1）将各收入、利得类科目余额转入“本年利润”科目时：

借：主营业务收入　　30 000 000
　　其他业务收入　　1 500 000
　　营业外收入　　5 000 000
　　投资收益　　3 500 000
　　贷：本年利润　　40 000 000

（2）将各费用、损失类科目余额转入“本年利润”科目时：

借：本年利润　　22 700 000
　　贷：主营业务成本　　20 000 000
　　　　税金及附加　　700 000
　　　　其他业务成本　　800 000
　　　　销售费用　　200 000
　　　　管理费用　　600 000
　　　　财务费用　　300 000
　　　　营业外支出　　100 000

（3）经过上述结转后，“本年利润”科目的贷方发生额合计为 40 000 000 元，借方发生额合计为 22 700 000 元，税前会计利润=40 000 000−22 700 000=17 300 000（元）。

① 计提所得税费用时：

当期应交所得税=17 300 000×25%=4 325 000（元）。

借：所得税费用——当期所得税费用　　4 325 000
　　贷：应交税费——应交所得税　　4 325 000

② 将“所得税费用”科目余额转入“本年利润”科目时：

借：本年利润　　4 325 000
　　贷：所得税费用——当期所得税费用　　4 325 000

（2）年度终了，企业应将“本年利润”科目的本年累计余额，转入“利润分配——未分配利润”科目。结转时，“本年利润”科目若为贷方余额，借记“本年利润”科目，贷记“利润分配——未分配利润”科目；若为借方余额，借记“利润分配——未分配利润”科目，贷记“本年利润”科目；结转后，“本年利润”科目应无余额。

典型案例

例 9-20 承【例 9-19】，丁公司将“本年利润”科目本年累计余额转入“利润分配——未分配利润”科目，丁公司应编制的会计分录如下。

“本年利润”科目本年累计余额=40 000 000−22 700 000−4 325 000=12 975 000（元）。

借：本年利润　　12 975 000

　　贷：利润分配——未分配利润　　12 975 000

任务拓展　编制甲公司所得税费用相关的会计分录

20×4 年度，甲公司当期应交所得税税额为 613 000 元，递延所得税负债期初余额为 22 000 元，期末余额为 34 000 元，递延所得税资产期初余额为 28 000 元，期末余额为 23 000 元。用银行存款交纳企业所得税。

要求：假设不考虑其他因素的影响，编制甲公司所得税费用相关的会计分录。

9-3 任务拓展参考答案

素养之窗

企业应根据自身的实际情况，合理制订收入和支出等方面的预算，尤其应避免过度投资带来的巨大风险。大学生群体也要树立理性的消费观，远离恶性“校园贷”，增强风险责任意识，提升风险管理能力，做到“三拒绝”：① 拒绝不理性的超前消费，妥善保护个人征信，利用法律维护自身权益；② 拒绝各种“无门槛”贷款套路，选择正规金融机构和渠道；③ 拒绝借贷机构的“低息”诱惑，合理负债不越线，逐步树立金融风险防范意识。

项目实训

（一）实训要求

编制甲公司收入和费用相关的会计分录，掌握收入和费用的核算方法。

（二）实训内容

（1）20×3 年 4 月 20 日，甲公司与乙公司签订一份委托代销合同，委托乙公司代销 1 000 件商品，每件商品成本为 200 元。合同约定乙公司按每件 300 元（不含增值税）对外销售，甲公司按不含增值税的销售价格的 10%向乙公司支付手续费，乙公司不承担包销责任。20×3 年 5 月 1 日，甲公司发出商品。20×3 年 6 月 30 日，甲公司收到由乙公司开具的

代销清单和代销手续费增值税专用发票，代销清单上注明乙公司对外销售商品 500 件、销售价格为 150 000 元、增值税额为 19 500 元；代销手续费增值税专用发票上注明的代销手续费为 15 000 元、增值税额为 900 元。20×3 年 7 月 2 日，甲公司收到扣除代销手续费后的货款，并给乙公司开具了相应的增值税专用发票。

要求：根据上述经济业务编制相关的会计分录。

（2）甲公司 20×3 年 1 月份发生的经济业务如下。

① 计提行政管理部门固定资产折旧费 5 000 元。

② 计提专设销售机构职工工资 15 000 元。

③ 用银行存款支付短期借款利息 900 元。

要求：根据上述经济业务编制相关的会计分录。

项目考核

（一）单项选择题

（1）企业在日常活动中对外销售不需用的原材料确认的收入，应记入（　　）科目。

A．“主营业务收入”　　B．“其他业务收入”

C．“营业外收入”　　D．“投资收益”

（2）甲公司与客户签订合同，向其销售 A、B、C 三种产品，不含增值税的合同总价款为 5 000 元；A、B、C 三种产品不含增值税的单独售价分别为 3 000 元、2 400 元、2 600 元，合计 8 000 元，销售 A、B、C 三种产品均构成单项履约义务，则 A 产品应分摊的交易价格为（　　）元。

A．1 500　　B．1 625　　C．3 000　　D．1 875

（3）企业在销售过程中发生运输费时，应记入（　　）科目。

A．“主营业务成本”　　B．“管理费用”

C．“销售费用”　　D．“财务费用”

（4）20×3 年度，某公司的营业利润为 200 万元，管理费用为 15 万元，投资收益为 30 万元，营业外支出为 5 万元，所得税费用为 30 万元。假设不考虑其他因素的影响，该公司本年的净利润为（　　）万元。

A．160　　B．165　　C．200　　D．210

（二）多项选择题

（1）下列选项中，不应确认主营业务收入的有（　　）。

A．销售不需用原材料取得的收入　　B．应收销售方违约罚款收入

C．接受母公司赞助收入　　D．销售商品取得的收入

（2）下列选项中，属于“财务费用”科目核算内容的有（　　）。

A．利息支出　　B．汇兑损益

C．金融机构手续费　　D．现金折扣

（3）在判断客户是否已取得商品控制权时，企业应当考虑的迹象有（　　）。

A．企业就该商品享有现时收款权利

B．企业已将该商品的法定所有权转移给客户

C．企业已将该商品实物转移给客户

D．企业已将该商品所有权上的主要风险和报酬转移给客户

（4）下列选项中，影响企业营业利润的有（　　）。

A．营业外支出　　B．管理费用

C．资产减值损失　　D．所得税费用

（三）判断题

（1）对于在某一时点履行的履约义务，企业应当在客户取得相关商品控制权时点确认收入。（　　）

（2）采用成本模式计量的投资性房地产计提的折旧额或摊销额不属于其他业务成本。（　　）

（3）企业确认处置非流动资产毁损报废收益时，贷记“营业外收入”科目。（　　）

（4）年度终了，“利润分配”各明细科目均无余额。（　　）

（四）实务题

20×3 年度，丙公司有关损益科目的余额为：主营业务收入 860 000（贷方），其他业务收入 38 000 元（贷方），公允价值变动损益 24 000 元（贷方），主营业务成本 460 000 元（借方），其他业务成本 35 000 元（借方），税金及附加 28 000 元（借方），管理费用 24 000 元（借方），财务费用 16 000 元（借方），营业外支出 9 000 元（借方），所得税费用 87 500 元（借方）。

（1）将各损益类科目余额转入“本年利润”科目。

（2）将“本年利润”科目本年累计余额转入“利润分配——未分配利润”科目。

（3）经股东会批准，按照当年净利润的 10%提取法定盈余公积。

（4）经股东会批准，决定向投资者分配利润 50 000 元。

（5）将“利润分配”科目所属的其他明细科目的余额转入“利润分配——未分配利润”科目。

要求：假设不考虑其他因素的影响，根据上述经济业务编制相关的会计分录。

项目十

财务报表的编制

项目导读

财务报表能全面反映企业的财务状况、经营成果和现金流量等情况。一套完整的财务报表至少应当包括“四表一注”，即资产负债表、利润表、现金流量表、所有者权益（或股东权益）变动表及附注。财务报表是会计核算的结果和最终表现形式，是企业会计信息输出的主要渠道，是外界了解企业的主要窗口。因此，企业应正确编制财务报表，以便企业经营管理者制订和实施经营管理决策，企业债权人和投资者进行经济决策，财政部门、税务部门和审计部门对企业进行监督和检查。

知识目标

- 了解资产负债表的格式，掌握资产负债表的编制方法。
- 了解利润表的格式，掌握利润表的编制方法。
- 了解现金流量表的格式，掌握现金流量表的编制方法。

技能目标

- 具有编制资产负债表的能力。
- 具有编制利润表的能力。
- 具有编制现金流量表的能力。

素养目标

- 牢固树立保密意识，保持客观公正的态度。

任务一　编制资产负债表

任务导入

资产负债表是反映企业在某一特定日期的财务状况的财务报表，是对企业特定日期的资产、负债和所有者权益的结构性表述。正确地编制资产负债表，有助于投资者、债权人和管理层了解企业的资产、负债和所有者权益等情况，评估企业的资产质量和债务水平，从而作出明智的投资决策和信贷决策，制订更有效的经营策略和财务计划。因此，小张认真了解资产负债表的格式，学习资产负债表的编制方法，深入了解企业的财务状况和运营情况，确保资产负债表编制工作的顺利进行。

本任务的知识和技能要求如表 10-1 所示。

表 10-1　知识和技能要求

类　型	具体内容	学习程度		
		了解	掌握	应用
知识要求	资产负债表的格式	●		
	资产负债表的编制方法		●	
技能要求	计算甲公司资产负债表有关项目的列示金额			●

班级____________ 姓名____________ 学号____________

任务工单

（一）任务描述

以小组为单位，计算甲公司资产负债表有关项目的列示金额。

（二）任务分工

全班学生以3～5人为一组进行分组，每组设组长1名，小组讨论任务分工并将分工情况填写至表10-2中。

表10-2 小组成员及分工情况

小组成员	姓　名	学　号	任务分工
组长			
组员			

（三）任务准备

请各组长组织组员观看“资产负债表基础知识”视频，收集和整理相关资料，讨论并回答下列问题。

资产负债表基础知识

（1）什么是财务报表？财务报表的内容有哪些？财务报表的类型有哪些？

（2）什么是资产负债表？资产负债表的编制原理是什么？

（3）资产负债表的基本结构是什么样的？

班级__________ 姓名__________ 学号__________

（四）任务实施

以小组为单位，根据甲公司 20×1 年 12 月 31 日的以下科目余额，计算资产负债表有关项目的列示金额。

（1）“库存现金”科目余额为 1 000 元，“银行存款”科目余额为 8 100 000 元，“其他货币资金”科目余额为 1 000 000 元。

（2）“应收账款”科目借方余额为 500 000 元，“坏账准备”科目中有关应收账款计提的坏账准备余额为 30 000 元。

（3）“资本公积”科目余额为 400 000 元，“盈余公积”科目余额为 750 000 元。

（五）任务评价

各组派代表展示任务实施成果，并配合指导老师完成表 10-3 所示的任务评价。

表 10-3 任务评价

<table>
<tr><th rowspan="2">评价项目</th><th rowspan="2">评价内容</th><th colspan="4">评价分数</th></tr>
<tr><th>分值</th><th>自评</th><th>组评</th><th>师评</th></tr>
<tr><td rowspan="3">职业素养（40%）</td><td>考勤、仪容仪表</td><td>10 分</td><td></td><td></td><td></td></tr>
<tr><td>责任意识、纪律意识</td><td>10 分</td><td></td><td></td><td></td></tr>
<tr><td>团队合作与交流</td><td>20 分</td><td></td><td></td><td></td></tr>
<tr><td rowspan="3">专业能力（60%）</td><td>任务准备的完成度</td><td>20 分</td><td></td><td></td><td></td></tr>
<tr><td>任务实施的完成度</td><td>20 分</td><td></td><td></td><td></td></tr>
<tr><td>任务实施成果的展示效果</td><td>20 分</td><td></td><td></td><td></td></tr>
<tr><td rowspan="2">合计</td><td>综合分数______自评（25%）+组评（25%）+师评（50%）</td><td>100 分</td><td></td><td></td><td></td></tr>
<tr><td>综合等级______</td><td colspan="4">指导老师签字__________</td></tr>
<tr><td>综合评价</td><td colspan="5"></td></tr>
</table>

一、资产负债表的格式

资产负债表的格式有报告式和账户式两种。我国企业的资产负债表采用账户式结构，报表分为左右两方，左方列示资产各项目，反映企业全部资产的内容及构成情况；右方列示负债和所有者权益各项目，反映企业全部负债和所有者权益的内容及构成情况。资产和负债各项目均按流动性大小排列。资产负债表金额栏分为“期末余额”和“上年年末余额”两栏。

我国一般企业资产负债表（简表）格式如表 10-4 所示。

表 10-4 资产负债表（简表）

编制单位： ______年___月___日 单位：

资 产	期末余额	上年年末余额	负债和所有者权益（或股东权益）	期末余额	上年年末余额
流动资产：			流动负债：		
货币资金			短期借款		
交易性金融资产			交易性金融负债		
应收票据			应付票据		
应收账款			应付账款		
应收款项融资			预收款项		
预付款项			合同负债		
其他应收款			应付职工薪酬		
存货			应交税费		
合同资产			其他应付款		
持有待售资产			持有待售负债		
一年内到期的非流动资产			一年内到期的非流动负债		
其他流动资产			其他流动负债		
流动资产合计			流动负债合计		
非流动资产：			非流动负债：		
债权投资			长期借款		
其他债权投资			应付债券		
长期应收款			其中：优先股		
长期股权投资			永续债		
其他权益工具投资			租赁负债		
其他非流动金融资产			长期应付款		
投资性房地产			预计负债		
固定资产			递延收益		
在建工程			递延所得税负债		

（续表）

资　产	期末余额	上年年末余额	负债和所有者权益（或股东权益）	期末余额	上年年末余额
生产性生物资产			其他非流动负债		
油气资产			非流动负债合计		
使用权资产			负债合计		
无形资产			所有者权益（或股东权益）：		
开发支出			实收资本（或股本）		
商誉			其他权益工具		
长期待摊费用			其中：优先股		
递延所得税资产			永续债		
其他非流动资产			资本公积		
非流动资产合计			减：库存股		
			其他综合收益		
			专项储备		
			盈余公积		
			未分配利润		
			所有者权益（或股东权益）合计		
资产总计			负债和所有者权益（或股东权益）总计		

二、资产负债表的编制

（一）各栏填列说明

1. 表头

编制单位填写企业营业执照上的企业名称；报表编制日期填写编制报表当期的最后一天，例如，编制 20×3 年的资产负债表，填写最后一天时间“20×3 年 12 月 31 日”；货币计量单位一般填写“元”。

2.“期末余额”栏

资产负债表的“期末余额”栏内各项数字主要有以下几种填列方法。

（1）根据总账科目的期末余额填列。有些项目根据总账科目期末余额直接填列，如“其他权益工具投资”“短期借款”“实收资本（或股本）”“盈余公积”等项目；有些项目则应根据几个总账科目的期末余额加总计算填列，如“货币资金”“其他应付款”等项目。

（2）根据明细账科目的期末余额分析计算填列，如“开发支出”“应付账款”“应付职工薪酬”“应交税费”等项目。

（3）根据总账科目和明细账科目的期末余额分析计算填列，如“其他流动资产”“其他流动负债”“长期借款”“应付债券”等项目。

（4）根据总账科目期末余额减去其备抵科目余额后的金额填列，如“应收票据”“固定资产”“无形资产”“长期应付款”等项目。

（5）综合运用上述填列方法分析填列，如“应收账款”“债权投资”“存货”“合同负债”等项目。

3.“上年年末余额”栏

资产负债表的“上年年末余额”栏内各项数字通常根据上年末资产负债表有关项目的“期末余额”填列。如果企业上年度资产负债表规定的各个项目的名称和内容与本年度不一致，应当对上年年末资产负债表相关项目的名称和“期末余额”按照本年度的规定进行调整，然后将调整后的金额填入“上年年末余额”栏。

4.“合计和总计”栏

资产负债表的“合计和总计”栏内项目数字应根据报表项目之间的关系计算填列。各“合计和总计”栏内项目数字的计算公式为

资产总计=流动资产合计+非流动资产合计　（10-1）

负债合计=流动负债合计+非流动负债合计　（10-2）

负债和所有者权益（或股东权益）总计=负债合计+所有者权益（或股东权益）合计　（10-3）

提　示

在进行企业会计核算时，需注意区分报表项目和会计科目。编制会计分录用到的是会计科目，编制财务报表用到的是报表项目，报表项目一般是通过会计科目计算填列的。两者之间既有区别，又有一定的联系。例如，“存货”是报表项目，但不是会计科目，它包含“原材料”“库存商品”等多个会计科目；“未分配利润”是报表项目，但它只是“利润分配”科目的一个二级明细科目。

（二）各项目填列说明

1. 资产项目的填列说明

（1）“货币资金”项目，反映企业库存现金、银行结算户存款、银行汇票存款、银行本票存款、信用卡存款、信用保证金存款、存出投资款和外埠存款等的合计数。该项目应根据“库存现金”“银行存款”“其他货币资金”科目的期末余额加总计算填列。

（2）“交易性金融资产”项目，反映资产负债表日企业分类为以公允价值计量且其变动计入当期损益的金融资产，以及企业持有的指定为以公允价值计量且其变动计入当期损益的金融资产的期末账面价值。该项目应根据“交易性金融资产”科目的相关明细科目的期末余额分析计算填列。

提 示

自资产负债表日起超过一年到期且预期持有超过一年的以公允价值计量且其变动计入当期损益的非流动金融资产的期末账面价值，在"其他非流动金融资产"项目反映。

(3)"应收票据"项目，反映资产负债表日以摊余成本计量的、企业因销售商品、提供服务等收到的商业汇票，包括银行承兑汇票和商业承兑汇票。该项目应根据"应收票据"科目的期末余额，减去"坏账准备"科目中相关坏账准备期末余额后的金额填列。

(4)"应收账款"项目，反映资产负债表日以摊余成本计量的、企业因销售商品、提供服务等经营活动应收取的款项。该项目应根据"应收账款"和"预收账款"科目所属各明细科目的期末借方余额合计数，减去"坏账准备"科目中相关坏账准备期末余额后的金额填列。

(5)"应收款项融资"项目，反映资产负债表日企业以公允价值计量且其变动计入其他综合收益的应收票据和应收账款等。

(6)"预付款项"项目，反映企业按照购货合同约定预付给供应单位的款项等。该项目应根据"预付账款"和"应付账款"科目所属各明细科目的期末借方余额合计数，减去"坏账准备"科目中相关坏账准备期末余额后的金额填列。若"预付账款"科目所属明细科目期末有贷方余额的，应在"应付账款"项目内填列。

(7)"其他应收款"项目，反映企业除应收票据、应收账款、预付账款等经营活动以外的其他各种应收、暂付款项。该项目应根据"应收利息""应收股利"和"其他应收款"科目的期末余额合计数，减去"坏账准备"科目中相关坏账准备期末余额后的金额填列。其中，"应收利息"科目仅反映相关金融工具已到期可收取但于资产负债表日尚未收到的利息。基于实际利率法计提的金融工具的利息包含在相应金融工具的账面余额中。

(8)"存货"项目，反映企业期末在库、在途和在加工中的各项存货的成本或可变现净值（成本与可变现净值孰低）。该项目应根据"材料采购""原材料""发出商品""库存商品""周转材料""委托加工物资""生产成本""受托代销商品"等科目的期末余额合计数，减去"受托代销商品款""存货跌价准备"科目期末余额后的金额填列。材料采用计划成本核算，以及库存商品采用计划成本核算或售价核算的企业，还应按加或减材料成本差异、商品进销差价后的金额填列。

提 示

按照《企业会计准则第 14 号——收入》的相关规定确认为资产的合同履约成本，应当根据"合同履约成本"科目的明细科目初始确认时摊销期限是否超过一年或一个正常营业周期，在"存货"或"其他非流动资产"项目中填列，已计提减值准备的，应按减去"合同履约成本减值准备"科目中相关的期末余额后的金额填列。

（9）“合同资产”项目，反映企业按照《企业会计准则第 14 号——收入》的相关规定，根据本企业履行履约义务与客户付款之间的关系在资产负债表中列示的合同资产。该项目应根据“合同资产”科目的相关明细科目的期末余额分析填列，同一合同下的合同资产和合同负债应当以净额列示，其中净额为借方余额的，应当根据其流动性在“合同资产”或“其他非流动资产”项目中填列，已计提减值准备的，应按减去“合同资产减值准备”科目中相关的期末余额后的金额填列。

（10）“持有待售资产”项目，反映资产负债表日企业划分为持有待售类别的非流动资产及划分为持有待售类别的处置组中的流动资产和非流动资产的期末账面价值。该项目应根据“持有待售资产”科目的期末余额，减去“持有待售资产减值准备”科目的期末余额后的金额填列。

（11）“一年内到期的非流动资产”项目，反映企业预计自资产负债表日起一年内（含一年）变现的非流动资产。该项目应根据有关科目的期末余额分析计算填列。

（12）“其他流动资产”项目，反映企业除以上流动资产项目以外的其他流动资产。该项目应根据有关科目的期末余额分析计算填列。

（13）“债权投资”项目，反映资产负债表日企业以摊余成本计量的长期债权投资的期末账面价值。该项目应根据“债权投资”科目的相关明细科目期末余额，减去“债权投资减值准备”科目中相关减值准备的期末余额后的金额填列。

提　示

自资产负债表日起一年内（含一年）到期的长期债权投资的期末账面价值，在“一年内到期的非流动资产”项目反映。企业购入的以摊余成本计量的一年内（含一年）到期的债权投资的期末账面价值，在“其他流动资产”项目反映。

（14）“其他债权投资”项目，反映资产负债表日企业分类为以公允价值计量且其变动计入其他综合收益的长期债权投资的期末账面价值。该项目应根据“其他债权投资”科目的相关明细科目的期末余额分析计算填列。

提　示

企业购入的以公允价值计量且其变动计入其他综合收益的一年内（含一年）到期的债权投资的期末账面价值，在“其他流动资产”项目反映。

（15）“长期应收款”项目，反映企业租赁产生的应收款项和采用递延方式分期收款、实质上具有融资性质的销售商品和提供劳务等经营活动产生的应收款项。该项目应根据“长期应收款”科目的期末余额，减去相应的“未实现融资收益”科目和“坏账准备”科目中相关坏账准备期末余额后的金额填列。

（16）“长期股权投资”项目，反映投资方对被投资单位实施控制、重大影响的权益性投资，以及对其合营企业的权益性投资。该项目应根据“长期股权投资”科目的期末余额，减去“长期股权投资减值准备”科目期末余额后的金额填列。

（17）“其他权益工具投资”项目，反映资产负债表日企业指定为以公允价值计量且其变动计入其他综合收益的非交易性权益工具投资的期末账面价值。该项目应根据“其他权益工具投资”科目的期末余额填列。

（18）“投资性房地产”项目，反映企业为赚取租金或资本增值，或两者兼有而持有的房地产的成本或公允价值。企业采用成本模式计量投资性房地产的，该项目应根据“投资性房地产”科目的期末余额，减去“投资性房地产累计折旧（摊销）”和“投资性房地产减值准备”科目期末余额后的金额填列；企业采用公允价值模式计量投资性房地产的，该项目应根据“投资性房地产”科目的期末余额填列。

（19）“固定资产”项目，反映资产负债表日企业固定资产的期末账面价值和企业尚未清理完毕的固定资产清理净损益。该项目应根据“固定资产”科目的期末余额，减去“累计折旧”和“固定资产减值准备”科目的期末余额后的金额，以及“固定资产清理”科目的期末余额填列。

（20）“在建工程”项目，反映资产负债表日企业尚未达到预定可使用状态的在建工程的期末账面价值和企业为在建工程准备的各种物资的期末账面价值。该项目应根据“在建工程”科目的期末余额，减去“在建工程减值准备”科目的期末余额后的金额，以及“工程物资”科目的期末余额，减去“工程物资减值准备”科目的期末余额后的金额填列。

（21）“使用权资产”项目，反映资产负债表日承租人企业持有的使用权资产的期末账面价值。该项目应根据“使用权资产”科目的期末余额，减去“使用权资产累计折旧”和“使用权资产减值准备”科目的期末余额后的金额填列。

（22）“无形资产”项目，反映企业持有的各项无形资产的成本减去累计摊销和减值准备后的净值。该项目应根据“无形资产”科目的期末余额，减去“累计摊销”和“无形资产减值准备”科目期末余额后的金额填列。

（23）“开发支出”项目，反映企业开发无形资产过程中能够资本化形成无形资产成本的支出部分。该项目应根据“研发支出”科目中所属的“资本化支出”明细科目的期末余额填列。

（24）“长期待摊费用”项目，反映企业已经发生但应由本期和以后各期负担的分摊期限在一年以上（不含一年）的各项费用。该项目应根据“长期待摊费用”科目的期末余额，减去将于一年内（含一年）摊销的数额后的金额填列。长期待摊费用中在一年内（含一年）摊销的部分，在“一年内到期的非流动资产”项目填列。

（25）“递延所得税资产”项目，反映企业根据企业会计准则确认的可抵扣暂时性差异产生的递延所得税资产。该项目应根据“递延所得税资产”科目的期末余额填列。

（26）“其他非流动资产”项目，反映企业除以上资产项目以外的其他非流动资产。该项目应根据有关科目的期末余额分析计算填列。

2. 负债项目的填列说明

（1）“短期借款”项目，反映企业向银行或其他金融机构等借入的期限在一年以下（含

一年）的各项借款。该项目应根据“短期借款”科目的期末余额填列。

（2）“交易性金融负债”项目，反映资产负债表日企业承担的交易性金融负债，以及企业持有的指定为以公允价值计量且其变动计入当期损益的金融负债的期末账面价值。该项目应根据“交易性金融负债”科目的相关明细科目的期末余额填列。

（3）“应付票据”项目，反映资产负债表日以摊余成本计量的、企业因购买材料、商品和接受服务等开出、承兑的商业汇票，包括银行承兑汇票和商业承兑汇票。该项目应根据“应付票据”科目的期末余额填列。

（4）“应付账款”项目，反映资产负债表日以摊余成本计量的、企业因购买材料、商品和接受服务等经营活动应支付的款项。该项目应根据“应付账款”和“预付账款”科目所属的相关明细科目的期末贷方余额合计数填列。若“应付账款”科目所属明细科目期末有借方余额的，应在“预付账款”项目内填列。

（5）“预收款项”项目，反映企业按合同规定预收的款项。该项目应根据“预收账款”和“应收账款”科目所属的相关明细科目的期末贷方余额合计数填列。若“预收账款”科目所属明细科目期末有借方余额的，应在“应收账款”项目内填列。

（6）“合同负债”项目，反映企业已收或应收客户对价而应向客户转让商品的义务。该项目应根据“合同负债”科目的相关明细科目的期末余额分析填列，同一合同下的合同资产和合同负债应当以净额列示，其中净额为贷方余额的，应当根据其流动性在“合同负债”或“其他非流动负债”项目中填列。

（7）“应付职工薪酬”项目，反映企业将于资产负债表日后 12 个月内支付的职工薪酬。该项目应根据“应付职工薪酬”科目的各明细科目的期末贷方余额分析计算填列，若“应付职工薪酬”科目期末为借方余额，则该项目以“-”号填列。企业将于资产负债表日起 12 个月之后支付的职工薪酬应在非流动负债中反映。

（8）“应交税费”项目，反映企业按照税法规定计算应交纳的各种税费。该项目应根据“应交税费”科目的期末贷方余额分析计算填列，若“应交税费”科目期末为借方余额，则该项目以“-”号填列。

提　示

“应交税费”科目下的“应交增值税”“未交增值税”“待抵扣进项税额”“待认证进项税额”“增值税留抵税额”等明细科目期末借方余额应根据情况，在“其他流动资产”或“其他非流动资产”项目列示；“应交税费”科目下的“待转销项税额”等明细科目期末贷方余额应根据情况，在“其他流动负债”或“其他非流动负债”项目列示；“应交税费”科目下的“未交增值税”“简易计税”“转让金融商品应交增值税”“代扣代交增值税”等明细科目期末贷方余额应在“应交税费”项目列示。

（9）“其他应付款”项目，反映企业除应付票据、应付账款、预收账款、应付职工薪酬、应交税费等以外的其他各项应付、暂收的款项。该项目应根据“应付利息”“应付股利”和“其他应付款”科目的期末余额加总计算填列。其中，“应付利息”科目仅反映相关金融工具已到期应支付但于资产负债表日尚未支付的利息。基于实际利率法计提的金融工具的利息应包含在相应金融工具的账面余额中。

（10）“持有待售负债”项目，反映资产负债表日企业处置组中与划分为持有待售类别的资产直接相关的负债的期末账面价值。该项目应根据“持有待售负债”科目的期末余额填列。

（11）“一年内到期的非流动负债”项目，反映企业核算的非流动负债在资产负债表日后一年内（含一年）到期部分的金额，如在一年内（含一年）偿还的长期借款。该项目应根据有关科目的期末余额分析计算填列。

（12）“其他流动负债”项目，反映企业除以上流动负债以外的其他流动负债。该项目应根据有关科目的期末余额分析计算填列。

（13）“长期借款”项目，反映企业向银行或其他金融机构借入的期限在一年以上（不含一年）的各项借款。该项目应根据“长期借款”科目期末余额扣除“长期借款”科目所属明细科目中将在资产负债表日起一年内（含一年）到期，且企业不能自主地将清偿义务展期的长期借款后的金额填列。

（14）“应付债券”项目，反映企业为筹集长期资金而发行的债券本金和应付的利息。该项目应根据“应付债券”科目的期末余额分析计算填列。该项目下的“优先股”和“永续债”两个项目，分别反映企业发行的分类为金融负债的优先股和永续债的账面价值。

（15）“租赁负债”项目，反映资产负债表日承租人企业尚未支付的租赁付款额的期末账面价值。该项目应根据“租赁负债”科目的期末余额填列。

提 示

自资产负债表日起一年内（含一年）到期应予以清偿的租赁负债的期末账面价值，在“一年内到期的非流动负债”项目反映。

（16）“长期应付款”项目，反映资产负债表日企业除长期借款和应付债券以外的其他各种长期应付款项的期末账面价值。该项目应根据“长期应付款”科目的期末余额，减去相关的“未确认融资费用”科目的期末余额后的金额，以及“专项应付款”科目的期末余额填列。

（17）“预计负债”项目，反映企业根据或有事项等相关准则确认的各项预计负债。该项目应根据“预计负债”科目的期末余额分析计算填列。

提 示

按照《企业会计准则第 14 号——收入》的相关规定确认为预计负债的应付退货款，应当根据“预计负债”科目下的“应付退货款”明细科目是否在一年或一个正常营业周期内清偿，在“其他流动负债”或“预计负债”项目中填列。

（18）“递延收益”项目，反映企业尚未确认的各项收入或收益，包括企业根据政府补助准则确认的应在以后期间计入当期损益的政府补助金额、售后租回形成融资租赁的售价与资产账面价值差额等其他递延性收入。该项目应根据“递延收益”科目的期末余额填列。

提　示

“递延收益”项目中摊销期限只剩一年或不足一年的，或预计在一年内（含一年）进行摊销的部分，不得归类为流动负债，仍在该项目中填列，不转入“一年内到期的非流动负债”项目。

（19）“递延所得税负债”项目，反映企业根据企业会计准则确认的应纳税暂时性差异产生的递延所得税负债。该项目应根据“递延所得税负债”科目的期末余额填列。

（20）“其他非流动负债”项目，反映企业除以上非流动负债项目以外的其他非流动负债。该项目应根据有关科目的期末余额，减去将于一年内（含一年）到期的非流动负债后的金额填列。

3. 所有者权益项目的填列说明

（1）“实收资本（或股本）”项目，反映企业各投资者实际投入的资本（或股本）总额。该项目应根据“实收资本（或股本）”科目的期末余额填列。

（2）“其他权益工具”项目，反映资产负债表日企业发行在外的除普通股以外分类为权益工具的金融工具的期末账面价值。该项目应根据相关科目的期末余额填列。该项目下的“优先股”和“永续债”两个项目，分别反映企业发行的分类为权益工具的优先股和永续债的账面价值。

（3）“资本公积”项目，反映企业收到投资者出资额超出其在注册资本或股本中所占份额的部分，以及其他资本公积等。该项目应根据“资本公积”科目的期末余额填列。该项目下的“库存股”项目，反映企业持有尚未转让或注销的本企业股份金额，应根据“库存股”科目的期末余额填列。

（4）“其他综合收益”项目，反映企业其他综合收益的期末余额。该项目应根据“其他综合收益”科目的期末余额填列。

（5）“专项储备”项目，反映高危行业企业按国家规定提取的安全生产费的期末账面价值。该项目应根据“专项储备”科目的期末余额填列。

（6）“盈余公积”项目，反映企业盈余公积的期末余额。该项目应根据“盈余公积”科目的期末余额填列。

（7）“未分配利润”项目，反映企业尚未分配的利润。该项目应根据“本年利润”和“利润分配”科目的期末余额分析计算填列，若为未弥补的亏损，则该项目以“-”号填列。

任务拓展 计算甲公司资产负债表有关项目的列示金额

甲公司 20×2 年 4 月 30 日，“库存现金”科目借方余额为 1 000 元，“银行存款”科目借方余额为 96 000 元，“应收账款”科目借方余额为 24 000 元，“应收账款”科目贷方余额为 4 000 元，“坏账准备”科目贷方余额为 2 000 元（均为应收账款计提的坏账准备），“预付账款”科目借方余额为 4 600 元，“预付账款”科目贷方余额为 600 元，“预收账款”科目借方余额为 3 000 元，“预收账款”科目贷方余额为 13 000 元，“长期借款”科目中一般借款（还有 2 个月到期）贷方余额为 200 000 元、专项借款贷方余额为 300 000 元，“原材料”科目借方余额为 50 000 元，“在途物资”科目借方余额为 8 000 元，“生产成本”科目借方余额为 76 000 元，“库存商品”科目借方余额为 18 000 元，“固定资产”科目借方余额为 800 000 元，“累计折旧”科目贷方余额为 168 000 元，“利润分配”科目的未分配利润明细科目借方余额为 50 000 元。

要求：假设不考虑其他因素的影响，计算资产负债表中资产、负债和所有者权益有关项目期末余额栏的列示金额。

10-1 任务拓展参考答案

任务二　编制利润表

任务导入 »

利润表是指反映企业在一定会计期间的经营成果的财务报表。正确地编制利润表，有助于投资者、债权人和管理层了解企业的收入、成本和利润等情况，准确评估企业的盈利能力、成本控制能力和运营效率，进而预测企业的未来发展趋势。因此，小张认真了解利润表的格式，学习利润表的编制方法，深入了解企业的经营成果和业绩表现，确保利润表的编制工作顺利进行。

本任务的知识和技能要求如表 10-5 所示。

表 10-5　知识和技能要求

类　型	具体内容	学习程度		
		了解	掌握	应用
知识要求	利润表的格式	●		
	利润表的编制方法		●	
技能要求	计算甲公司利润表有关项目的列示金额			●

班级＿＿＿＿＿＿＿＿　姓名＿＿＿＿＿＿＿＿　学号＿＿＿＿＿＿＿＿

任务工单 »

（一）任务描述

以小组为单位，计算甲公司利润表有关项目的列示金额。

（二）任务分工

全班学生以3～5人为一组进行分组，每组设组长1名，小组讨论任务分工并将分工情况填写至表10-6中。

表10-6　小组成员及分工情况

小组成员	姓　名	学　号	任务分工
组长			
组员			

（三）任务准备

请各组长组织组员观看“利润表基础知识”视频，收集和整理相关资料，讨论并回答下列问题。

利润表基础知识

（1）什么是利润表？

（2）利润表的编制原理是什么？

（3）利润表的基本结构是什么样的？

班级＿＿＿＿＿＿ 姓名＿＿＿＿＿＿ 学号＿＿＿＿＿＿

（四）任务实施

以小组为单位，根据甲公司 20×1 年以下科目的发生额，计算利润表有关项目的列示金额。

（1）“主营业务收入”科目贷方发生额为 25 000 000 元，“其他业务收入”科目贷方发生额为 5 000 000 元。

（2）“税金及附加”科目下城市维护建设税合计 106 400 元，教育费附加合计 45 600 元，房产税合计 30 000 元，城镇土地使用税合计 40 000 元。

（3）“财务费用”科目下银行借款利息费用合计 620 000 元，银行存款利息收入合计 140 000 元，银行手续费支出合计 31 000 元。

（五）任务评价

各组派代表展示任务实施成果，并配合指导老师完成表 10-7 所示的任务评价。

表 10-7　任务评价

评价项目	评价内容	评价分数			
		分值	自评	组评	师评
职业素养（40%）	考勤、仪容仪表	10 分			
	责任意识、纪律意识	10 分			
	团队合作与交流	20 分			
专业能力（60%）	任务准备的完成度	20 分			
	任务实施的完成度	20 分			
	任务实施成果的展示效果	20 分			
合计	综合分数＿＿自评（25%）+组评（25%）+师评（50%）	100 分			
	综合等级＿＿	指导老师签字＿＿＿＿			
综合评价					

一、利润表的格式

利润表的结构有单步式和多步式两种。我国企业的利润表采用多步式结构。为了便于财务报表使用者通过不同期间利润的实现情况判断企业经营的未来发展趋势，会计人员需要提供比较利润表。因此，利润表金额栏分为“本期金额”和“上期金额”两栏。

我国一般企业利润表（简表）格式如表 10-8 所示。

表 10-8　利润表（简表）

编制单位：　　　　　　　　　　＿＿＿年＿＿＿月　　　　　　　　　　单位：

项　目	本期金额	上期金额
一、营业收入		
减：营业成本		
税金及附加		
销售费用		
管理费用		
研发费用		
财务费用		
其中：利息费用		
利息收入		
加：其他收益		
投资收益（损失以“-”号填列）		
其中：对联营企业和合营企业的投资收益		
以摊余成本计量的金融资产终止确认收益（损失以“-”号填列）		
净敞口套期收益（损失以“-”号填列）		
公允价值变动收益（损失以“-”号填列）		
信用减值损失（损失以“-”号填列）		
资产减值损失（损失以“-”号填列）		
资产处置收益（损失以“-”号填列）		
二、营业利润（亏损以“-”号填列）		
加：营业外收入		
减：营业外支出		
三、利润总额（亏损总额以“-”号填列）		
减：所得税费用		
四、净利润（净亏损以“-”号填列）		
（一）持续经营净利润（净亏损以“-”号填列）		
（二）终止经营净利润（净亏损以“-”号填列）		

（续表）

项　目	本期金额	上期金额
五、其他综合收益的税后净额		
六、综合收益总额		
七、每股收益：		
（一）基本每股收益		
（二）稀释每股收益		

二、利润表的编制

（一）利润表的编制步骤

我国一般企业利润表的主要编制步骤如图 10-1 所示。

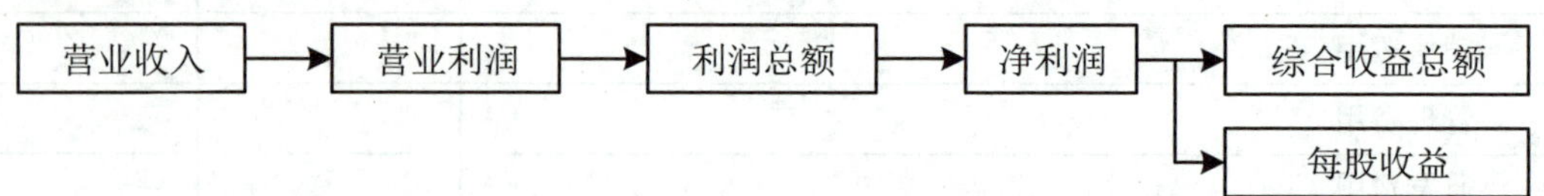

图 10-1　利润表的主要编制步骤

（1）以营业收入为基础，减去相关成本、费用，加上相关收益，计算出营业利润，计算公式为

营业收入−营业成本−税金及附加−销售费用−管理费用−研发费用−财务费用+其他收益+投资收益（−投资损失）+净敞口套期收益（−净敞口套期损失）+公允价值变动收益（−公允价值变动损失）−信用减值损失−资产减值损失+资产处置收益（−资产处置损失）=营业利润　（10-4）

其中：

营业收入=主营业务收入+其他业务收入　（10-5）

营业成本=主营业务成本+其他业务成本　（10-6）

（2）以营业利润为基础，加上营业外收入，减去营业外支出，计算出利润总额，计算公式为

营业利润+营业外收入−营业外支出=利润总额　（10-7）

（3）以利润总额为基础，减去所得税费用，计算出净利润（或净亏损），计算公式为

利润总额−所得税费用=净利润（或净亏损）　（10-8）

（4）以净利润（或净亏损）为基础，加上其他综合收益的税后净额，计算出综合收益总额，计算公式为

净利润（或净亏损）+其他综合收益的税后净额=综合收益总额　（10-9）

（5）以净利润（或净亏损）为基础，计算出每股收益。

（二）各栏填列说明

1.“本期金额”栏

利润表的“本期金额”栏内各项数字，除“基本每股收益”和“稀释每股收益”项目外，应当按照有关科目的本期累计发生额分析填列。

2.“上期金额”栏

利润表的“上期金额”栏内各项数字通常根据上年度利润表有关项目的“本期金额”填列。如果企业上年度利润表规定的各个项目的名称和内容与本年度不一致，应当对上年度利润表相关项目的名称和“本期金额”按照本年度的规定进行调整，然后将调整后的金额填入“上期金额”栏。

（三）各项目填列说明

（1）“营业收入”项目，反映企业经营主要业务和其他业务所确认的收入总额。该项目应根据“主营业务收入”和“其他业务收入”科目的发生额分析填列。

（2）“营业成本”项目，反映企业经营主要业务和其他业务所发生的成本总额。该项目应根据“主营业务成本”和“其他业务成本”科目的发生额分析填列。

（3）“税金及附加”项目，反映企业经营业务应负担的消费税、城市维护建设税、教育费附加、资源税、房产税、城镇土地使用税、车船税和印花税等。该项目应根据“税金及附加”科目的发生额分析填列。

（4）“销售费用”项目，反映企业在销售商品过程中发生的包装费、广告费等费用和为销售本企业商品而专设的销售机构的职工薪酬、业务费等经营费用。该项目应根据“销售费用”科目的发生额分析填列。

（5）“管理费用”项目，反映企业为组织和管理企业生产经营发生的管理费用。该项目应根据“管理费用”科目的发生额分析填列。

（6）“研发费用”项目，反映企业进行研究与开发过程中发生的费用化支出，以及计入管理费用的自行开发无形资产的摊销。该项目应根据“管理费用”科目下的“研发费用”明细科目的发生额，以及“管理费用”科目下的“无形资产摊销”明细科目的发生额分析填列。

（7）“财务费用”项目，反映企业为筹集生产经营所需资金等而发生的筹资费用。该项目应根据“财务费用”科目的发生额分析填列。该项目下的“利息费用”和“利息收入”两个项目，分别反映企业为筹集生产经营所需资金等而发生的应予费用化的利息支出和企业按照相关会计准则确认的应冲减财务费用的利息收入。“利息费用”和“利息收入”项目均根据“财务费用”科目的相关明细科目的发生额分析填列，二者分别作为“财务费用”项目的其中项，均以正数填列。

（8）“其他收益”项目，反映企业计入其他收益的政府补助，以及其他与日常活动相关且计入其他收益的项目。该项目应根据“其他收益”科目的发生额分析填列。

提　示

企业作为个人所得税的扣缴义务人，根据《中华人民共和国个人所得税法》的规定收到的扣缴税款手续费，应作为其他与日常活动相关的收益在“其他收益”项目中填列。

（9）“投资收益”项目，反映企业以各种方式对外投资所取得的收益或形成的损失。该项目应根据“投资收益”科目的发生额分析填列，若为投资损失，则该项目以“-”号填列。

（10）“净敞口套期收益”项目，反映净敞口套期下被套期项目累计公允价值变动转入当期损益的金额或现金流量套期储备转入当期损益的金额。该项目应根据“净敞口套期损益”科目的发生额分析填列，若为套期损失，则该项目以“-”号填列。

（11）“公允价值变动收益”项目，反映企业交易性金融资产、交易性金融负债、采用公允价值模式计量的投资性房地产等公允价值变动形成的应计入当期损益的利得或损失。该项目应根据“公允价值变动损益”科目的发生额分析填列，若为公允价值变动损失，则该项目以“-”号填列。

（12）“信用减值损失”项目，反映企业按照《企业会计准则第 22 号——金融工具确认和计量》的要求计提的各项金融工具信用减值准备所确认的信用损失。该项目应根据“信用减值损失”科目的发生额分析填列。

（13）“资产减值损失”项目，反映企业计提各项资产减值准备所形成的损失。该项目应根据“资产减值损失”科目的发生额分析填列。

（14）“资产处置收益”项目，反映企业出售划分为持有待售的非流动资产（金融工具、长期股权投资和投资性房地产除外）或处置组（子公司和业务除外）时确认的处置利得或损失，以及处置未划分为持有待售的固定资产、在建工程、生产性生物资产及无形资产而产生的处置利得或损失。债务重组中因处置非流动资产（金融工具、长期股权投资和投资性房地产除外）产生的利得或损失和非货币性资产交换中换出非流动资产（金融工具、长期股权投资和投资性房地产除外）产生的利得或损失也包括在该项目内。该项目应根据“资产处置损益”科目的发生额分析填列，若为资产处置损失，则该项目以“-”号填列。

（15）“营业利润”项目，反映企业营业活动所实现的利润或发生的亏损，若为营业亏损，则该项目以“-”号填列。

（16）“营业外收入”项目，反映企业发生的除营业利润以外的收益，主要包括非流动资产毁损报废利得、与企业日常活动无关的政府补助、盘盈利得、捐赠利得（企业接受股东或股东的子公司直接或间接的捐赠，经济实质属于股东对企业的资本性投入的除外）等。该项目应根据“营业外收入”科目的发生额分析填列。

（17）“营业外支出”项目，反映企业发生的除营业利润以外的支出，主要包括公益性捐赠支出、非常损失、盘亏损失和非流动资产毁损报废损失等。该项目应根据“营业外支出”科目的发生额分析填列。

提　示

“非流动资产毁损报废损失”通常包括因自然灾害发生毁损、已丧失使用功能等原因而报废清理产生的损失。企业在不同交易中形成的非流动资产毁损报废利得和损失不得相互抵销，应分别在“营业外收入”项目和“营业外支出”项目进行填列。

（18）“利润总额”项目，反映企业实现的利润总额或发生的亏损总额，若为亏损总额，则该项目以“-”号填列。

（19）“所得税费用”项目，反映企业应从当期利润总额中扣除的所得税费用。该项目应根据“所得税费用”科目的发生额分析填列。

（20）“净利润”项目，反映企业实现的净利润或发生的净亏损，若为净亏损，则该项目以“-”号填列。该项目下的“（一）持续经营净利润”和“（二）终止经营净利润”两个项目，分别反映净利润中与持续经营相关的净利润或净亏损和与终止经营相关的净利润或净亏损，若为净亏损，则该项目以“-”号填列。

（21）“其他综合收益的税后净额”项目，反映企业根据企业会计准则规定未在损益中确认的各项利得和损失扣除所得税影响后的净额。该项目应根据“其他综合收益”科目的发生额分析填列。

（22）“综合收益总额”项目，反映企业“净利润”项目和“其他综合收益的税后净额”项目的合计金额。

（23）“每股收益”项目，包括基本每股收益和稀释每股收益两项指标，反映普通股或潜在普通股已公开交易的企业，以及正处在公开发行普通股或潜在普通股过程中的企业的每股收益信息。

“基本每股收益”项目，反映企业普通股股东持有每一股份所能享有企业的利润或承担企业的亏损。该项目应按照归属于普通股股东的当期净利润或净亏损，除以当期实际发行在外普通股的加权平均数计算确定，若为净亏损，则该项目以“-”号填列。

“稀释每股收益”项目，反映企业存在稀释性潜在普通股的情况下，以基本每股收益为基础，考虑稀释性潜在普通股影响的每股收益。企业存在稀释性潜在普通股的，应根据其影响分别调整归属于普通股股东的当期净利润或净亏损和发行在外普通股的加权平均数，并据以计算稀释每股收益。

任务拓展　计算甲公司利润表有关项目的列示金额

甲公司20×2年5月的损益类科目发生额如表10-9所示。

表10-9　损益类科目发生额

单位：元

科目名称	借方发生额	贷方发生额
主营业务收入		1 500 000
投资收益		40 000
营业外收入		30 000
主营业务成本	950 000	
税金及附加	20 000	
销售费用	65 000	
管理费用	120 000	
财务费用	40 000	
信用减值损失	10 000	
资产减值损失	30 000	
资产处置损益		15 000
营业外支出	10 000	
所得税费用	120 000	

要求：假设不考虑其他因素的影响，计算甲公司20×2年5月的利润表中“营业利润”“利润总额”“净利润”项目本期金额栏的列示金额。

10-2 任务拓展参考答案

任务三　编制现金流量表

任务导入

现金流量表是指反映企业在一定会计期间现金和现金等价物流入和流出的财务报表。正确地编制现金流量表，有助于投资者、债权人和管理层了解企业的现金流入和流出等情况，准确评估企业在一定会计期间获取现金及现金等价物的能力，进而揭示企业的信用风险和投资风险。因此，小张认真了解现金流量表的格式，学习现金流量表的编制方法，深入了解企业的现金流状况，确保现金流量表的编制工作顺利进行。

本任务的知识和技能要求如表10-10所示。

表10-10　知识和技能要求

类　型	具体内容	学习程度		
		了解	掌握	应用
知识要求	现金流量表的格式	●		
	现金流量表的编制方法		●	
技能要求	计算甲公司现金流量表有关项目的列示金额			●

班级____________ 姓名____________ 学号____________

任务工单

（一）任务描述

以小组为单位，计算甲公司现金流量表有关项目的列示金额。

（二）任务分工

全班学生以 3～5 人为一组进行分组，每组设组长 1 名，小组讨论任务分工并将分工情况填写至表 10-11 中。

表 10-11　小组成员及分工情况

小组成员	姓　名	学　号	任务分工
组长			
组员			

（三）任务准备

请各组长组织组员观看“现金流量表基础知识”视频，收集和整理相关资料，讨论并回答下列问题。

现金流量表基础知识

（1）什么是现金流量表？

（2）现金流量表的编制原理是什么？

（3）现金流量表的基本结构是什么样的？

班级＿＿＿＿＿＿ 姓名＿＿＿＿＿＿ 学号＿＿＿＿＿＿

（四）任务实施

以小组为单位，根据甲公司20×1年的财务数据计算现金流量表有关项目的列示金额。

（1）利润表中“营业收入”项目列示金额为30 000 000元，资产负债表中列示“应收票据”项目年末较年初增加300 000元，“应收账款”项目年末较年初增加1 000 000元，“应交税费——应交增值税（销项税额）”科目金额为3 900 000元。

（2）利润表中“营业成本”项目列示金额为20 000 000元，资产负债表中列示“应付账款”项目年末较年初增加2 000 000元，“存货”项目年末较年初增加6 000 000元，“应交税费——应交增值税（进项税额）”科目金额为2 380 000元。

（五）任务评价

各组派代表展示任务实施成果，并配合指导老师完成表10-12所示的任务评价。

表10-12 任务评价

评价项目	评价内容	评价分数			
		分值	自评	组评	师评
职业素养（40%）	考勤、仪容仪表	10分			
	责任意识、纪律意识	10分			
	团队合作与交流	20分			
专业能力（60%）	任务准备的完成度	20分			
	任务实施的完成度	20分			
	任务实施成果的展示效果	20分			
合计	综合分数＿＿＿自评（25%）+组评（25%）+师评（50%）	100分			
	综合等级＿＿＿	指导老师签字＿＿＿＿＿＿			
综合评价					

一、现金流量表的格式

我国企业的现金流量表采用报告式结构。现金流量表正表列示了企业某一期间经营活动产生的现金流量、投资活动产生的现金流量和筹资活动产生的现金流量 3 项，每一项分为流入量、流出量和净流量 3 部分分项列示，最后汇总反映现金及现金等价物的净增加额。现金流量表金额栏分为“本期金额”和“上期金额”两栏。

我国一般企业现金流量表格式如表 10-13 所示。

表 10-13　现金流量表

编制单位：　　　　　　　　　　　＿＿年＿＿月　　　　　　　　　　　单位：

项　目	本期金额	上期金额
一、经营活动产生的现金流量：		
销售商品、提供劳务收到的现金		
收到的税费返还		
收到其他与经营活动有关的现金		
经营活动现金流入小计		
购买商品、接受劳务支付的现金		
支付给职工以及为职工支付的现金		
支付的各项税费		
支付其他与经营活动有关的现金		
经营活动现金流出小计		
经营活动产生的现金流量净额		
二、投资活动产生的现金流量：		
收回投资收到的现金		
取得投资收益收到的现金		
处置固定资产、无形资产和其他长期资产收回的现金净额		
处置子公司及其他营业单位收到的现金净额		
收到其他与投资活动有关的现金		
投资活动现金流入小计		
购建固定资产、无形资产和其他长期资产支付的现金		
投资支付的现金		
取得子公司及其他营业单位支付的现金净额		
支付其他与投资活动有关的现金		
投资活动现金流出小计		
投资活动产生的现金流量净额		

（续表）

项　目	本期金额	上期金额
三、筹资活动产生的现金流量：		
吸收投资收到的现金		
取得借款收到的现金		
收到其他与筹资活动有关的现金		
筹资活动现金流入小计		
偿还债务支付的现金		
分配股利、利润或偿付利息支付的现金		
支付其他与筹资活动有关的现金		
筹资活动现金流出小计		
筹资活动产生的现金流量净额		
四、汇率变动对现金及现金等价物的影响		
五、现金及现金等价物净增加额		
加：期初现金及现金等价物余额		
六、期末现金及现金等价物余额		

提　示

现金流量表除正表外还包括补充资料部分，补充资料部分是对现金流量表内容的进一步说明，其列示了“将净利润调节为经营活动现金流量”“不涉及现金收支的重大投资和筹资活动”“现金及现金等价物净变动情况”等方面的信息。

二、现金流量表的编制

（一）现金流量表的编制方法

编制现金流量表时，列报经营活动现金流量的方法有直接法和间接法两种。

1. 直接法

直接法是指按现金收入和现金支出的主要类别列示企业经营活动现金流量的一种方法。现金流量表的正表部分采用直接法填列。在直接法下，一般以利润表中的营业收入为起算点，通过调整与经营活动有关的各个项目的增减变动，计算经营活动产生的现金流量净额。

采用直接法编制现金流量表时，可以采用工作底稿法或T型账户法，也可根据有关会计科目分析填列。

（1）工作底稿法。

工作底稿法是以工作底稿为手段，以资产负债表和利润表数据为基础，对每一个项目进行分析并编制调整分录，从而编制现金流量表的一种方法。

采用工作底稿法编制现金流量表的具体步骤如下：① 将资产负债表中各项目的“上年年末余额”和“期末余额”分别过入工作底稿中对应项目的期初数栏和期末数栏；② 对当期业务进行分析并编制调整分录，编制调整分录时，以利润表项目为基础，从“营业收入”项目开始，结合资产负债表项目逐一进行分析调整，将有关现金及现金等价物的流入和流出，分别计入“经营活动产生的现金流量”“投资活动产生的现金流量”“筹资活动产生的现金流量”有关项目，借方表示现金流入，贷方表示现金流出，借方余额反映现金流入量净额，贷方余额反映现金流出量净额；③ 将调整分录逐笔过入工作底稿；④ 核对工作底稿中的借、贷方合计数，借、贷方合计数应当相等，资产负债表中各项目期初数加减调整分录中的借、贷金额后，应当等于期末数；⑤ 根据工作底稿中的现金流量表项目部分编制正式的现金流量表。

（2）T 型账户法。

T 型账户法是以 T 型账户为手段，以资产负债表和利润表数据为基础，对每一个项目进行分析并编制调整分录，从而编制现金流量表的一种方法。

采用 T 型账户法编制现金流量表的具体步骤如下：① 为所有的非现金项目（包括资产负债表项目和利润表项目）分别开设 T 型账户，并将各项目的期末期初变动数过入各 T 型账户；② 开设一个大的“现金及现金等价物”T 型账户，分设“经营活动”“投资活动”和“筹资活动”3 个二级 T 型账户，左边为借方，登记现金流入，右边为贷方，登记现金流出，借方余额反映现金流入净额，贷方余额反映现金流出净额；③ 对当期业务进行分析并编制调整分录，编制调整分录时，以利润表项目为基础，从“营业收入”项目开始，结合资产负债表项目对非现金项目逐一进行分析调整；④ 将调整分录过入各 T 型账户，并进行核对，该账户借、贷方相抵后的余额与原先过入的期末期初变动数应当一致；⑤ 根据大的“现金及现金等价物”T 型账户编制正式的现金流量表。

（3）分析填列法。

分析填列法是根据资产负债表、利润表和有关会计科目明细账的记录，分析计算现金流量表各项目的金额，并据以编制现金流量表的一种方法。

2. 间接法

间接法是以净利润为起算点，通过调整不涉及现金（但涉及利润）的收入、费用和资产减值准备等有关项目，以及不涉及利润（但涉及现金）的应收、应付款项目及存货等有关项目的增减变动，计算经营活动的现金流量的一种方法。补充资料部分采用间接法将净利润调节为经营活动产生的现金流量。

采用间接法编制现金流量表的具体步骤如下：① 以报告期“净利润”项目为起算点，加上编制利润表时作为净利润减少而报告期没有发生现金流出的填列项目，减去编制利润表时作为净利润增加而报告期没有发生现金流入的填列项目，以及不属于经营活动的现金流量；② 分析调整不涉及现金收支的重大投资和筹资活动项目，如企业报告期内实施的债务转为资本和一年内到期的可转换公司债券等；③ 分析调整现金及现金等价物净变动情况；④ 编制正式的现金流量表补充资料（采用间接法编制现金流量表补充资料时，可以采用工作底稿法或T型账户法，也可根据有关会计科目分析填列）。

指点迷津

某公司本期发生营业成本20万元，其中15万元已用银行存款支付，5万元尚未支付；本期实现营业收入40万元，其中38万元已收到并存入银行，2万元尚未收到；本期计提折旧10万元。假设不考虑其他因素的影响，公司本期实现的利润总额为10万元（40−20−10=10万元）。若采用直接法计算，该公司经营活动产生的现金流量净额为23万元（38−15=23万元）；若采用间接法计算，则该公司经营活动产生的现金流量净额为23万元（10+10+5−2=23万元）。

（二）各项目填列说明

1. 经营活动产生的现金流量

（1）“销售商品、提供劳务收到的现金”项目，反映企业销售商品、提供劳务本期实际收到的现金（含销售收入和增值税销项税额），包括本期销售商品、提供劳务收到的现金，以及前期销售商品、提供劳务本期收到的现金和本期预收的款项，减去本期销售本期退回商品和前期销售本期退回商品实际支付的现金。企业销售材料和代购代销业务收到的现金，也在该项目反映。该项目可以根据“库存现金”“银行存款”“应收账款”“应收票据”“预收账款”“合同负债”“主营业务收入”“其他业务收入”等科目分析计算填列。

（2）“收到的税费返还”项目，反映企业收到返还的各种税费，如收到的所得税、增值税、消费税、关税和教育费附加返还等。该项目可以根据“库存现金”“银行存款”“应交税费”“税金及附加”等科目分析计算填列。

提　示

企业按规定收到或缴回的增值税期末留抵退税款项产生的现金流量，属于经营活动产生的现金流量，应将收到的留抵退税款项有关的现金流量在“收到的税费返还”项目列示，将缴回并继续按规定抵扣进项税额的留抵退税款项有关的现金流量在“支付的各项税费”项目列示。

（3）“收到其他与经营活动有关的现金”项目，反映企业除上述（1）和（2）以外收到的与经营活动有关的现金流入，其中，金额较大的应当单独列示。该项目可以根据“库存现金”“银行存款”“其他收益”“营业外收入”“其他应收款”等科目分析计算填列。

（4）“购买商品、接受劳务支付的现金”项目，反映企业购买商品、接受劳务本期实际支付的现金（含购买价款和增值税进项税额），包括本期购入商品、接受劳务支付的现金，以及本期支付前期购买商品、接受劳务的未付款项和本期预付款项，减去本期发生的购货退回收到的现金。企业购买材料和代购代销业务支付的现金，也在该项目反映。该项目可以根据“库存现金”“银行存款”“应付账款”“应付票据”“预付账款”“主营业务成本”“其他业

务成本”“存货”等科目分析计算填列。

（5）“支付给职工以及为职工支付的现金”项目，反映企业本期实际支付给职工的工资、奖金、各种津贴和补贴等职工薪酬（含为职工支付的养老、失业等各种保险和其他福利费用，但不含为离退休人员支付的职工薪酬及为在建工程人员、无形资产研发人员支付的职工薪酬）。代扣代缴的职工个人所得税，也在该项目反映。该项目可以根据“库存现金”“银行存款”“应付职工薪酬”等科目分析计算填列。

提　示

企业为离退休人员支付的职工薪酬（含支付的统筹退休金及未参加统筹的退休人员的费用），在“支付其他与经营活动有关的现金”项目中反映；为在建工程人员、无形资产研发人员等支付的职工薪酬，在“购建固定资产、无形资产和其他长期资产支付的现金”项目中反映。

（6）“支付的各项税费”项目，反映企业本期发生并支付、以前各期发生本期支付及预交的各项税费，包括所得税、增值税、消费税、印花税、房产税、土地增值税、车船税和教育费附加等（但不包括购置固定资产等非流动资产而支付的增值税、耕地占用税和本期退回的税金等）。该项目可以根据“库存现金”“银行存款”“应交税费”等科目分析计算填列。

提　示

企业购置固定资产等非流动资产而支付的增值税和耕地占用税，在“购建固定资产、无形资产和其他长期资产支付的现金”项目中反映；本期退回的税金，在“收到的税费返还”项目中反映。

（7）“支付其他与经营活动有关的现金”项目，反映企业支付的其他与经营活动有关的现金，如支付的差旅费、业务招待费、保险费及罚款支出等，其中金额较大的应当单独列示。该项目可以根据“库存现金”“银行存款”“管理费用”“销售费用”“营业外支出”等科目分析计算填列。

2. 投资活动产生的现金流量

（1）“收回投资收到的现金”项目，反映企业出售、转让或到期收回除现金等价物以外的对其他企业的权益工具、债务工具投资等收到的现金（不包括收回债务工具实现的利息、收回的非现金资产，以及处置子公司及其他营业单位收到的现金净额）。该项目可以根据“交易性金融资产”“债权投资”“其他债权投资”“其他权益工具投资”“长期股权投资”“库存现金”“银行存款”“其他货币资金”等科目分析计算填列。

（2）“取得投资收益收到的现金”项目，反映企业除现金等价物以外的对其他企业的权益工具、债务工具投资等分得的现金股利和利息等（不包括股票股利）。该项目可以根据“投资收益”“库存现金”“银行存款”“其他货币资金”等科目分析计算填列。

（3）“处置固定资产、无形资产和其他长期资产收回的现金净额”项目，反映企业处置固定资产、无形资产和其他长期资产所取得的现金（包括因资产毁损而收到的保险赔偿收入），减去为处置这些资产而支付的有关费用后的净额。该项目可以根据“固定资产清理”“库存现金”“银行存款”等科目分析计算填列。如果该项目所收回的现金净额为负数，应在“支付的其他与投资活动有关的现金”项目填列。

（4）“处置子公司及其他营业单位收到的现金净额”项目，反映企业处置子公司及其他营业单位所取得的现金，减去相关处置费用、子公司及其他营业单位持有的现金和现金等价物后的净额。该项目可以根据“长期股权投资”“库存现金”“银行存款”等科目分析计算填列。

（5）“收到其他与投资活动有关的现金”项目，反映企业除上述（1）至（4）项目外，收到的其他与投资活动有关的现金流入，其中金额较大的应当单独列示。该项目可以根据有关科目分析计算填列。

（6）“购建固定资产、无形资产和其他长期资产支付的现金”项目，反映企业购买或建造固定资产、取得无形资产和其他长期资产所支付的现金（包括增值税进项税额，但不包括为购建固定资产而发生的借款利息资本化的部分），以及用现金支付的应由在建工程和无形资产负担的职工薪酬。该项目可以根据“固定资产”“在建工程”“无形资产”“库存现金”“银行存款”等科目分析计算填列。

（7）“投资支付的现金”项目，反映企业取得除现金等价物以外的对其他企业的权益工具、债务工具投资等所支付的现金（包括实际支付的买价和佣金、手续费等交易费用，但不包括企业购买股票和债券时，实际支付价款中包含的已宣告但尚未领取的现金股利或已到付息期但尚未领取的债券利息）。该项目可以根据“交易性金融资产”“长期股权投资”“债权投资”“其他债权投资”“其他权益工具投资”“库存现金”“银行存款”“其他货币资金”等科目分析计算填列。

（8）“取得子公司及其他营业单位支付的现金净额”项目，反映企业购买子公司及其他营业单位购买价款中以现金支付的部分，减去子公司及其他营业单位持有的现金及现金等价物后的净额。该项目可以根据“长期股权投资”“库存现金”“银行存款”等科目分析计算填列。

（9）“支付其他与投资活动有关的现金”项目，反映企业除上述（6）至（8）项目外，支付的其他与投资活动有关的现金流出，其中金额较大的应当单独列示。该项目可以根据有关科目分析计算填列。

3. 筹资活动产生的现金流量

（1）“吸收投资收到的现金”项目，反映企业以发行股票、债券等方式筹集资金实际收到的款项，减去直接支付给金融企业的佣金、手续费、宣传费、咨询费、印刷费等发行费用后的净额。该项目应根据“实收资本（或股本）”“应付债券”“库存现金”“银行存款”等科目分析计算填列。

（2）“取得借款收到的现金”项目，反映企业举借各种短期、长期借款而收到的现金。该项目应根据“短期借款”“长期借款”“银行存款”等科目分析计算填列。

（3）“收到其他与筹资活动有关的现金”项目，反映企业除上述（1）和（2）项目外，收到的其他与筹资活动有关的现金流入，其中金额较大的应当单独列示。该项目应根据有关科目分析计算填列。

（4）“偿还债务支付的现金”项目，反映企业以现金偿还债务的本金。该项目应根据“短期借款”“长期借款”“应付债券”“库存现金”“银行存款”等科目分析计算填列。

（5）“分配股利、利润或偿付利息支付的现金”项目，反映企业实际支付的现金股利、用现金支付给其他投资单位的利润或用现金支付的借款利息、债券利息等。不同用途的借款，其利息的开支渠道不一样，如在建工程、制造费用和财务费用等，均在该项目中反映。该项目应根据“应付股利”“应付利息”“长期借款”“应付债券”“财务费用”“库存现金”“银行存款”等科目分析计算填列。

（6）“支付其他与筹资活动有关的现金”项目，反映企业除上述（4）和（5）项目外，支付的其他与筹资活动有关的现金流出，其中金额较大的应当单独列示。该项目应根据有关科目分析计算填列。

任务拓展 计算甲公司现金流量表有关项目的列示金额 »

20×2 年，甲公司部分经济业务及相关会计科目的情况如下。

（1）本期增值税销项税额为 1 040 万元，进项税额为 546 万元，交纳增值税 490 万元，交纳税金及附加 64.60 万元，交纳企业所得税 400 万元。

（2）“其他应付款”科目期末较期初的变动金额为收取的出借包装物押金 8 万元。

（3）“应收账款”科目本期计提坏账准备 2 万元。

（4）未单独设置“管理费用”科目，本期销售费用中包含已用银行存款支付的职工薪酬 1 140 万元、折旧费 22 万元、摊销的预付保险费 50 万元，其余均已用银行存款支付。

（5）本期购入一台不需要安装即可投入使用的设备，取得的增值税专用发票上注明的价款为 700 万元、增值税额为 91 万元。本期清理一台办公设备，该设备的原价为 460 万元，清理时已计提的累计折旧为 370 万元，该设备清理过程中，发生清理费用 6 万元（含增值税），取得变价收入 76 万元（含增值税），以上款项均已用银行存款收付。

此外，甲公司 20×2 年 12 月 31 日资产负债表部分资料和 20×2 年度利润表部分资料如表 10-14 和表 10-15 所示。

表 10-14 资产负债表部分资料

单位：万元

资产	期末余额	上年年末余额	负债和股东权益	期末余额	上年年末余额
应收票据	200	300	应付账款	250	400
应收账款	693	495	应付职工薪酬	60	50
预付款项	150	100	其他应付款	10	2
存货	700	1 000			

表 10-15 利润表部分资料

单位：万元

项　目	本期金额
营业收入	8 000
营业成本	4 500
税金及附加	64.60
销售费用	2 000
所得税费用	400

要求：假设不考虑其他因素的影响，计算经营活动产生的现金流量和投资活动产生的现金流量有关项目本期金额栏的列示金额。

10-3 任务拓展参考答案

素养之窗

保守秘密是会计人员的重要职责之一。会计人员在编制财务报表时，应时刻保持高度负责、严肃认真的工作态度，同时要增强保密意识，养成保密习惯，防止失密、泄密事件的发生。

项目实训

（一）实训要求

计算丁公司资产负债表和利润表的有关项目的列示金额，掌握资产负债表和利润表项目的填列方法。

（二）实训内容

20×2 年 12 月，丁公司部分经济业务及相关会计科目的情况如下。

（1）购入一批 A 材料，取得的增值税专用发票上注明的价款为 1 200 000 元、增值税额为 156 000 元，发生保险费，取得的增值税专用发票上注明的保险费为 6 000 元、增值税额为 360 元，材料已验收入库，款项已用银行存款支付。

（2）销售一批 B 产品，开具的增值税专用发票上注明的价款为 5 000 000 元、增值税额为 650 000 元，该批产品的实际成本为 3 500 000 元。产品已送达且验收入库，货款尚未收到。

（3）外购一项非专利技术，取得的增值税专用发票上注明的价款为 200 000 元、增值税额为 12 000 元，款项尚未支付。丁公司无法可靠估计该非专利技术的使用寿命。

（4）与丙公司签订了一份租赁合同，合同约定将一台生产设备出租给丙公司使用，租赁期为一年。当日，丁公司收到丙公司预付的 600 000 元租金和 78 000 元增值税额，并存入银行。

此外，丁公司 20×2 年 12 月 1 日资产负债表部分资料如表 10-16 所示。

表 10-16　资产负债表部分资料

单位：元

项　目	借 或 贷	余　额
货币资金	借方	95 300 000
应收账款	借方	12 000 000
存货	借方	35 220 000
固定资产	借方	62 300 000
应付账款	贷方	5 000 000
预付账款	贷方	1 000 000
预收账款	贷方	500 000

要求：计算丁公司 20×2 年 12 月 31 日资产负债表中“货币资金”“存货”“应收账款”“应付账款”“预收款项”项目期末余额栏的列示金额，12 月利润表中“营业成本”项目本期金额栏的列示金额。

项目考核

（一）单项选择题

（1）我国企业的资产负债表采用（　　）结构。

A．账户式　　B．单步式

C．报告式　　D．多步式

（2）下列选项中，应根据总账科目期末余额直接在资产负债表中填列的是（　　）。

A．固定资产　　B．长期借款

C．短期借款　　D．应付账款

（3）列报经营活动现金流量的直接法一般以利润表中的（　　）为起算点。

A．税后净利润　　B．营业利润

C．利润总额　　D．营业收入

（4）出售固定资产取得的现金属于（　　）。

A．经营活动产生的现金流量　　B．投资活动产生的现金流量

C．筹资活动产生的现金流量　　D．不影响现金流量

（二）多项选择题

（1）“货币资金”项目应根据（　　）科目的期末余额加总计算填列。

A.“库存现金”　　B.“银行存款”

C.“应收账款”　　D.“其他货币资金”

（2）下列选项中，资产负债表的“期末余额”栏的填列方法有（　　）。

A. 根据总账科目的期末余额填列

B. 根据明细科目的期末余额分析计算填列

C. 根据总账科目和明细科目的期末余额分析计算填列

D. 根据总账科目期末余额减去其备抵科目余额后的金额填列

（3）“预付款项”项目应根据（　　）填列。

A.“预付账款”科目所属各明细科目的期末借方余额合计数

B.“应付账款”科目所属各明细科目的期末借方余额合计数

C.“坏账准备”科目中有关预付账款计提的坏账准备期末余额

D.“预付账款”科目所属各明细科目的期末贷方余额合计数

（4）利润表上应当单独列报（　　）。

A. 资产减值损失　　B. 投资收益

C. 营业外收入　　D. 营业外支出

（三）判断题

（1）资产负债表中的“存货”是会计科目。（　　）

（2）“应收票据”项目应根据“应收票据”科目的期末余额，减去“坏账准备”科目中相关坏账准备期末余额后的金额填列。（　　）

（3）企业本期销售商品、提供劳务收到的现金属于经营活动产生的现金流量。（　　）

（4）在现金流量表正表中，企业应当采用直接法列示经营活动产生的现金流量。（　　）

（四）实务题

N公司为增值税一般纳税人，适用的所得税税率为25%，销售商品适用的增值税税率为13%，采用计划成本法对原材料进行日常核算。该公司20×2年12月31日的资产负债表如表10-17所示，其中，“应收账款”科目的期末余额为4 000 000元，“坏账准备”科目的期末余额为9 000元。存货、长期股权投资、固定资产、无形资产等资产未计提资产减值准备。长期借款的合同利率与实际利率差异较小。

表 10-17　资产负债表

编制单位：N 公司　　　　20×2 年 12 月 31 日　　　　单位：元

资　产	期末余额	上年年末余额	负债和所有者权益（或股东权益）	期末余额	上年年末余额
流动资产：			流动负债：		
货币资金	14 063 000		短期借款	3 000 000	
交易性金融资产	150 000		交易性金融负债		
应收票据	2 460 000		应付票据	5 000 000	
应收账款	3 991 000		应付账款	6 548 000	
应收款项融资			预收款项		
预付款项			合同负债		
其他应收款	3 050 000		应付职工薪酬	1 100 000	
存货	15 800 000		应交税费	366 000	
合同资产			其他应付款		
持有待售资产			持有待售负债		
一年内到期的非流动资产			一年内到期的非流动负债		
其他流动资产			其他流动负债		
流动资产合计	39 514 000		流动负债合计	16 014 000	
非流动资产：			非流动负债：		
债权投资			长期借款	21 000 000	
其他债权投资			应付债券		
长期应收款			其中：优先股		
长期股权投资	2 500 000		永续债		
其他权益工具投资			租赁负债		
其他非流动金融资产			长期应付款		
投资性房地产			预计负债		
固定资产	18 000 000		递延收益		
在建工程	15 000 000		递延所得税负债		
生产性生物资产			其他非流动负债		
油气资产			非流动负债合计	21 000 000	
使用权资产			负债合计	37 014 000	
无形资产	6 000 000		所有者权益（或股东权益）：		
开发支出			实收资本（或股本）	44 500 000	
商誉			其他权益工具		
长期待摊费用			其中：优先股		
递延所得税资产			永续债		
其他非流动资产	2 000 000		资本公积		
非流动资产合计	43 500 000		减：库存股		
			其他综合收益		
			专项储备		

（续表）

资　产	期末余额	上年年末余额	负债和所有者权益（或股东权益）	期末余额	上年年末余额
			盈余公积	1 000 000	
			未分配利润	500 000	
			所有者权益（或股东权益）合计	46 000 000	
资产总计	83 014 000		负债和所有者权益（或股东权益）总计	83 014 000	

20×3 年，N 公司发生的经济业务如下。

（1）收到银行通知，用银行存款支付到期的商业承兑汇票 5 000 000 元。用银行存款归还应付账款 6 548 000 元。

（2）采购一批原材料，取得的增值税专用发票上注明的价款为 1 500 000 元、增值税额为 195 000 元，款项已用银行存款支付，材料尚未验收入库。

（3）收到一批原材料，该批原材料验收合格后入库，实际成本为 1 000 000 元，计划成本为 950 000 元，货款已于上年支付。

（4）向银行借入资金 10 000 000 元，用于生产经营，借款期限为 3 年，款项已存入银行。

（5）销售一批产品，产品已运达买方，且验收合格后入库，开具的增值税专用发票上注明的价款为 3 000 000 元、增值税额为 390 000 元，货款尚未收到。该批产品的实际成本为 1 800 000 元。

（6）出售一项交易性金融资产，取得的价款为 165 000 元，该交易性金融资产的成本为 130 000 元，持有期间该交易性金融资产无公允价值变动，处置收益为 35 000 元。转让金融商品应交增值税为 1 981.13 元。

（7）购入一台不需要安装即可投入使用的机器设备，取得的增值税专用发票上注明的价款为 854 700 元、增值税额为 111 111 元，款项已用银行存款支付，设备已交付使用。

（8）购入一批工程物资全部用于建造厂房，取得的增值税专用发票上注明的价款为 1 500 000 元、增值税额为 195 000 元，款项已用银行存款支付。

（9）一项工程完工，办理竣工结算手续并交付使用，固定资产价值为 14 000 000 元。

（10）基本生产车间一台机床报废，原价为 2 000 000 元，已计提折旧 1 800 000 元，未计提减值准备。处置该固定资产时，发生清理费，取得的增值税专用发票上注明的清理费用为 5 000 元、增值税额为 300 元，收到残值收入并开具增值税专用发票，注明的残值收入为 8 000 元、增值税额为 1 040 元，以上款项均已用银行存款收付。该固定资产已清理完毕。

（11）用银行汇票支付采购材料价款，收到开户银行转来的银行汇票多余款收账通知，多余款为 2 260 元，取得的增值税专用发票上注明的价款为 998 000 元、增值税额为 129 740 元。原材料已验收合格后入库，该批原材料的计划成本为 1 000 000 元。

（12）销售一批产品，产品已运达买方，且验收合格后入库，开具的增值税专用发票上注明的价款为 7 000 000 元、增值税额为 910 000 元，款项已收到并存入银行。该批产品的实际成本为 4 200 000 元。

（13）一张无息银行承兑汇票到期，面值为 2 460 000 元，将该银行承兑汇票连同托收凭证交银行办理转账。款项银行已收妥。

（14）出售一台不需用设备，开具的增值税专用发票上注明的价款为 3 000 000 元、增值税额为 390 000 元，款项已收到并存入银行。该设备原价为 4 000 000 元，已提折旧 1 500 000 元，未计提资产减值准备。该项设备已送达买方，且验收合格后入库。

（15）通过公开市场交易取得一项交易性金融资产，价款为 1 030 000 元，交易费用为 20 000 元（不含增值税），取得的增值税专用发票上注明的增值税额为 1 200 元。款项已用其他货币资金支付。

（16）发生职工工资 5 000 000 元，其中生产人员工资 2 750 000 元，基本生产车间管理人员工资 100 000 元，行政管理部门人员工资 150 000 元，在建工程人员工资 2 000 000 元。

（17）用银行存款支付职工工资 5 000 000 元，其中包括支付的在建工程人员工资 2 000 000 元。

（18）发生职工福利费 700 000 元，其中生产工人福利费 385 000 元，基本生产车间管理人员福利费 14 000 元，行政管理部门人员福利费 21 000 元，在建工程人员福利费 280 000 元。

（19）基本生产车间领用原材料，计划成本为 7 000 000 元；领用低值易耗品，计划成本为 500 000 元，采用一次摊销法核算。原材料和低值易耗品的材料成本差异率均为 5%。

（20）摊销行政管理部门使用的无形资产，摊销额为 600 000 元。

（21）计提固定资产折旧 1 000 000 元，其中，计入制造费用的金额为 800 000 元，计入管理费用的金额为 200 000 元。

（22）收到应收账款 2 510 000 元，款项已存入银行。计提应收账款坏账准备 9 000 元。

（23）用银行存款支付水电费 144 300 元，其中基本生产车间应负担 94 300 元，行政管理部门应负担 30 000 元，销售部门应负担 20 000 元；取得的增值税专用发票上注明的增值税额为 15 559 元，其中基本生产车间应负担 9 859 元，行政管理部门应负担 3 500 元，销售部门应负担 2 200 元。

（24）计算并结转本期完工产品成本 12 018 300 元。期末没有在产品，本期生产的产品全部完工入库。

（25）用银行存款支付本期发生的广告费，取得的增值税专用发票上注明的广告费为 100 000 元、增值税额为 6 000 元。

（26）销售一批产品，产品已运达买方，且验收合格后入库，开具的增值税专用发票上注明的价款为 2 500 000 元、增值税额为 325 000 元，收到一张票面金额为 2 825 000 元的银行承兑汇票（信用等级较高）。该批产品的实际成本为 1 500 000 元。

（27）将上述 2 825 000 元的银行承兑汇票到银行办理贴现，贴现息为 200 000 元。

（28）计提本期应交城市维护建设税 95 487.78 元，应交教育费附加 40 923.33 元。

（29）用银行存款交纳增值税 1 484 111.13 元（包含转让金融商品应交增值税 1 981.13 元），交纳城市维护建设税 103 887.78 元和教育费附加 44 523.33 元。

（30）本期在建工程应负担的长期借款利息为 1 000 000 元，长期借款采用分期付息的方式支付利息。用银行存款支付长期借款利息。

（31）本期应计入损益的短期借款利息为 100 000 元，短期借款采用分期付息的方式支付利息。用银行存款支付短期借款利息。

（32）用银行存款归还短期借款本金 3 000 000 元。

（33）用银行存款归还长期借款本金 6 000 000 元。

（34）假设不考虑其他因素的影响，企业按照税法规定计算确定的应交企业所得税（全部为当期所得税费用）为 937 401.94 元，已用银行存款交纳。

（35）将各损益类科目余额转入“本年利润”科目。将“本年利润”科目余额转入“利润分配——未分配利润”科目。

（36）按照净利润的 10%提取法定盈余公积。

（37）将“利润分配”其他明细科目余额转入“利润分配——未分配利润”科目。

要求：根据上述经济业务，编制 N 公司 20×3 年相关的会计分录，并在此基础上编制 N 公司 20×3 年 12 月 31 日资产负债表、20×3 年利润表和 20×3 年现金流量表。

财务报表空表

参考文献

[1] 企业会计准则编审委员会．企业会计准则原文、应用指南案例详解：准则原文+应用指南+典型案例：2023 年版［M］．北京：人民邮电出版社，2023．

[2] 财政部会计财务评价中心．初级会计实务［M］．北京：经济科学出版社，2022．

[3] 郑红梅．企业财务会计［M］．第 3 版．大连：东北财经大学出版社，2022．

[4] 王国生．财务会计［M］．第 6 版．北京：中国人民大学出版社，2021．